老人心理學

The Psychology of Aging

彭懷真・彭駕騂 著

瞭解老人可傾聽過去、探索心理，展望未來

關於過去，老人懂得比較多，因此我們應多傾聽老人家的心聲，瞭解長輩的心理。除了 "listening to the past" 外，更應該知道如何 "looking for the future"，好好展望未來。

如果我們要移民到一個地方，一定會花很多時間去瞭解那個地方。那麼，我們絕大多數人都要移民到「老人國」，而且會在老人國居住很久。有些讀者已經住在老人國了，也想知道其他老人的心理。一個人從小學讀到大學畢業平均要十六年，台灣進入 65 歲的朋友未來的平均餘命比十六年還要長。所以，展望未來時，知道怎麼過老年生活便很重要，甚至可以說是最重要的人生功課。

人們對老年的心理最常見的有：最根本的問題是不去想，能不想就不想；必須想卻又不想面對，最好少看老人，少跟老人說話。即使必須面對時，常常是悲憫同情，可憐老人。這些心態都沒必要，都應該修正，最好的方法就是「瞭解老人」，尤其是「瞭解老人的心理」。

老人與老年有些許不同，老年是人生的一個階段，老人則是超過 65 歲的人。人，才有心理，所以要講「老人心理學」而非老年心理學。另一方面，對老年這階段，有許多生理、心理、社會的議題是與成年階段不同的，各種學問都因為研究長輩而產生，所以最好用「老年學」而不是「老人學」。

這本書是以探討老人的心理為出發點，希望完整、嚴謹、清楚地說明老人的心理，並輔以各種專門書籍、學術研究、專論專題來說明老人的心理狀態。面對老人，最重要的是「帶著真誠的態度」來感受老人的感受。所以作者與許多老人聊天，參與老人的生活，也常常看一些關於老人

的電影、紀錄片、小說、回憶錄、報導。如此一來，對這本書的編寫有濃厚的感覺，是靠近老人心理的感覺。

面對老人的心理、心態、言行舉止，最重要的是「科學的知識與專業的剖析」，因此本書大量引用書籍及專業期刊，運用三百多個專有名詞來說明，希望能正確地解釋老人心理學的各種知識。又介紹了十二部與老人心理相關的電影，增加全書的趣味性。為了幫助讀者明瞭筆者獨特的設計，在序言之後，還有一篇〈每部老人主題的電影都特別有生命情懷〉的專文介紹。

老人通常喜歡懷舊，在這篇序言中，我先懷舊地要特別感謝幾位老師與長輩。首先是引領我進入心理學領域的湯冠英老師。民國 65 年我剛進台大，修了一年的心理學。湯老師深入淺出地教導使我獲益良多，兩學期我都得到全班最高分 95 分。湯老師當時已經是 69 歲的老人，他讚許我是他教書生涯中最用功的學生，鼓勵之情讓我終生難忘。我後來能從台大社會系第一名畢業，受到湯老師的鼓勵是重要動能。那門課用的課本是 Ernest Hilgard（1904-2001）等大師所著《普通心理學》（*Introduction to Psychology*），這本教科書非常好，我至今依然保存參閱。

引領我進入老人學領域的是朱岑樓教授，他是我大一的導師，講授「社會學」。我念碩士時的研究所所長也是朱老師，他在老人研究領域有很深的造詣。民國 81 年，我參與「第一屆中國現代化學術研討會」的籌辦，已經退休的朱老師專程從美國回來發表論文，對我有許多啟示。引領我瞭解人格心理學和心理測驗的是黃堅厚教授，他是這方面的權威，我曾經在中華民國幸福家庭促進協會做他的副手，常和黃老師討論心理學及老人的問題。

讓我關注並投入對老人服務的有弘道老人基金會的創辦人郭東耀執行長、老五老基金會的創辦人成亮弟兄、信義養護中心的張憲文院長、亞洲大學社工系的黃松林老師等。我擔任理事長的中華民國幸福家庭促進協

會創辦人梅可望校長、名譽理事長李福登校長，許多位理監事都長期關注老人議題，給我許多啟發。

在序言的最後，要說說一位 88 歲辭世的老人，也就是本書的作者之一，我的父親彭駕騂教授。彭老教授在 82 歲時經歷了失去伴侶的痛苦，卻能在 83 歲時完成《老人心理學》，又繼續撰寫《老人失智學》（但未完稿）。在父親辭世後，我將這兩本書的精華整理，根據各老年心理學與心理學著作、研究成果，重新編寫成為此書。我一面大量閱讀各種專書，重新編輯說明，一面體會家父對老人議題的用心及對學術領域的專注，期望「青出於藍」，編寫出更符合當前老人心理狀況的新書。

對於已經過了二十多載老年生活的父親所分享的原著，有生命情懷，而不僅是學理。學理的書大部分是理論、是科學研究的成果，但本書不僅如此。編寫者主要是「抄來的」，我更希望能「活出來的」。我已經閱讀及整理了四百多本與老人有關的書籍，也帶領幸福家庭促進協會的團隊推動各項服務老人的方案。對「有年紀的人們」的想法，應算是比較瞭解！我會以樂觀的態度面對生命愈來愈老的事實，除了主觀的正面思考外，還得在生活中用好辦法去經營，也希望讀者看了，都能高興地享受生命中每一天的祝福。

本書的編寫特別感謝張怡倩小姐的費心費力，從全書的構想到整理資料到初步編輯乃至校對，張小姐都貢獻了智慧與時間。此外，與揚智出版社的范湘渝小姐與宋宏錢先生的討論，對本書的成形也很重要。范小姐出色的編輯能力更是不可不提的。本書之問世，承揚智文化事業股份有限公司葉發行人忠賢之多方指導，特此致謝！坊間在老人心理學領域中所發行之專書或專刊不多，由衷地期待本書能夠收到拋磚引玉之效。

在這一年多編寫此書的日子，我的兒子與媳婦生了一個女兒，使我有孫子也有孫女。我常想到父親，也常思考「要留什麼給子孫」，除了物質上的，我留給他們的是什麼？除了血脈相連，能否帶給他們好的榜樣？

除了有限的金錢挹注，能否給予智慧與知識？展望未來，我希望留下好榜樣，讓兒女與孫子、孫女能受到鼓舞，日後能追隨長輩的腳蹤，提供更多付出與服務。更希望這本書能幫助更多人，因為瞭解老人的心理而願意為老人多付出、多服務。

彭懷真

2013.1.5

每部老人主題的電影都特別有生命情懷

　　2012 年秋天,《不老騎士》上映,各界佳評如潮,票房也很好,激發了我用電影做本書每一章收尾時的念頭。經過仔細挑選,配合各章的主題,提供了十二部電影。許多影迷認為有關老人的電影不精采,主題多數都是在談「你的故事,我的故事和我們的故事」,懷舊味道太濃厚。導演和編劇總是只就少數人的經驗有所詮釋和發揮,難以引發觀眾的強烈認同。其實,很多以老人為題材的電影特別好看,尤其許多電影都是透過一個人去描述他的童年和他所觀察到的事物,另一些電影是以一群老人的互動為背景,描述老人的心理。這些電影常常基於真實的案例,充滿懷舊味道,也具有啟示的意義。在有關針對老人心理的領域,透過電影去瞭解是個好方法。

　　有些電影讓人在懷舊歷程中想到的主要是不幸和悲劇,常讓觀眾有種窒息的感覺,激不起樂觀奮鬥的決心意志。但本書各章所介紹的十二部電影故事都是正向的,都是根據真實故事改編的電影,講的都是如何由絕望中找尋到希望,如何反敗為勝,如何化不可能為可能,如何險象環生。這些故事都在鼓舞我們,許多人將親身經歷快樂和奇蹟的事娓娓道來,也提醒我們能用類似的方式去體會、去分析、去記錄,並且將自己快樂難忘的事寫下來,和別人分享。當老人娓娓道出自己的奮鬥時,不但在分享,更鼓舞人。

　　觀眾從電影中學到積極向上的精神,能以高昂的鬥志去面對眼前的困難,就像深呼吸能調整氣息,肌肉鬆弛能放鬆肌肉,身心都做了調整,再加入現實世界之中。電影像是個能夠提醒自己的朋友,又是激發自己的心靈啟蒙者。尤其是在自己的問題還不明確或心煩氣躁時,電影總是成為調劑的良方,彷彿「有病治病,無病強身」。所指的強身,是建立在對創

造更好生命的信心和對激發潛能的熱情。

有人從一粒沙看世界，有人從孩子的眼中看世界，許多電影透過孩子來說明。但這本書介紹的電影多半是透過老人來看。孩子相信奇蹟，正顯示樂觀和希望，因為在孩子的想法中，什麼都是可能的，什麼困難都有可能克服。此種信心和信念的培養，訓練人們意志，鼓舞人們產生拚下去的決心。老人則多了經驗、智慧、生命的歷練；許多主角都是小人物，都因勇於一搏而創造奇蹟。

本書所介紹十二部與老人心理有關的電影，來自世界各國，每一部都獲得電影大獎，包括台灣的《青春啦啦隊》（第五章）、《推手》（第六章）、《昨日的記憶》（第七章），香港的《桃姐》（第一章）與《女人，四十》（第十章），美國的《心的方向》（第四章）與《請來參加我的告別式》（第十二章），法國的《家傳秘方》（第九章）與《夏日時光》（第十一章），瑞士的《內衣小舖》（第三章），德國與法國合拍、但以日本為背景的《當櫻花盛開》（第二章），英國與美國合拍、但在歐洲大賣的《長路將盡》（第八章）等，都能給予你／妳某些啟示和教導。

目　錄

Part 1　導論與理論篇　1

Chapter 1　老人的心理還在發展　3

Chapter 2　心理的生理與神經基礎　25

Part 2　人格與態度篇　49

Chapter 3　人心──自我與人格　51

Part 1

導論與理論篇

Chapter

1 老人的心理還在發展

4

 第一節　從發展心理學看老人

壹、心理學與發展心理學

　　妳／你瞭解祖父母／外公外婆在想什麼嗎？對父母／祖父母／外公外婆等的心理狀況有多少瞭解呢？他／她們在妳／你的身邊，生活在一個空間中，但他／她們在想什麼？他／她們的人格、態度、價值、學習、記憶等是怎樣的狀況？智力、情緒、壓力等又如何？很多人都要等到他／她們生病了、失智了、罹患精神疾病了，才感嘆不夠認識這位應該是很親近的長輩的心理。

　　對於老人福利、護理、社工、心理、醫院管理等科系的學生，與老人接觸乃至照顧老人是必然的挑戰。服務老人當然要瞭解老人的心理與行為、人際關係、社會參與。各種專業服務的技術都是要提供給老人，但如果老人不願意、不開心、處處抗拒，所有的專業都難以落實。每一位專業人士若無法與老人好好互動，也必然會感到很挫折，難免想離職。台灣每年有多少護理師、社工師做一段時間就想辭職，許多老人福利相關科系的畢業生也都轉行，原因可能是「真不知道這些老人在想什麼？」

　　就以拿藥給老人吃這件小動作來看，老人幾乎都天天吃藥，但吃藥不僅是一個動作，更是充滿心理意義的行為。「對症下藥，藥到病除」這個目標做得到嗎？無數科學家、藥理專家、製藥人士做出各種藥物，醫生也依照老人的狀況開了藥，但是老人家願意按照要求來吃嗎？不一定！有些老人抗拒，有些不按時服藥，有些中藥西藥混著服用，有些人又吃得太多因此對藥物有了依賴。製藥是科學議題，服藥則是心理議題，心理議題總是比科學議題要複雜得多了。

　　專門探究心理的科學是心理學，心理學（Psychology，詞源於希臘語：psyche＝「靈魂」或者「心智」＋ logos＝「……的研究」）是一門研究

心理現象（包括心理過程和個性心理特徵）及其對行為所產生影響的科學。現代心理學主要研究精神與大腦是如何相互影響，並採取實證科學的研究方法，透過實驗和觀察來檢驗假設；也指在各種人類活動場景之中應用心理學知識，包括解決個人日常生活中的各種心理問題，以及各種心理疾病與治療。心理學的研究對象主要是人類，但也有少數心理學家以動物作為研究對象。

心理學研究的是個人，與各種社會科學有關，因為在研究個人的同時，心理學也會考慮到這些個人所處的社會；它又與神經科學、醫學、生物學等有關，因為這些科學所探討的生理作用會影響個人的心智。心理學還與哲學、人類學等學科有一定的關係。

「人的心」是多麼迷人、多麼值得探索的領域，難怪有無數學者從事各式各樣的研究想一探究竟。每個人的心理有其基本的原則，又總是在變化，因此，心理學有豐富的研究成果，更有寬廣的應用範圍。此種學術成果豐碩的知識領域，對於老人相關服務提供了許多知識、觀念、理論與方法。

心理學的範圍很廣，依照《張氏心理學辭典》（張春興，1989a）最粗淺的分類是理論與應用兩大類。在理論心理學方面，主題有：發展、生理、學習、認知、動機、情緒、社會、人格、智力、變態、實驗、測量等；在應用心理學方面有教育與教學、輔導與諮商、人事與管理、工業與生產、商業與消費、醫藥與衛生、法律與犯罪、軍事與宣傳等。本書偏重在理論方面的介紹，除了實驗之外，各種理論的主題都有所涉獵。

在心理學的各領域中，比較常被提到的有發展心理學、認知心理學、社會心理學、教育心理學、變態心理學、臨床心理學、輔導心理學、社區心理學、人格心理學等。以 Google 的頁面來分析，心理學的分類除了上述提到的，還包含下列 30 個頁面：超心理學、哲學心理學、實驗心理學、廣告心理學、心理測量學、心理物理學、心理統計學、心理語言學、情感心理學、政治心理學、教師心理學、機能主義心理學、正面心理

學、演化心理學、生物心理學、社會神經科學、神經心理學、科學心理學、管理心理學、網路心理學、聯想心理學、藝術心理學等。

心理學研究最重要的國家是美國，其次是英國、歐陸一些國家及日本。在老年心理學的領域，美國及英國（如 Cameron & Biber, 1975; Bromley, 1974; Barash, 1983; Marshall et al., 1986; Belsky, 1994; Zelinski, 2004）、日本（如井上勝也、木村周，1993；下仲順子編，1997；長紀一，2000）、香港（曾文星，2004）、大陸（姜德珍，1998）及我國（如周勳男編著，1979；張隆順編譯，1985；張鐘汝、范明林，1997；葉在庭、鍾聖校譯，2008；葉怡寧等，2012）都有許多專書，也有一些專業期刊，所涉獵的主題還是以上一段所提到的為主。有些偏重某些主題，另一些則從不同角度切入。

貳、發展心理學

在各心理學領域中與老人關係最密切的是「發展心理學」（developmental psychology）。發展心理學，日語作「發達心理學」，是心理學的分支之一，主要是研究人們隨著年齡增長時在發展過程的心理轉變（Giles, 2002）。

宇宙在發展，個人也在發展，浩瀚宇宙有其運轉之定則，普天萬民亦有其生生不息之定時。歲序更迭，四時流轉，乃至日出日落，花開花謝，也有其不變之準則。《聖經‧傳道書》第三章：「凡事都有定期，天下萬物都有定時。」揭示了千古不變真理。「夫天地者，萬物之逆旅；光陰者，百代之過客。」人之一生，由生到死，有相近的週期，所不同者，由於人的平均壽命不斷延長，社會又在急遽變遷中，老人身處其中，受到各種衝擊。

生命有其長短，百年之中，人之一生宛如四季之週期。兒童時期，生機盎然，一如春之艷麗；青少年時期，百花綻放，恍如春末夏初大自然

之美景；及至成年，學業、事業有成，一如中天夏日，光芒四射；到了成年後期，秋風秋雨，一方面是慶祝收穫之季節，一方面卻面臨中年之危機。60 歲到了，生命逐漸出現歲末冬日之景象，不知不覺中，正式進入65 歲，被稱為「老人」，髮已蒼蒼，老化現象與日俱增。發展心理學探討的就是不同人生階段心理層面的改變。

發展心理學可以依據發展的階段細分為幼兒心理學、兒童心理學、青年心理學、老年心理學等（蘇建文等，1998）。近年，由於對胎兒期及壯年期的研究增加，另外有這兩個類別的專門論述出現。早在二十世紀上半葉，有些學者把兒童心理學等同於發展心理學，原因是當時人類的平均壽命不超過 50 歲，很多人在 30 至 40 歲期間因為戰亂或疾病而離世。在當時心理學家的角度來看，一般人的心理發展在成年以後就不會再有明顯改變。不過，隨著人類的平均壽命增長及社會日益複雜，心理學家發現人類在成年以後，心理狀況仍會繼續發展。所以，有關成年人及老年人心理發展的研究如雨後春筍般發表面世。之後，不少人開始以整全的角度來觀看人生的心理發展，成為今日的畢生發展心理學（life-span development psychology）。

畢生發展心理學是新興發展心理學科目，由巴爾泰斯（P. B. Baltes）等人於 1970 年代提出。他們認為，發展心理學應研究人類從胚胎到死亡的全部過程，而不應只研究人類發展過程中的某一階段（Sigelman, 1991; Boyd & Bee, 2006; Santrock, 2008）。

過去以發展為名的心理學，多數集中於兒童發展階段的研究，但忽視成年及老年的發展；但成年以後的心理發展，對人類也很重要，加上人的發展是緊扣相連的連續過程。所以，生命每一階段都受以前時期所影響，也影響以後發展。

畢生發展心理學家認為，人的發展和衰老不只是生理過程，也是社會環境作用的結果。所以，「人類行為與社會環境」（human behavior and social environment）等知識領域十分重要，特別看重「人在情境中」

（person-in-situation）的行為。

畢生發展心理學的觀點主要有：

1. 終身學習：學習並不只限於兒童期，任何一個階段的人都需要學習。

2. 多元發展過程：包含生理發展過程、認知發展過程、社會情緒發展過程等。

3. 多方向發展過程：人的生命可以很長久，因此人的選擇，不論是工作或家庭，常常是動態而多變的。

參、老人學

「老吾老，以及人之老」是我國幾千年來最好的傳統之一，可是對於老人，我們究竟瞭解多少？又有多少亟待澄清的迷思？老人最需要的是什麼？我們又該如何去研究他們的心態與有關的問題？老人學（Gerontology）一詞源自希臘文 geron，該詞的本意是一位老人。老人學是研究老化（aging）和老年人問題的學科，著重研究老年人口比率日益增加所產生的社會結果、老化的個人經驗（特別是在重視年輕人的社會中）和老年人在社會中的地位。進入二十一世紀，老人學最重要的有三大領域：生理學與醫學、心理學與社會學，主要研究老年人的生理、心智、社會等方面的改變狀況（梅陳玉嬋等，2006；李宗派，2011；Bettelheim, 2001; Cohen, 2000; Cornaro, 2005; Hayflick, 2002; Moody, 2010）。

老年學研究的重點有（彭駕騂、彭懷真，2012）：

1. 探討老化及老化的過程，研究老化的原因、機制與結果。試著掌握使人們老化的因素，減緩這些因素的干擾，可以延長人類的壽命。

2. 分析正常的老化與老化所產生的疾病，也專門研究讓老人致死的

疾病。

3. 探究老年人口對社會的影響。這領域很豐富，包括社會工作、護理、心理學、社會學、人口學等都有許多研究；也分析如何推動高齡教育及增進老年人的生活幸福。

4. 將相關研究的知識應用到與老人有關的政策或方案之中。例如在鉅視面，建議政府多關心與老人有關的公共政策；微視面則如老人的自我照顧。

　　美國有些學者認為，不需要有「老人心理學」這專門的領域，他們的論點包括：老人不是容易界定的人口群、刻意強調老人可能會製造分化與歧視、老人常被漠視、老人與病人太接近等，這些觀點也值得參考。但用老人心理學可以幫助讀者理解所討論的大致對象，否則心理學的範圍太大，不同年齡階段的人有很大差異，實在無法一概而論。

 第二節　老人心理學的內涵

壹、歷史與演變

　　對老人心理的描述已經有悠久的歷史，但是老人心理學還是一門新興的學問。在中國，有關老人心理和養生學的思想歷史悠久，早在春秋戰國時期，諸子百家在調攝情志以延年益壽方面有不少論述。如孔子強調仁者壽、智者壽的思想，歸納出「三十而立，四十而不惑，五十而知天命、六十而耳順，七十而從心所欲，不踰矩」的見解。在《道德經》和《莊子》中，明確提出了無欲、無知、無為的「返璞歸真」思想，對中國歷代養生學有重要影響。

　　又如唐代孫思邈的《千金翼方》中載：「論曰：人年五十以上，陽氣日衰，損與日至，心力漸退，忘前失後，興居怠惰，計授皆不稱心，視聽

不穩，多退少進，日月不等，萬事零落，心無聊賴，健忘嗔怒，情性變異，食飲無妙，寢處不安……」生動論述了人在年老過程中的記憶、視覺、聽覺、味覺以及性格、情緒狀態等的一系列變化過程。

老人心理學在各個研究心理學的領域中屬於比較新的園地，它成為一門獨立學科的關鍵是 1922 年美國心理學家 G. Stanley Hall 寫的《衰老──你的後半生》（*Senescence, the Last Half of Life*），內容是探究美國對老年人負面烙印的社會與心理層面。他在此書中，以畢生發展心理學的思想回顧了自己的一生。他反對把老化僅僅看作是人退回早期階段的一種返歸，強調老年人的老化過程有顯著的獨特性。

第二次世界大戰以後，隨著老年人在人口中的比率迅速增加，對心理活動老年化的實驗研究及其他研究急遽增多。進入二十一世紀後，老年心理學的材料愈來愈多，愈來愈豐富。

老人心理學的研究工作在我國起步較晚，長久以來，我國心理學界也有重視兒童發展而忽視成年與老人心理的傾向。但畢生發展心理學的觀點逐步被人們所接受以後，老人心理學漸漸成為發展心理學的一個重要部分。其中有關老人智力問題的研究最多，其次是老人記憶和學習問題。總的說來，老人心理學最注意認知過程，然後是人格、社會適應和態度的研究；也有人強調心理生物學，或強調社會心理及人際互動過程；另有學者把感覺和知覺與健康和生存的年齡變化聯繫起來。近年來還出現了一些對老年認知訓練的研究。

James E. Birren 早在 1964 年就將老人心理學定義為：「研究老人在老年期中行為發展有關問題之研究。」認為老人心理學是研究老年期個體的心理特徵及其變化規律的發展心理學分支，又稱老化心理學，是新興老年學的重要部分（Birren, 1991）。老人心理學研究人的心理活動中神經生理基礎的變化，即生物性的變化，也研究人的心理活動中社會基礎的變化，即社會性的變化及其適應。老人的心理活動一方面受軀體和神經系統功能的改變所制約，另一方面又受家庭環境和社會環境的制約，但各老人本身

仍有高度自主性。

影響老人心理變化的因素是多方面的，以下各項因素對老人的心理都產生不同程度的傷害：

1. 生理因素：老人的大腦皮層和皮層下多種神經細胞發生退行性變化，降低了神經纖維的再生能力，會減少腦血流量和氧氣的攝取量，易導致心理上的衰老。

2. 疾病因素：老年性疾病如高血壓、冠狀動脈病等會促使心理老化。這些因素確實會影響老年的生理與心理狀態。

3. 環境因素：若社會地位劇烈變化、親人死亡、家庭不和、退休後缺乏寄託等，都會帶給老人心理上和精神上的劇烈刺激。

4. 生活因素：不良的生活習慣、起居無規律、飲食無節制、社會參與少、營養不良、酗酒抽菸、過度勞累等。

5. 文化因素：如缺乏文化素養和適當的養老觀念、負面的社會氣氛，都會對老人產生不利的心理影響。

這是一個科學統整的時代。任何科學一方面奠基於其他學科之研究理論與實際問題探討之基礎上，同時又以研究所獲得的理論與實際，充實其他學科的內涵。老人心理學在二十世紀末期，已形成一廣博精深的獨立學術。到了二十一世紀的第二個十年，重要性更高。

貳、內涵與探究的意義

老人心理學主要是探究人在老年時期與行為發展有關的問題為主，在理論與應用方面常被介紹的內涵包括下列主題：

1. 老化的現象：探討老人在老化過程中各方面的改變。
2. 老化的理論：探討老化的生物行為、社會行為、社會心理等理論。
3. 老人的健康：探討老人在生理、心理、人際等方面的健康問題。

4. 老人的認知：探討老人的認知能力，也分析不同教育水準或職業的老人在認知能力的差異。

5. 老人的智力與創造力：探討老人智力與創造力等問題。

6. 老人的學習與記憶：探討老人的學習、記憶與注意力有關的問題。

7. 老人的人格：探討人格的涵義與特性，以及老人在老化過程中各階段的人格特性。

8. 老人的人際關係：包括夫妻、親子、祖孫、朋友各層面的關係。

9. 老人的心理疾病與治療：探討老人心理疾病的不同病況以及心理治療。

10. 老人的退休與休閒活動：探討老人在屆齡退休前後之心態、基本的理財規劃以及應有的休閒活動。

11. 老人的死亡：探討生死的學問、死亡的陰影、死亡的過程，以及往生者之親友的心理調適。

以上這些主題散見於心理學、社會學、精神醫學、教學原理、心理衛生、心理治療、社會工作以及社會福利等有關書刊，本書將於以下各章中陸續加以探討。

老人心理學是心理學中的一個日益重要的部分，隨著世界人口的老化趨向，它愈來愈具有重要理論意義、實踐意義及社會意義，簡述如下：

首先，在理論意義方面，老年期是人生道路上一個漫長而重要的時期，對這個時期的心理與行為是發展心理學的重要部分。以往心理學界對老人心理的研究則相當薄弱，但社會上老年人數正在不斷增長，更加凸顯了研究老年人心理科學的迫切性和重大意義。

其次，在實踐意義方面，老人在人口所占的比率愈來愈大了。老年人辛勤勞動幾十年，晚年理應生活得更好、更幸福、更有意義。我國本有尊老的優良傳統，但「使老者安之」的社會理想應更落實。為使老年人生活得更加幸福，需要多方面的條件，其中包括關於對老人的科學探究，尤其是老年人心理的科學研究將有助於老人、老人的子女、廣大群眾及政府

官員認識老人的心理，為老年人的健康與幸福而努力，能為老年人提供更好的服務。

第三，在社會意義方面，世界衛生組織（WHO）於 2002 年提出「活躍老化」（active aging）是當今全球的核心價值，認為若想使老化成為正面的經驗，必須讓健康、參與及安全達到最適化的狀態，以提升老年人生活品質。聯合國也召開「老化問題世界大會」，關注如何將老人融入社會各層面、拓展老人角色，以及活力老化等政策議題。注意老人的心理健康，已經是普世都看重的價值。

參、研究方法

藉著科學方法可以有系統、全面又嚴謹的瞭解老人心理。瞭解的功用主要有：

1. 找尋現象之間的因果關係：如探究動機與行為之間的關係。
2. 簡化：將事實藉著平均數、眾數等統計來簡單呈現。
3. 分類：對老人的行為做規則的整理。
4. 解釋：把難懂變成易懂，把陌生變成熟悉；多透過理論的架構來解釋。
5. 發現：發掘未被注意到的行為現象。

科學研究須把握幾個原則：

1. 規則性（regularity）：講求秩序和方法，能夠講述和示範。
2. 經驗性（empirical）：是由真實世界發展出來的知識。
3. 解釋性（explanatory）：能知道「為什麼」。
4. 推測性（predictive）：經由正確解釋來預測。

在研究方法方面，研究方法是針對研究目的及其衍生出的問題提出

可行的解答，包括方法的選取、研究對象與抽樣設計、研究工具、資料分析、研究倫理等，都是提出解答研究問題的過程與方法。研究者若要適切解答研究問題，必須依據其研究主題與場域之特質，慎選適合的研究方法來執行資料的蒐集與分析。研究方法很多，最常被採用，也最適合從事老人心理學的方法有三（林清山，1995；鄭雅方譯，2009；彭懷真，2012C）：

一、實驗法

多用在小團體或面對面互動研究上。實驗法（experimental method）主要是研究者針對某一特定的社會現象或行動的測定，去設立一個可控制的人為環境，觀察在該環境中特定現象或行動的改變。研究者把受試的老人分成兩組，一組是控制組（control group），另一組是實驗組（experimental group），然後讓實驗組接受一個被認為會影響行為改變的因素，而控制組未受該因素的影響。如果實驗組成員的行為有了改變，而控制組未改變，則可以證實該因素是行為改變的原因。

二、訪問法

訪問法（interviewing）是由訪員親自詢問老人問題的蒐集資料方法，用以支持研究者的理論假設。最主要是面對面的方式，有時也可經由電話的方式來詢問問題。訪問法問卷裡所使用的詞句、問題安排的順序、語氣等都可能影響訪問調查的結果。在使用上，可分為「有結構訪問」和「無結構訪問」兩種。成功的訪談，指訪員在訪談期間掌握話題，兼顧共同性與獨特性，在維持訪談焦點與深入探索間保持平衡。在訪談過程中，須觀察、傾聽、探索與綜合訊息，引發有價值的資料。在訪談中，受訪者所呈現的情緒反應都能被接納，不做判斷與批評，在安全的表達空間中發抒自我的觀點與想法。

三、敘事研究

是過去特定事件的敘述,這些故事具有某些特質,例如老人對生命歷程的回顧。敘事有明顯的開始與結束,也可以由論述中抽離出來,而不是一個固定式的事件。這是一種訴說的方式,任何使用或分析素材的研究,都可進行敘事研究(narrative research)。可以用來作為敘事素材的資料,包括老人的日記、自傳、會談、訪談等所獲得的口述生命故事等。做敘事分析時有六項核心要素:(1) 訴說故事(從個別看法的小點出發以呈現外顯的事件);(2) 過程的感覺(狀況之前與之後);(3) 在複雜的、詳細的脈絡中呈現互動或連結;(4) 參與其中的個人如何行動與做決定;(5) 整體的連貫性;(6) 一連串事件的關聯性。

 第三節 主要理論

探討老人心理的角度很多,有些是針對著某一個心理學主題加以論述,而以「老人心理」整體為主的理論簡介如下(沙依仁,1996;梅陳玉嬋等,2006;李宗派,2011)。

壹、從發展的角度

一、畢生發展理論

是老人心理學基本架構中最受注意的。畢生發展理論(life-span development)包含了生物與社會發展的兩大領域,一方面研究不同個體在發展過程上的一致性,另外也探討不同個體發展中的差異性,如基因的不同、社會文化的不同、社會階層的不同。同時強調個體的人生,明顯地受到個體的個別差異與人際互動關係所影響,而形成不同的特質。

此理論強調一個人如何適應環境，選擇適合自己的方式以求生存。老人階段可視為「人生的下半場」，下半場比上半場有更多差異、選擇，也須有更多內在對話。影響生命階段有三大力量：(1) 基因的重要性隨著年齡而減低；(2) 對文化的需求隨著年齡而上升；(3) 文化的效力隨著年紀的老邁而下降。這些因素會影響老年人選擇適應環境的方法，雖然常面對限制，仍要尋找機會。

二、心理社會發展理論

Erikson 提出心理社會發展期八個階段的觀點，認為老人處於第八個人生檢討的階段，反省生命即將終結的意義，以達到生命意義的統整。若是對自己過去所做的選擇與結果感到滿足，可擁有超越感；若是對自己的一生不滿意，對失去的機會感到惋惜，而對即將來臨的生理生命結束感到無奈與失望。Erikson 人格發展理論認為，老年期的基本價值是智慧（wisdom），須解決的問題是統整相對於絕望（integrity vs. despair）之間的衝突；這也是最終的階段，個人體會到人生階段的完結和死亡的可能來臨。最重要的任務是對過去重新評價，持樂觀的態度來設計安排有意義的晚年，生命智慧因而產生，用以對付死亡的恐懼。

三、發展理論

基於 Peck 的發展理論，老人為了心理發展順利，必須解決三大危機：(1) 自我價值感統整或工作角色偏差；(2) 身體超越或身體限制；(3) 自我超越或自我偏見；尤其是第三項的自我偏見危機最重要。

貳、從選擇的角度

一、選擇與補償理論

從選擇（selection）與補償（compensation）理論，衍生了許多有關

年長者在各種考驗時所做的選擇觀點。這些觀點強調個體面臨各種挑戰時，往往基於如何調適自己，謀取更多正面的滿足感，能將不如意的情緒減到最低。這些角度認為人生有得必有失，尤其是上了年紀的人，如何一方面自我克制，減少不必要的負面刺激，另一方面尋求較佳的調適之道。同時強調年長人士應以足夠信心，避免挫折感，更加充實自我，提升生命之價值。

選擇與補償最佳化（selective optimization with compensation）是這一派的重點，探討老年時如何在充滿得與失的人生階段尋求生存的策略。當人生可以選擇的機會逐漸減少，而身體的功能逐漸退化時，更要從「心」出發，設法安排，擴大自己的資源、增加自己的機會，促成良好的調適。

這一派理論引進了精神分析論提出補償作用觀念，主張以積極態度，不逃避現實，力求克服困難，解決問題。在追求目的受挫或因年華老去而力不從心之時，改以其他活動方式來代替，從而克服自卑而力求超越。例如，老年人的記憶能力固然不可避免地會消退，但是如果付出更多時間，反覆練習，仍然可以得到不錯的效果。借用阿德勒（Adler）的補償觀念，認為個人，尤其是老年人，如果因為某方面條件短缺而產生自卑感時，不妨嘗試其他活動，甚至以幻想方式去超越自己，以消滅因自卑感所帶來的痛苦。人生本來就是一段不斷試探、抉擇、取捨的過程，一時之得，應善加發揮其最大功能；相反的，一時之失，也不妨將之視為另一個迂迴前進的契機，只要能堅持生命樂觀信念都是好的。

二、社會情緒選擇理論

社會情緒選擇（social-emotional selectivity）理論學者將選擇理論與社會變遷觀點，予以綜合分析，用以解釋何以年老人在中年以後，逐漸由日常社交圈子退出，而減少各種聯誼活動。老年人隨年歲增長而減少與一般人士的來往，卻可能與其最親的朋友或兄弟互動更密切。

這一派理論也解釋了為什麼不少老年人寧願獨處，只獨樂樂而不願

與朋友進一步深交。許多年長人士，在外表看來似乎自視甚高，不願與眾人起舞，讓人認為他們故作清高，矯揉造作，實則是他們閱人較多，生活經驗亦日廣，基於自己的興趣與人生觀而在各方面有更多選擇性。

三、優勢與增強權能理論

優勢（strength）與增強權能（empowerment）理論強調發現和探索老人的優點和資源，並協助他們建立和實現目標。關注的焦點在於發掘老人潛能，視每位老人都有其獨特性，擁有自我成長與改變的潛能。在面對困境時，人人都能夠尋找並運用外界資源的能力，優勢觀點鼓舞老人表達自己的生命故事，尊重老人看待自己世界的方式，並自故事中發現自己的優勢，協助其面對生命中的挑戰，在服務的過程中以老人為中心，以對老人有意義的事情為核心。服務老人的工作者須透過增強的過程，使個體能改善其無力感的情況，進而根據自己的想法和意念採取行動，提高掌控自己生活及命運的程度，藉此鼓舞老人有動機、有勇氣、有意願從冷漠和絕望中轉變到採取行動。

參、從人格的角度

一、成人人格辨識模式

又稱生活結構（life structure）發展模式；Levinson 將生命結構分為四個時期（又可稱為生命四季），每個時期約持續二十年，另有幾段轉型期。轉型期發生在個人感覺轉變，或面臨如生產、退休等重大事件發生時，使個人在關係的發展上有新的需求。

二、人格特質理論

人格特質是人格中比較穩定的部分，可區別一個人的個別性，除非是個人刻意努力去改變，否則特質是不會改變的。老人人格類型按照人格

與調適的情況，可以分為成熟型、搖椅型、防衛型、憤怒型、自怨自艾型等。

肆、其他角度

一、認知與老化理論

認知（cognition）能力包括多元的智能、思考辨識、社會文化知識等。隨著年紀漸長，學習、記憶、推理、空間等流動的認知能力會下降，因此更要把握關鍵的因素，培養好的生活習慣，依賴規律的生活以因應老化。

二、社會服務及需求滿足理論

老年人的需求內涵包含經濟性需求、生理性需求、社會性需求等。在社會性需求方面，老年人有維持正常的社交、人際關係、與他人互動等需求，否則會造成老年人的心理壓力。對老年人而言，充分的社會參與可以滿足老年人社會互動的需求，並滿足老年人愛和尊嚴、參與感和自我實現等高層次需求。

三、超越主義理論

超越主義（gerotranscendence）認為，一個人年華老去的過程中，大多漸漸放棄以往汲汲經營的名利與事物，慢慢地昇華為心靈寧靜的追求，甚至視萬物如糞土，視一切都是過眼雲煙，更看破生死情關，追求身心超越。根據此學派，有智慧的老年人士，以樂天達觀的心情面對時空的轉變、價值的轉變、死亡的陰影，重新評估個人之生命意義。

第四節　本書架構

壹、主題簡介

　　本書探討老年人的心理，採取什麼樣的立場呢？首先在主題上，希望涵蓋面廣泛，能多介紹不同主題，但也不能太仔細以避免冗長。本書是導論而非精論，屬於介紹性而非學術爭論。在寫作方面，力求簡單、清楚、明確和正確。在呈現方面，期盼是一本容易閱讀、理解的書。在全書的架構方面，共分六篇，每篇都是兩章。重點說明如下：

　　第一篇——導論與理論篇：第一章依序說明「心理學」、「發展心理學」、「畢生發展心理學」，然後進入本書的核心：老人心理學。接著介紹老人心理學的演變、內涵、研究方法、主要理論等。第二章從生理學與大腦、認知與神經科學、精神醫學角度探討心理為什麼會「老」，也說明評量老人心理狀況的科學方法。

　　第二篇——人格與態度篇：重點是認識「人心——心態」。第三章依序說明自我、人格、老人人格。第四章分別解釋態度、價值、動機，也探討老人失去堅強動機之後常見的退化與依附心理。

　　第三篇——學習與習慣篇：重點是「心思」與「心性」。第五章說明知覺、認知、學習與創造力。第六章解釋習慣是如何養成的，並解釋酒癮、依賴藥物、賭癮等老人的麻煩現象，也介紹能量管理的概念。

　　第四篇——記憶與智力篇：第七章談記憶、注意與失憶。第八章分析智力與失智，並詳細解釋失智症的症狀與對失智症迷思。

　　第五篇——情緒與壓力篇：關鍵是「心情心焦」與「心憂」等。第九章的重點是情緒、壓力、焦慮與慮病、失眠。第十章探討種種老人心理的困擾，重點包括：防衛機轉、精神分裂症狀、憂鬱症與自殺。

　　第六篇——家庭與人際篇：重點是「心愛」。第十一章偏重家庭面，

包括分析家庭功能與系統；婚姻、同居與離婚；夫妻關係；親子與祖孫關係。第十二章擴大範圍談人際心理，介紹朋友關係與溝通、寂寞與孤獨感、社會認知，最後處理幾個社會心理的議題，如尋求健康、幫助他人的利社會行為、偏見與歧視等。

整體來說，全書的主題由「人心」開始探討，最後由「社會心理」收尾。

在內容方面，除了第一篇是理論介紹外，其他五篇十章都有一些案例，各以三到四節，每節 3,500 至 4,500 字來說明。每一章最後則各找一部相關的電影，簡要介紹劇情，說明該電影對老人心理層面的啟示，然後列出討論題綱。這十二部很棒的電影有助於深入瞭解該章主題以及老人的心理，歡迎老師、同學及讀者去找這些電影來看，一定會很有收穫，更能理解該章的內容以及老人的心理。

貳、閱讀建議

為了老師容易講解、學生容易閱讀，學生一章可在一小時半到兩小時大致看完一遍。老師講解、學習者記住重點，則建議每一節用一小時。對於附有英文的專有名詞，若加以背誦會更好。實務工作者則建議先瀏覽一章，再挑選適合用在工作中的部分詳加瞭解。一般大眾則可用兩小時閱覽一章，將有全貌的認識。

教科書的撰寫以編輯彙整為主，編著者應避免有強烈個人色彩。本書廣泛蒐集各主題的精華論點，參考超過五百項書籍、專論、論文或網路資訊，整理在全書之後。

老人常被忽視、漠視、冷淡對待，好多人都忘記老人是真實的人，有顆真實的心。本書作者特別希望帶著「心」去感受、去體會，也帶著「理」，用理性去詮釋、去說明老年人的心理。老人不是生活在真空的狀態下，而是生活在社會情境中，所以應多從社會環境去瞭解老人及老人的

心理。老人不是靜止而是動態的，因此應從生態觀點認識老人。老人不是孤立的，而是與人互動的，因此應該多從參與的角度尊重老人。老人不是充滿困境與限制的，所以應該注意老人的優點與長處。老人不是實驗室裡被觀察的對象，而是充滿動能與變化的社會人。

在這個資本主義當道的時代，廣告總是歌頌年輕人而漠視老人，媒體中鮮少有對老人友善的報導，政客也不積極去體會老人所面對的考驗，甚至年輕人都不在乎自己的父母、祖父母、外公外婆。老人總是被認為是屬於家庭而不屬於社會，是應該去醫院而不是去工作，是過氣不可能改變的，是製造問題而沒辦法有積極貢獻……。這些觀念都應該被糾正，也應該有更多人真實體會老人的心理，並且把這些心理說清楚。

這本書的兩位作者，其中一位專長是普通心理學與心理輔導，另一位則是長期講授社會心理學、犯罪心理學與管理心理學；一位是昔日輔導學會的理事長，一位是社工界活躍的學者與實務工作者。各自都寫了很多教科書，已經在 2012 年出版了《老年學概論》。在本書中集合了二人的專長，為老人心理及老人心理學做最清楚的導引。

電影故事

《桃姐》（*A Simple Life*）／香港／2011

導演：許鞍華

主演：葉德嫻、劉德華

◎獲獎

　　義大利平等機會委員會頒發的平等機會獎。導演許鞍華獲得天主教人道精神組織Signis頒發的特別表揚獎。葉德嫻奪得威尼斯電影節「最佳女演員」獎，成為首位獲得該獎的香港女演員。第48屆金馬獎最佳導演、最佳男主角和最佳女主角三項大獎。入圍2012年第31屆香港電影金像獎八項提名，最後獲得電影、導演、編劇、男主角和女主角五項大獎。

◎劇情簡介

　　本片改編自真人真事，講述一位生長於大家庭的少爺Roger，與自幼照顧他長大的家傭桃姐之間的主僕情。鍾春桃（桃姐）自13歲就到梁家當傭人，六十年過去，她已伺候了梁家老少四代人。梁家人有的去世，有的移民，近十年間只剩下桃姐和Roger在一起生活。主僕兩人相處頗有默契，但很少交流。有一天，桃姐突然中風，Roger把她送去老人院，他從被照顧者轉換角色成為照顧者。他經常去養老院探望，也多次接桃姐出來走走，陪她回顧往事，陪她吃飯散步，陪她看病治病，陪她面對油盡燈枯的人生尾聲……。

◎啟示

　　如同《換我照顧你》（游紫玲、游紫萍譯，2011）所寫，照顧與被照顧會轉換。《桃姐》獲獎無數，觸動觀眾對老年及對人際關係的檢視。老化是不停止的過程，彷彿單行道，不能回頭。但是人的角色可以改變，桃姐忙了一輩子，幾乎是沒有自我地服伺一個家庭，無怨無悔。晚年時，她成為被服事者，

照顧她的主要是當年她所照顧的。難能可貴的是，這位照顧她的人，也無怨無悔。

在養老院中，也有轉換角色的搭配。例如一位老太太與她中年女兒，後者需要洗腎住在養老院，反而是老太太經常來探望，白髮人照顧黑髮人。更特別的是，經營養老院的原本是電影演員，因為電影業不景氣，轉換跑道與同居人投身老人服務的市場，一家又一家地開。

◎討論題綱

1.在照顧者與被照顧者的角色轉換中，你／妳看到了什麼特別之處？你／妳願意照顧昔日照顧過自己的人嗎？

2.電影中，劉德華很自然地攙扶，還幫忙桃姐揉腳，他這樣做，你／妳有何感想？

3.電影開場，劉德華置身在返鄉的車站，顯示《桃姐》是一個返鄉送別的場景，彷彿是必然的旅程。偌大的車站，寂寥的身影，這代表怎麼樣的心理？

4.桃姐心境多次轉換的關鍵是什麼？她不願意增加其他人的麻煩，又是怎麼樣的心理呢？

資料來源：圖片檢索自開眼電影網（2012）。http://app.atmovies.com.tw/movie/movie.cfm?action=filmdata&film_id=fthk28410051，檢索日期：2012年12月11日。

Chapter

2 心理的生理與神經基礎

第一節　生理學與大腦

壹、生理老化

　　心理與生理是不可分的，瞭解心理當然須對生理有基本認識。人體本身就是一個神奇的結構，老年人為什麼有許多心理上不健康的問題，生理學提供了許多寶貴的知識。生理學（physiology）是探討人體運作的學問，試著瞭解各項人體功能的執行，從分子之間的互動到數個器官之間的協調，進而完成呼吸、心跳、體溫控制等維持生命的重要功能。要達成維持正常生理功能的任務，除了特定的細胞組織之外，還須經由神經傳導物質及內分泌激素（hormone），調控細胞組織對外界的刺激做出適度的反應，並配合身體在特定情境下適當的工作（林天送，2000）。

　　生理學也提供了是否健康的指標，如正常體溫應在攝氏 37℃ 上下，血壓多寡也有具體數值可作為判斷是否正常之依據；血糖在飯前的標準值為 70-110 mg/dl；飯後的標準值為 80-120 mg/dl，明顯超過或遠低於此項數字，都應追蹤檢查。又如老年人之眼壓標準值為 5-20 mm Hg，老人常見的白內障主要是因為眼壓上升所導致的視神經萎縮和視力損失。此外，白血球之標準值是 4.5-10.0 k/ul，如果偏高，可能是發炎、感染、尿毒症之前兆；過低可能是抵抗力降低或再生不良性貧血。

　　不少老人有膽固醇過高或太低的問題，易引起高血壓、動脈硬化及腦中風，若含量太低則表示可能有貧血、肝障礙或營養不良。有些老年人三酸甘油脂（中性脂肪）偏高，則易患糖尿病、動脈硬化、心肌梗塞等症狀（王正一，1999；周中興等譯，2006）。這些生理學的基本常識，都是老年人或是照顧這些老年人所應該具備的，老人須瞭解生理上應維持的營養，用以維護健康，免疫抗老。

　　老化的改變包含生理與心理的變化，最明顯的首見於生理方面。老

化最簡單的定義是隨著時間或出生後年歲增加生理的變化過程；就此定義，老化與年齡是同義詞。但一般而言，不會將幼兒到成年的成長過程視為老化，因此年紀的增長也依其在生理、心理，甚至社會年齡，而有不同的意義。可將其改變區分為以下兩種類型（呂麗蓉譯，1995；樓迎統等，2011）：

1. 發育上的改變（developmental changes）：指成長過程多為不可逆（irreversible）之生理變化。
2. 生理上的改變（physiological changes）：指正常情況下多為可逆（reversible）之應變，如體溫改變等。

此兩類變化均可增加人們存活的機會。還有一類變化主要是在年老時發生，雖然個別生理功能開始變差的時間並不明確，但總體來看第三類變化會降低個人健康存活的機會，常用衰老（senescence）描述這種生理改變，亦稱為老化（aging）。包含細胞功能、可興奮組織——神經與肌肉、中樞神經系統、周邊神經系統、血液與心臟、循環功能、腎臟與泌尿系統、呼吸功能、運動生理、內分泌系統、消化系統、新陳代謝、營養與免疫系統、生殖系統等（樓迎統等，2011）。

生理理論探討個體器官、系統與細胞等的構造與功能。由於人體之構造與功能是如此錯綜複雜，因此這一理論又可分為若干細目，分別探討不同器官、系統與細胞群之有關問題。

從生理角度解釋老人生物性的理論最重要的有三種（林天送，2003；黃薇菁、張國燕譯，2008；周中興等譯，2006）：

一、內外在廢物堆積理論

人們在日常生活環境中，無可避免地都承受了污染的物質，無論是空氣污染、水污染或土壤污染，都將累積了個體所不能承受之重。嚴重時，可能造成身體功能的傷害，甚至死亡。

二、發展性基因理論

　　個體生命是延續的,隨著身體發展的各種器官、系統、細胞不斷運作,仍然受基因的控制,最受注意的是從「自由基」探究老化之謎。在人體代謝過程中會產生自由基,為維持生命所必需,在正常狀態下,體內自由基的產生與消除,應處於平衡狀態。但隨著年齡增長,體內清除自由基的能力隨之下降,此時體內過量儲存的自由基會造成脂質過氧化,損傷生物膜,影響細胞功能,進而導致疾病和衰老。衰老的過程,可能就是細胞和組織中不斷生成的自由基所損傷的結果,因此應攝取合理的營養,以保持正常之抗氧化功能,有效清除自由基。

三、細胞質老化理論

　　探討細胞對於老化之影響,又可分為三個不同領域:(1) 強調細胞與細胞間不正常之互動如何造成衰老;(2) 探討發展過程中,細胞功能是如何轉化的;(3) 從 DNA 理論,引申到研究細胞是如何複製或轉折。

　　老化的過程是很複雜的,在生理上及心理上都有明顯的變化。生理方面牽涉到身體功能運作效率降低,而且各器官修復的過程會隨著年齡增長而減緩,而這些改變造成基礎代謝率、心肺、腎臟及神經系統功能衰退,致使身體器官老化,機能退化、消失。年事愈高,體力自然衰退,主要現象是機能變慢,因生病造成失常(impairment),再導致「日常功能破壞」,稱為功能失能(disability),最後變成「社會功能喪失」,可能成為身心障礙者(handicap)。

　　將各系統變化的重點說明如下(國民健康局,2003;林麗嬋等,2010):

1. 皮膚:長年受紫外線影響,產生皺紋、變薄、透明、色素沉澱、皮膚癌等變化;老年紫斑是由於血管彈性降低;灰髮會受遺傳影響;腿部潰瘍多由於血液滯留在靜脈和動脈血管。

2. 視覺：眼瞼脫垂、內翻、外翻是因脂肪分布而造成；眼壓升高、水晶體變密、變硬、影響聚焦、變成混濁可能產生白內障、黃斑退化，則視力降低；視網膜出血、阻塞、黃斑退化、白內障，均可能造成視力喪失。

3. 聽覺：由於耳蝸神經退化，終至重聽，甚至失聰，影響社交與溝通，也可能導致孤僻、憂鬱、妄想。

4. 泌尿系統：腎功能隨年齡減退，腎元退化，導致體液酸鹼失衡、脫水或水腫。腎功能失調，造成藥物及毒物排泄困難。

5. 骨骼、肌肉、關節：骨質疏鬆始於成年早期，女性更年期後逐漸明顯，骨頭正常組織消失；骨質軟化，由於維他命 D 缺乏，鈣沉澱減少。原因是營養不良，日光照射不足；肌肉力量減退，原因可能是脊髓前角運動細胞退化；關節軟骨變薄、消失、關節硬化變形。

6. 腦神經系統：腦神經細胞功能活力降低；腦細胞數目、腦容量、重量均降低。腦細胞表現在癡呆症的變化有 (1) 老年斑；(2) 神經纖維纏結；(3) 神經細胞粒狀空泡退化，因此記憶、學習、瞭解、判斷、計算、認知等心理能力均逐漸降低。

7. 心臟血管系統：主動脈變寬、心排出雜音、心跳反射稍鈍、心輸出徐降、心房顫動是由於動脈硬化造成；血壓稍升。

8. 呼吸系統：胸廓彈性減少、出氣不順，造成閉氣、肺氣腫，呼吸困難，吃力，氧吸入降低，殘氣排出困難，易感染，破洞穿孔，甚至造成氣胸。

9. 新陳代謝系統：賀爾蒙在更年期的變化明顯，罹患乳癌的危險增加，血糖使用降低；甲狀腺分泌功能雖不降低，但細胞對其反應較不敏感。

10. 胃腸系統：牙齒脫落，多由牙周病所致；食道活動機能退化、吞嚥困難，胃分泌消化能力變差，味覺、嗅覺變差；許多老人有營

養不良現象，原因包括忽略照顧、孤獨生活、身心疾病、貧困等。

11. 免疫系統：細胞免疫及抗體免疫能力衰退；自體免疫疾病增加；移植免疫排斥減輕，癌症免疫對抗能力降低；易發燒、感染。

綜合而言，老年的生理疾病狀況，主要有六方面，英文的字頭都是 I：

1. 動作失常（Immobility）。
2. 失禁（Incontinence）。
3. 步態不穩（Instability）。
4. 精神失能（Inability）。
5. 精神失常（Insanity）。
6. 因醫生的診斷、態度或治療所引起的混亂（Iatrogenic Disorder）。

貳、大腦老化

「過了顛峰」、「與社會脫節」、「遲暮之年」等是對老年人常有的形容詞，很多人都假定「老了，腦筋不靈光了」，但這些都不是完整的看法。關於大腦有許多錯誤的說法，如大腦無法產生新的腦細胞、老年人的學習力不如年輕人、神經元之間的連結不會改變等。但美國喬治城大學老化研究中心主任柯恩 Gene D. Cohen 博士（2007）指出，近二十年的研究確定大腦有四個特徵：

1. 大腦會因為經驗和學習而不斷重塑。
2. 大腦不斷製造新的細胞。
3. 腦細胞之間的情緒連結會隨著年歲成熟。
4. 老年人更會平均地使用左腦與右腦。

這些特徵並非顯示大腦不受年齡的影響，腦與身體其他部位一樣都是由細胞所組成，細胞都會隨著年齡逐漸耗損，有些大腦功能會衰退，例

如解決複雜數學問題的速度、反應時間、短期記憶儲存的速率等。但少部分的衰退不代表腦功能全面減弱。

與年輕人的腦相比，年長者的腦已經儲存更豐富的記憶。有些複雜而精緻的內容不是短時間可以學會的，因此經驗特別重要，例如某些專業知識與複雜的人際關係。在與人密集互動的行業中，歲月常勝過青春。要學習，就必須記憶，年紀大的人因為有豐富的記憶，因而能在不同的現象之間做有效的連結。

Cohen 博士透過腦攝影的研究發現：計程車司機腦中的海馬迴（hippocampus）比公車司機大，因為公車司機走固定的路線，而計程車司機須瞭解複雜的動線。年紀大的司機海馬迴也比年輕的司機大，音樂家的海馬迴又特別大，因為他們要記住很多的樂譜。

面對人生挑戰時，老年人的反應通常比較平靜。與年輕人相比，老年人的負面情緒較不強烈，比較注意正面情緒刺激，而忽略負面的；較容易記住引發正面情緒的記憶，而遺忘負面的（馮觀富，2005）。

人的大腦能製造新的神經元，這個過程稱為「神經元新生」（neurogenesis），大腦許多區域都儲存著初生狀態的細胞，會在某些特定條件下成熟，成為具備正常功能的「神經膠質」（glia）的腦細胞。這個發現有助於治療腦部細胞的疾病，如帕金森氏症和阿茲海默症（Shankle & Amen, 2004）。

在一個人身上，眼睛、耳朵、肺臟、腎臟等都是兩個，大腦呢？主要有兩個，左腦與右腦，兩者間透過神經纖維束彼此相連。某些功能左腦多貢獻，如口語、數學邏輯，右腦則多負責影像空間的理解、整體性操作與臉部辨識等。青少年與成年人處理外來訊息時，常只用左邊或右邊的腦，但老年人卻同時運用左腦與右腦，可能是以重組的神經網絡來應付外在的刺激。大腦的彈性、適應力與能力，都超過人們原本的想像（洪蘭，2008）。

1960 年代，普立茲獎得主、也是老人學專家巴特勒（Robert Butler）

發展出「人生回顧」（life review）的概念。在回顧中，過去的經驗會逐漸浮現到意識的層面，有些過去未曾解決的衝突與困擾被重新檢視與整合，若整合成功，將對人生帶來新的意義。倫敦大學的神經學研究中心發現：進行回憶時，年輕人主要是用左腦，年長者則左右腦同時使用，會創造出較為豐富、生動和鮮活的回憶（李淑珺譯，2007）。

　　人在任何階段的經驗都刺激大腦的結構，大腦就像肌肉，經常使用會更強健，閒著不動就會鬆弛無力。具有挑戰性的新經驗有助於大腦發展，新經驗激發大腦生出新的突觸（神經元之間的連接點）和其他神經結構，從而增進大腦處理資訊和儲存記憶的能力，尤其是海馬迴的部分。

　　運動也會增進腦力，尤其從事持續而規律地運用大量肌肉群的有氧運動。原因是（林天送，2010）：

1. 流到腦部的血液量增加。
2. 腦內啡（endorphin）分泌增加。
3. 腦部廢物加速代謝。
4. 腦內氧含量增加。
5. 免疫力提升。
6. 有益的免疫細胞數量增加。

　　跳舞、演奏樂器、玩填字遊戲、閱讀等，都有助於腦部活動，關鍵的因素是「掌控感」。掌控感高者的身體與心理狀態明顯優於少有此種感覺的人。

　　肯塔基大學的斯諾登（David Snowdon）博士針對一群 70 歲以上的修女進行臨床評估，並做標準記憶測驗。這項計畫稱為「修女研究」（The Nun Study），每位參與受試的人，在 20 歲出頭進入修道院，而且都有寫日記的習慣。科學家對這些舊時日記做標準化語言學分析，客觀評量修女們早年的語言能力。有些修女在年輕時，作品中敘述的概念密度較高，並使用了較複雜的文法。這些寫日記的修女 70 多歲以後，出現記憶喪失

或得阿茲海默症的情形，比其他沒有寫日記的修女明顯要少（劉秀枝，2003）。

　　學習和教育可加強保護大腦不致隨時日衰退，這就是「用進廢退」（use it or lose it）理論。當大腦變老，突觸效能便開始減低。由腦部某一區發出的信息，抵達另一區時便可能會亂掉，同時腦部各區之間的重要溝通也可能中斷。例如某個人的腦部某一區要他走進廚房，打開冰箱，但他卻只是站在那裡。因為另有個腦區原本要他伸手取出一罐汽水來解渴，結果那一個部位卻沒有收到訊息。

　　當神經元老化死亡，整個大腦的實際尺寸也會縮小或萎縮。同時，受損的位置會聚積成團，稱為澱粉樣斑塊（amyloid plaques）和神經纖維纏結（neurofibrillary tangles）。這些腐敗物質團主要是由死亡細胞和腦部組織退化所組成，多集中在與記憶有關的區域，包括：顳葉（太陽穴）、頂葉（parietal lobe，太陽穴上方和後方）及額葉（靠近額頭）等大腦皮質區（也就是腦部外層細胞）。健康豐滿的大腦只有稀疏斑點和纏結，等到大腦逐漸縮小，滿布斑點和纏結，就會萎縮，甚至變成如同阿茲海默症患者的腦（易之新譯，2004）。

　　腦容量與灰質比率影響人們的智能。腦容量大、灰質多則智能表現佳。兩性之間的差異，也會影響記憶能力和大腦的健康，男女年老後的狀況也不相同。一個人的大腦與身材通常成正比，男性通常比女性高，因此女性的大腦平均比男性小。成年男性大腦平均重量則略超過 1,360 公克，女性的大腦則略低。

　　一般而言，動物的大腦愈大就愈聰明，不過要用這項規則來估算人類的大腦功能，就不一定了。大腦構造和功能研究顯示：儘管女性大腦較小，但頭腦效能卻較高，關鍵是「灰質」的百分比。賓州大學的 Ruben Gur 博士檢視人類位於腦外層的大腦灰質（gray matter）數量，這些細胞體掌管思考。平均而言，女性大腦區域有 55% 包含了灰質，男性大腦只有 50%，這可以解釋為什麼女性的語言和口語能力測驗得分通常超過男

性。相對而言，男性的白質（white matter）含量較高，這種物質會傳遞來自較遠區域的資訊，這可以解釋男性的視覺、空間能力會比較高。整體而言，兩性之間的總智力大致沒有明顯差異（蔡承志譯，2005b）。

參、面對壓力的變化

　　一個人的身體面對壓力做出反應，並釋出荷爾蒙進入血流，其目的是讓人們進入保護模式。腎上腺素是種壓力荷爾蒙，令人做出「戰鬥或逃逸」（fight or flight）的反應，能提供力氣和能量以因應危險或逃走避開。

　　當壓力荷爾蒙腎上腺素進入血流系統，心跳就會加速，血壓就會升高，呼吸也會加快，使更多的血液和氧氣流入心臟、肌肉和大腦。這時肌肉緊繃，準備採取行動，心理更為警覺，感官機能變得更敏銳，輸入皮膚、消化道、腎臟、肝臟的血液量也會減少，因為面對危機時，這些器官並不是那麼有用。血液裡的糖分、脂肪、膽固醇含量提高，可以提供額外的能量，同時血小板和凝血因子含量也提高，一旦受傷就可以用來止血。當身體認定自己就要陷入嚴重處境時，所有這些生理改變都是為了幫助適應。

　　人類演化出壓力反應是為了自保，因應形勢須迅速反應，才可對付嚴重威脅，有時甚至攸關生死。有時儘管並沒有面臨實際威脅，只是長時間一再接觸到心理反應刺激或壓力源的人，也會產生相同的生理反應，而且沒辦法迅速解除。此種狀況若持續拖延鬱積，結果就可能產生慢性壓力症候群，表現出各種典型的身心症狀，還會造成健康問題。

　　在壓力對記憶力的影響方面，重要的發現（張鐘汝、范明林，1997；林天送，2000）如：史丹福大學的薩波斯基（Robert Sapolsky）博士研究壓力對腦部和認知歷程的影響，顯示實驗室裡動物的海馬記憶中樞長期暴露在壓力下，就會有萎縮等負面情況。海馬是腦部的海馬狀構造，位於太陽穴底層腦部區域，其功能和記憶與學習有關。加大爾灣分校的邁克高夫

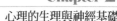
（James McGaugh）發現：皮質醇（corticosterone）在重度壓力、焦慮或重擊身體時會釋出荷爾蒙，妨礙人們取出儲存在長期記憶裡的資訊。微弱電擊會提高皮質醇含量，嚴重影響動物尋路回到指定目標區的能力。在遭受電擊後的最初一段時間，皮質醇含量攀到最高，間隔最長可達一個小時，這時記憶受損也最嚴重。

倘若腦部反覆承受壓力，是否會造成長期影響？聖路易華盛頓大學醫學院的紐科默（John Newcomer）博士也觀察到壓力對人類記憶的類似影響。若是連續幾天暴露於高含量皮質醇，就可能損害記憶，出現只接受高劑量治療的人（相當於重大疾病或手術病患會接受的劑量）才會出現的記憶損害現象。不過一週之後，他們的記憶表現就會恢復正常。承受了重大醫療、生理或心理創傷的人會經歷和壓力有關的記憶障礙。老年人罹患高血壓、糖病尿、缺血性心臟病、血管硬化等慢性疾病，也可能影響腦部功能而造成神經精神症狀（林天送，2000）。

 第二節　認知與神經科學

壹、認知心理學

與生理最有關的生理學是對認知的探究，認知心理學與神經科學更是不可不瞭解的。認知心理學（cognitive psychology）研究人的知覺、學習、注意、記憶、語言、推理、解決問題、判斷、決策、創造力與智慧的運作機制，是利用以實驗為主的研究方法，來試圖瞭解大腦的演算法（algorithms）與資料結構（data structure）。認知心理學常常用「歷程」（process）與「表徵」（representation）指涉演算法與資料結構。在訊息處理方面的重點有以下三方面（黎士鳴編譯，2005；路珈・蘇絲曼編，2011）：

　　第一是訊息處理的觀點，注意上行與下行的處理系統（bottom-up and top-down processing）。外界的訊息是從周邊的器官傳至中央的大腦，這種處理的方式稱為上行處理的方式。但是人絕對不僅被動接受訊息，而會主動的詮釋外來訊息。昔日獲得的知識與經驗扮演一個相當重要的角色，其過程是下行處理。

　　第二，人是由兩個系統所組成的，其中維生系統（regulatory system）負責個人情緒、動機、生命延續及種族繁衍；另一系統是認知系統（cognitive system），負責個人學習、認知與智慧的運作。這兩個系統當然並非截然分開，互不影響。把人視為學習與認知的系統，具體特徵包括：

1. 人是一個符號運作與計算的系統。
2. 腦是一個多階段訊息處理的系統。
3. 每一階段運作有其「能力或通路的限制」。
4. 學習是相當複雜的。
5. 人必須發展有效的「認知策略」，以有限的能力去從事複雜的學習。
6. 人在從事一項學習時，已具備了某些知識與經驗。
7. 人類對自己的認知與心智具有「自我監測」（self-monitoring）（或自我覺知、內省）與「自我控制」（self-control）的能力，這些能力統稱為「認知的自我監控」（metacognition）。

　　第三，意識的與無意識的認知（conscious and unconscious cognition）是人類認知的兩個面向。以臉孔失認症（prosopagnosia，又稱面部識別能力缺乏症）的病人為例，雖然失去其辨識親人臉孔的能力，但看到親人的照片時比看到其他人照片時引發較大的反應，顯示病人仍舊保留部分無意識辨識的能力。

貳、認知神經科學

　　認知神經科學（cognitive neuroscience）的重點在探討認知歷程的生物學基礎，主要目標為闡明心理歷程的神經機制，也就是大腦的運作如何造成心理或認知功能。認知神經科學為心理學和神經科學的分支，橫跨眾多領域，例如神經科學、認知心理學、生理心理學（physiological psychology）和神經心理學（neuropsychology）。認知神經科學以認知科學的理論、神經心理學、神經科學及計算模型（computational model）等實驗證據為基礎。知識來源還有來自神經生物學、精神病學（psychiatry）、神經學（neurology）、物理學（physics）、語言學（linguistics）、哲學（philosophy）和數學（mathematics）等學科（洪蘭譯，2002；張春興，2003）。

　　認知神經科學採用的研究方法，主要來自心理物理學（psychophysics）、認知心理學、功能性神經造影（functional neuroimaging）、電生理學（electrophysiology）、認知基因體學（cognitive genomics）和行為遺傳學（behavioral genetics）。比較特別的是有一部分研究材料來自於腦部損傷的病人。腦部損傷所造成的認知功能受損提供認知神經科學許多重要的證據，理論的發展則來自計算神經科學（computational neuroscience）和認知心理學（鄭昭明，2010）。

　　認知神經科學認為特定腦部區位負責特定的認知功能可透過對於頭皮的電生理測量，或是更多對腦部本身的觀測而得知。行為表現是由不同腦區共同參與。

　　神經科學和認知心理學這兩個領域之間原本幾乎沒有互動。直到二十世紀晚期，新的科學技術成為認知神經科學重要的研究方法，這些技術包含了穿顱磁刺激、功能性磁振造影、腦電圖和腦磁圖；有時也會使用到其他的腦造影技術，如正子斷層掃瞄造影和單光子電腦斷層掃描；在動物上使用的單細胞電位記錄（single-unit recording）也是重要的技術。其

他的技術還包含微神經圖（microneurography）、臉部的肌電圖（EMG）和眼球追蹤儀（eye tracking）。整合神經科學（integrative neuroscience）試著將不同領域和不同尺度（如生物學、心理學、解剖學和臨床經驗）所得到的研究成果整合成一個統合的描述性模型。認知神經科學的主題包括：注意力、意識、決策判斷、學習、記憶等（黃秀瑄譯，2009）。

參、神經學

神經學是醫學領域應付神經系統和神經失調的部門。神經失調影響了中央神經系統、周邊神經系統，或位於中央和周邊神經系統的自主神經系統。常見情況包括（洪蘭，2008；洪蘭譯，2010）：

1. 頭疼失調，如偏頭痛和緊張頭疼。
2. 情景引發的失調，如癲癇症。
3. 神經退化性失調，如癡呆。
4. 腦血管的疾病，如瞬變局部缺血的攻擊。
5. 失眠。
6. 大腦麻痺。
7. 中央神經系統的細菌、黴菌、病毒和寄生傳染，腦膜炎，周邊神經（神經炎）。
8. 腦腫瘤、脊髓腫瘤、周邊神經的腫瘤。
9. 運動混亂，如帕金森氏症、舞蹈病。
10. 中央神經系統的疾病，如多發性硬化症。
11. 脊髓神經失調，由腫瘤、傳染、精神創傷所造成。
12. 周邊神經失調、肌肉和神經連接點的神經失調。
13. 腦部創傷、脊髓和周邊神經創傷。
14. 各種各樣成因的昏迷等。

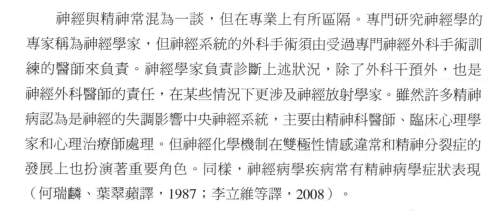

　　神經與精神常混為一談，但在專業上有所區隔。專門研究神經學的專家稱為神經學家，但神經系統的外科手術須由受過專門神經外科手術訓練的醫師來負責。神經學家負責診斷上述狀況，除了外科干預外，也是神經外科醫師的責任，在某些情況下更涉及神經放射學家。雖然許多精神病認為是神經的失調影響中央神經系統，主要由精神科醫師、臨床心理學家和心理治療師處理。但神經化學機制在雙極性情感違常和精神分裂症的發展上也扮演著重要角色。同樣，神經病學疾病常有精神病學症狀表現（何瑞麟、葉翠蘋譯，1987；李立維等譯，2008）。

第三節　心智與精神評量

壹、老人認知功能評估

　　要瞭解一個人的心理狀況有許多種評量方式，例如智力測驗、價值測驗、人格測驗、態度測驗等，對學習狀況也有各種評量。如果是精神疾病，更有國際疾病分類、精神疾病診斷等方式（楊宜音、彭泗清譯，1997；張本聖、洪志美譯，2011；Anastasi, 1976）。在此特別介紹與老人心理學有關的一些心理評量方式，尤其是國際通用的 ICD、ICF 與 DSM。

　　單就神經心理測驗來說，有各種檢測方法，有些很複雜，一個受試者需花費 3 個小時以上，在臨床上並不實用；也可採用簡單快速且有效的檢測方法，對知能受損的人很快便能找出問題所在，以便做進一步的診斷與治療。而對老年人常用的認知測驗簡介如下：

一、認知能力篩檢測驗

認知能力篩檢測驗（Cognitive Abilities Screening Instrument, CASI）屬於袖珍型的「全套」神經心理測驗，用在評估基本認知功能有無缺損，施測時間約 20 至 30 分鐘，測驗總分為 100 分。測驗包含對注意力、心算力、新舊記憶、時空定向、語言、構圖、抽象概念、判斷力、思緒流暢度等 20 個項目做定量評估。20 個項目分成 9 個認知向度（domain），分別是長期記憶、短期記憶、注意力、集中及心算力、定向感、抽象推理、語文能力、空間概念與思考流暢度等。

優點包括：(1) 在短的施測時間內得到大量的資訊；(2) 能評估多種不同的認知功能；(3) 考慮病患的文化與教育背景。CASI C-2.0 版可採用國語、閩南語或客家語，且可用於教育程度較低者，並依據不同的年齡與教育程度作進行認知功能評估，是對老年人常用的評估工具。

二、簡短式智能評估

簡短式智能評估（Mini-Mental State Examination, MMSE）是在臨床及研究上被廣泛用來快速評估老年人認知功能的工具，包含五大類：(1) 定向力；(2) 訊息登錄；(3) 注意力及計算力；(4) 短期記憶；與 (5) 語言能力。共計 11 題，測驗總分 30 分，約 5 至 10 分鐘完成。應用範圍包括：癡呆症患者篩檢及狀況描述、對病症的探討與分析其對認知能力的影響、老人是否具備自我照顧能力的指標、進行安置諮詢的指標，也可以與其他檢查工具的結果互相驗證。

三、臨床失智評分表

臨床失智評分表（Clinical Dementia Rating, CDR）是用來區分失智症嚴重程度的工具，方法是將認知功能分成記憶、定向力、判斷及解決問題能力、社區事務、家居及嗜好、個人照料等六大類，依不同的缺損嚴重程度來評分等級。也需要與家屬或主要照顧者晤談，以便得到詳細的資料進

行評估，以作為篩選及區分失智症嚴重程度之用。

四、欽斯基缺血量表

　　欽斯基缺血量表（Hachinski Ischemic Index）是一種簡單的評估工具，目的在於鑑別診斷血管型失智症與其他類型失智症。主要是評估個案是否有 13 個主要神經學症候和症狀，包含：突然發病、階梯式逐步惡化、病程病況波動起伏、夜間意識混淆、憂鬱症症候、抱怨身體不適症候、情緒性失禁、高血壓病史、中風病史、血管粥狀硬化的證據、局部性神經系統症候、局部性神經系統表徵等。施測時間約 10 至 20 分鐘，計分方式以缺損總分計算。

五、神經精神病徵調查表

　　神經精神病徵調查表（Neuropsychiatric Inventory, NPI）目的是為了取得患有腦部疾病者精神病理學方面的資料。NPI 主要是為了患有阿茲海默症或其他癡呆症的病人，但對評定其他病症的行為變化亦有助益。NPI 包括十種行為和兩種神經相關之生長性領域。 NPI 的施行，主要是訪談，以知情照顧者的答覆為基礎，此照顧者最好是和病人生活在一起的人。如果找不到知情的觀察者，則不能使用這個工具。

　　對照顧者的訪談應在病人不在場時進行，以便能真實地討論。向照顧者介紹 NPI 時要說明以下幾點：(1) 訪談目的；(2) 評定等級——頻率次數、嚴重程度、困擾性；(3) 回答須針對病人發病以來新出現的、過去四星期或某一特別指定時間內出現的行為，其中行為的改變是關注病人發病以後出現的變化。病人持續有且發病以來皆無改變之行為（如焦慮和憂鬱），即使不正常，也不予記分。病人一直有但發病以後有改變的行為則要記分。11 項（睡眠）和 12 項（胃口）是 NPI 最初出版後添加的，因為這兩項與其他失智症患者一樣會出現的問題，在某些病人它們是構成憂鬱綜合症的組成部分，卻未將它們包括在 NPI 的情緒不佳的副標題內，目

的是為了使該題集中於情緒的症狀。在 NPI 總分中通常不包括這兩種症候，也可能不包括在研究病歷中。

六、老人憂鬱量表

老人憂鬱量表（Geriatric Depressive Scale, GDS）1986 年在美國發表，原本即針對老人憂鬱症篩檢而設計的自填量表。量表原先 30 題，詢問時間約 10 至 15 分鐘，之後也有簡短的 15 題版本（GDS-15），可以使用在社區老人篩檢中，問卷篩檢為近一週的情形。「流行病學研究中心憂鬱量表」（CES-D）也是國內常用的篩檢工具，其主要目的也是評估一週以來的憂鬱症狀。

貳、ICD、ICF 與 DSM

國際疾病分類（International Classification of Diseases and Related Health Problems, ICD），是依據疾病的某些特徵，按照規則將疾病分門別類，並用編碼的方式來表示的系統。目前全世界通用的是第十次修訂本《疾病和有關健康問題的國際統計分類》，仍保留了 ICD 的簡稱，被統稱為 ICD-10。

ICD 已有超過一百二十年的發展歷史，早在 1891 年為了對死亡進行統一登記，國際統計研究所組織了一個對死亡原因分類的委員會進行工作，1893 年提出了《國際死亡原因編目》，此即為第一版，以後基本上為十年修訂一次。1940 年第六次修訂版由世界衛生組織（World Health Organization, WHO）承接該工作，首次引入了疾病分類，並繼續保持用病因分類。1994 年日內瓦第十次修改版本在世界得到了廣泛的應用，這就是目前全球通用的 ICD-10。2010 年世界衛生組織發布了最新的 ICD-10 更新版本。

美國在 2013 年 10 月全面導入 ICD-10，已使用超過三十年的 ICD-9

將走入歷史。ICD-9 對病人照護體系的診斷及住院病人的處置手術已經無法精確的描述，因受限編碼結構，無法因應新增需求擴編、不正確、有限的資料或資料不夠詳細等問題，影響醫療診斷、處置、嚴重度、品質與技術的認知。

ICD 分類依據疾病的四個主要特徵，即病因、部位、病理及臨床表現（又包括：症狀、分期、分型、性別、年齡、急慢性發病時間等）。每一特性構成了一個分類標準，形成一個分類軸心，因此 ICD 是一個多軸心的分類系統。

與老年心理、智能及精神狀況特別有關的是 ICD-1 的第五章，主題是精神和行為障礙。該章將這方面的疾病分為：

1.1 器質性精神障礙

1.2 使用化學藥物、物質或酒精引起的精神和行為障礙

1.3 精神分裂症、分裂型障礙和妄想性障礙

1.4 情感性精神病

1.5 神經症相關的及軀體形式的障礙

1.6 與生理紊亂和軀體因素有關的行為綜合症

1.7 成人人格和行為障礙

1.8 精神發育遲滯

1.9 心理發育障礙

1.10 通常起因於童年與青少年期的行為和情緒障礙

1.11 未特指的精神障礙

另外，與 ICD 及老人心理狀態評估有些許關係的是「國際健康功能與身心障礙分類系統」，簡稱 ICF（International Classification of Functioning, Disability, and Health）。ICF 是以編碼的方式為障礙者區分障礙類別，編碼共分四層，一般障礙者的判定取前兩層即可，第三、第四層則是更為細部的判別，需由專業小組多方評估才能判定。第一層編碼是以

一個英文字母與一個數字所組成，英文字母共有四個：b（身體功能）、s（身體構造）、d（活動與參與功能）與 e（環境因素），相關編碼在衛生署網站皆可查詢。ICF 對身心障礙功能鑑定與輔助政策有重大變革，我國已經於 101 年 7 月全面推動。

「身心障礙」是與疾病不同的獨特健康狀況，「身心障礙」離健康有一段相當之距離，是健康相關之成分（health components）加上多種主客觀環境因素所致之結果，背後隱含疾病狀況（morbid condition）、衰退老化（aging decay）、廢用性（disuse）及醫療處置後（post-procedure）之醫源性（iatrogenesis）結果等綜合狀況，更影響健康照護之需求安排。

世界衛生組織 2001 年所發行的 ICF 指導手冊中，除了詳盡說明完整編碼系統（coding system）外，亦說明 ICF 為一個多目的性之分類系統，能在不同面向上被廣泛使用，特別是與健康相關領域的分類，有助於描述身體功能和構造的改變，處於健康狀態的人在標準環境下能做什麼（即能力程度，capacity qualifier），以及在一般環境下實際上能做什麼（即表現程度，performance qualifier）。

ICF 的編碼系統共分四層，共有 1,424 個編碼，在手冊中有編碼指引說明。實際應用上，以兩層次（三位數）的一組 3 至 18 個代碼來描述一個個案通常是足夠的，也可以用於統計調查和評估健康結果。最詳細的四層版本是用於專業服務（如復健結果、老人病學或心智健康）。世界衛生組織在 2003 年發表一份臨床實務工作人員可以使用之 ICF 篩檢表（checklist），提出一個包含 128 個評估項目的評估表。

另一個與老人心理評估更相關的是《精神疾病診斷與統計手冊》（Diagnostic and Statistical Manual of Mental Disorders，簡稱 DSM），由美國精神醫學學會出版，是一本最常使用來診斷精神疾病的指導手冊，受到心理學家與精神病學家的廣泛接受。DSM 與 ICD 都假設了許多醫學概念及詞彙，皆說明明確的違常（disorder），這些違常可藉一些標準（criteria）而被診斷出來，整體而言，DSM 較為精確。

自從出版以來，DSM 歷經五次改版（II、III、III-R、IV、IV-TR）。DSM-IV 的修訂版（簡稱為 DSM-IV-TR）於 2000 年出版。依此修正的第五版（簡稱為 DSM-V）是最新的版本，DSM V 在 2012 年 5 月已正式出版，其初稿在 2009 年公布。由於 DSM 專為精神健康專家而設，所以若為缺乏臨床訓練的人們使用，有可能導致對內容的不適當應用。一般大眾應在只為取得資訊的情況下參閱 DSM，而不要妄作診斷；可能有精神違常的人則應向精神科接受諮詢或治療。

在 DSM 出版之前，精神病學家之間的溝通並不統一，尤其是在不同的國家之間。發展 DSM，一開始是為了提供更多客觀的詞彙，建立特定判準，試圖使有關精神健康的研究更為容易。多軸系統的設立是為了對於病患產生更完整的圖像，而不僅僅是簡單的診斷。

DSM-V 將精神病學的診斷系統化為五個軸：

第一軸——指臨床疾患者，可能為臨床關注焦點的其他狀況。用來報告各種疾患或狀況，人格疾患及智能不足除外。常見的違常包括憂鬱、焦慮、躁鬱症、過動症、精神分裂。

第二軸——指人格疾患及智能不足者。常見的違常包括邊緣型人格異常、分裂型人格異常、反社會型人格異常、自戀型人格異常，以及心智遲緩智能障礙。

第三軸——記錄了一般醫學狀況，能以許多方式與精神疾患產生相關性。

第四軸——用以記錄可能影響精神疾患之診斷、治療及預後的心理社會及環境問題。

第五軸——對功能之整體評估。使用的工具為全球功能評估（Global Assessment of Functioning Scale, GAF）。

DSM-IV-TR 將精神疾病分成以下十六類：

1. 初診斷於嬰兒期、兒童期或青春期的疾患（disorders usually first

diagnosed in infancy, childhood, or adolescence）。

2. 譫妄、癡呆、失憶性疾患及其他認知疾患（delirium, dementia, amnesic and other cognitive disorders）。

3. 一般性醫學狀況造成的精神疾患（mental disorders due to a general medical condition not elsewhere classified）。

4. 物質關聯疾患（substance-related disorders）。

5. 精神分裂及其他精神性疾患（schizophrenia and other psychotic disorders）

6. 情感性疾患（mood disorders）。

7. 焦慮性疾患（anxiety disorders）。

8. 身體型疾患（somatoform disorders）。

9. 人為疾患（factitious disorders）。

10. 解離性疾患（dissociative disorders）。

11. 性疾患及性別認同疾患（sexual and gender identity disorders）。

12. 飲食性疾患（eating disorders）。

13. 睡眠疾患（sleep disorders）。

14. 他處未分類之衝動控制疾患（impulse-control disorders not elsewhere classified）。

15. 適應性疾患（adjustment disorders）。

16. 人格疾患（personality disorders）。

心理學與相關的心理評量愈來愈重視科學化，也與醫學有更緊密的結合，各種評量也全球化了。我國在這些領域早與世界接軌，已進行相關的統計資料分享及研究，目的包括：正確反映當今的醫療技術與醫療處置、更精確測量成效、提升臨床研究、積極管理、減少錯誤、發展自動化編碼程式、降低行政成本，希望有利於照護管理，對老人心理的照顧更有幫助。

電影故事

《當櫻花盛開》（*Cherry Blossoms*）／德、法／2008

導演：桃樂絲‧朵莉

主演：艾瑪魏波、漢娜蘿蕾‧艾爾斯納、入月
彩、娜雅鄔兒

◎獲獎

　　榮獲德國「奧斯卡」最佳影片、最佳男主角
及最佳服裝設計等三項大獎。

◎劇情簡介

　　魯迪和杜莉是一對鶼鰈情深的夫妻，安於人
生的他們一直住在德國鄉村，過著恬靜的生活。

　　有一天，杜莉從醫生那裡得知丈夫魯迪罹患絕症後，決定對丈夫隱瞞實
情，掌握時間去完成兩人一直盼望做的事。她說服魯迪陪她赴柏林探望子女，
但當他們到了柏林卻發現，忙碌的子女無暇理會他們，兩人只好轉往波羅的海
度假……。但第二天早上魯迪醒來，竟發現杜莉已在睡夢中悄然去世。

　　傷心欲絕的魯迪從友人處輾轉得知，深愛他的杜莉為了他曾放棄許多自
己想要的生活與夢想。魯迪決定重新認識愛妻，並且盡最大的努力替她完成心
願，於是他來到了日本。

　　魯迪獨自遠赴了東京，人生地不熟的他，幸運獲得了一名日本舞者的引
領，得以詠讚美麗的櫻花季節，迎接他短暫卻全新燦爛的人生。他以自己的眼
與心，替杜莉觀賞生前最喜歡的「日本舞踏」，更親眼目睹了燦爛的櫻花盛開
和壯麗的富士山……。

◎啟示

　　男主角認真學習做菜與學習跳舞的態度，令人讚歎。無數男人最怕跳
舞，關鍵在「太《一ㄥ」，男主角卻放得開，身體與心靈都能自在地享受音樂

與舞蹈之美。片中不僅對夫妻之情的描述深刻動人，就連對當今忙碌的都市生活中，父母與子女間親情互動的描述，也令人感動。

◎討論題綱

1.夫妻原本有共同計畫要完成的夢想，但突然喪偶後傷心欲絕的魯迪，如何重新找到人生目標？

2.杜莉為了魯迪曾經放棄許多生活與夢想，杜莉死後魯迪代替她完成心願；你認為夫妻之間應如何看待彼此的夢想？

3.你的夢想是什麼？曾經與另一半討論過嗎？你知道另一半的夢想嗎？如果知道了，你會怎麼做？你知道父母的夢想嗎？如果知道了，你會怎麼做？

資料來源：圖片檢索自開眼電影網（2012）。http://app.atmovies.com.tw/movie/movie.cfm?action=filmdata&film_id=fCde20910559，檢索日期：2012年12月11日。

Part 2
人格與態度篇

Chapter

3 人心——自我與人格

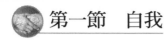 第一節　自我

壹、基本認識

　　人具有獨特的本領，能置身事外似地描述、判斷並批評自己是個怎樣的人，如此就更能「認識自我」。年紀愈大，就有愈多時間與自己相處，更須認識自我，以成為「獨特的自我存在」(to be)。現代心理學創始人之一詹姆士（William James, 1842-1910）描述自我為一種認識和思考的過程，包含主體我（I，主動的自我）、客體我（me，一個人所認識的自我）。客體我又分為三個方面：(1) 物質我（material me），包括個人的身體、衣服、財物、創造物等；(2) 社會我（social me），包括同伴的認可、尊重和注意，認為他人如何看自己；(3) 精神我（spiritual me），包括個人思想、感受和行動的意識（陳仲庚、張雨新，1990；黃堅厚，1999）。

　　張春興（1995）在《張氏心理學辭典》中指出，自我概念是指個人對自己多方面知覺的總合，包括個人對自己性格、能力、興趣、慾望的瞭解，個人與別人和環境的關係，個人對於處理事物的經驗，以及對生活目標的認識與評價等。自我提供了三點基本的適應功能（余伯泉、李茂興譯，2003）：

1. 管理功能：告訴自己和周遭物理世界及社會世界的關係，組織自己的行為以計畫未來。
2. 組織功能：基模是人們用來組織對社會環境之認識的心理結構，而自我概念是一個重要的基模，是我們所注意到、想到以及記憶到關於自己的資訊。
3. 情感功能：幫助我們決定自己的情感反應。

　　每個人對自我的知覺主要有三方面：(1)「真實我」（actual self）：你

或別人認為你真正的樣子；(2)「理想我」（ideal self）：你或別人希望你
成為的樣子；以及 (3)「應該我」（ought self）：你或別人認為你應該的樣
子。自我差距（self-discrepancy）的重點是分析自己及別人在這些對看法
上的距離（林宗鴻譯，2003）。如果一個人符合自己的標準（「理想我」
或「應該我」），他的自尊很高；相反地，如果一個人跟自己預期的都不
一樣，自尊就打了折扣。不同的差距會引發不同的情緒，例如「真實我」
和「理想我」的落差會產生沮喪方面的情緒，包括難過、失望；「真實
我」和「應該我」的落差會產生不安、生氣、焦慮或罪惡感。如果差距相
當大，則可能引發焦慮性疾病（Garver & Scheier, 1996）。

對於自我差距所帶來的負向情緒，老人能做些什麼？主要的方法有：

1. 改變自己的行為，以求達到自己期望的標準。
2. 降低標準，將標準訂在自己能力可及的範圍之內。
3. 減低意識到自我差距的可能性。

人們都需要「自我概念的一致性」，當自我概念受到挑戰時，
須重新肯定自我或改變自我評價；此外，還需要「自我改進」（self-
improvement），使自己更進步，增加自己的能力；進一步「自我提升」
（self-enhancement），保持和維護自己的自尊（Hodgson and Miller,
1982）。

有些老人會出現下列的因應做法：

1. 自我辯護（self-justification）：將自己的行為合理化。
2. 自我偏私（self-serving）：選擇對自己有利的方式來提升自尊。
3. 自我貶抑（self-disparagement）：利用貶低自己的能力來降低失敗
   對自尊的打擊。
4. 自我設限（self-handicapped）：在已經知道會失敗的前提下，提出
   各種藉口。

人們為什麼不斷地用社會比較、歸因來評估自己？為何這麼渴望瞭解自己？可歸納為三個主要動機（李茂政譯，1980）：

1. 正確性（accuracy）：我們會希望跟自己有關的訊息是真實的，這是正確性動機。
2. 一致性（consistency）：當得到跟自己有關的訊息時，還會希望它與自己已知的訊息相符合，這是一致性的動機，意味自我概念是相對穩定的。
3. 自我提升（self-enhancement）：保持對自己正向的看法。

有些人會誇大自己對生活的控制力，認為自己的未來比別人更光明，覺得自己比其他人好，比較常看自己的優點而非缺點，甚至認為自己所擁有的個人特質是別人也應該要有的。某些老人常講「當年勇」，就有這種傾向。

貳、自尊與社會評估

自我概念主要源於兩種力量，一是個體本身的，稱為「自尊」；另一是自我之外的影響力，通稱為「社會評估」，說明如下（趙居蓮譯，1995）：

一、自尊

詹姆士提出了一個公式「自尊＝成功（success）／自我期許（pretension）」。當個人的實際成就比自己原本的期望高，或是能與自己的期望相符合時，個體就會有較高的自尊；相反的，若個體對自我的預期遠超過實際表現時，個體的自尊會比較低落。個體的自尊奠基於個體能否成功地成為期望中的形象，能否成功地完成所想要做到的事。當一個人實際上的表現（現實我）遠遠落後於對自己的期許（理想我）時，對自我會產生比較負面的感受。

　　一位老人自尊的高低受到別人對他的評價所影響，因而對自我產生慣性的思考模式，進而成為人生觀。自尊是個體對自己各方面描述的評價與感受，也是個體滿意自己、喜歡自己、相信自己的程度。個體評價自己的標準，來自於與重要他人的互動及社會道德價值。老人正向的自尊，即是一種對自己有信心的感覺，認為自己有價值且尊重自己。

二、社會評估

　　關於自己的訊息大部分來自外界，而不是始於默想或是自我反省。社會評估的過程，首先是「反射性評估」（reflected appraisal）：從別人對自己的行為推斷他人對自己的看法，並且採用那些看法作為對自我的看法，如此是在反射他人的評價。反射性評估被納入自我概念；其次是「直接回饋」（direct feedback）：當別人（特別重要的人）明白表示他們對自己的評價，自己就接受了有關自己特質和技能的直接回饋。

參、自我偏差

　　常見的狀況有（黃堅厚，1999）：

1. 自我失和，自我疏離（ego-alienation）：疏離的概念來自馬克思，他認為資本主義的生產方式使工作者與自己、與生產的物品、與同事都疏離。佛洛姆（Fromm）更進一步分析資本主義使人與自我有嚴重的疏離。自我疏離是精神分析論中的術語，指個人的理智、感情、慾望、行動等內外不能和諧一致的狀態。

2. 自我失調（ego failure）：指人格結構中自我部分（ego）未能發揮對本我（id）的監視作用，以致表現出無法自我控制的衝動性行為。常因為自我部分不能在本我與超我（superego）間發揮調和作用，以致產生心理衝突。

3. 自我退化（self regression）：指人格發展中的退化現象，原因是本我的力量限制了自我發展；亦即幼稚衝動行為取代了較成熟的行為。

4. 自卑（self-abasement）：指放棄個人立場極度順從別人，但在心理上又不能心安理得，以致充滿自卑感。

 第二節　人格

壹、基本認識

人格（personality）是心理學上最複雜而重要的主題之一，與性格、品格通用。人格影響一個人的行為、思想與情緒以及如何與環境互動，是心理系統的動態組合，決定個人適應外在環境的獨特形式，也是個人反應及與他人互動的方式。人格是個人內部的行為傾向，具有整體性、結構性、持久穩定性，是每個人特有的，也是對個人外顯的行為、態度提出的整體解釋（洪光遠、鄭慧玲譯，1995）。

人格的涵義很廣，簡言之，是指一個人所單獨具有的特質。人格是個體與其環境交互作用過程中所形成的獨特身心組織，而此一變動緩慢的組織使個體於適應環境時，在需要、動機、興趣、態度、價值觀念、氣質、性向、外形及生理等方面，有不同於其他人之處。人格是在生活環境中對人、對事、對己、對整體環境適應時，所顯示的獨特個性，此一獨特個性是在遺傳、環境、成熟、學習等因素交互作用下，表現於需求、動機、興趣、能力、性向、態度、氣質、價值觀念、生活習慣及行動等方面。

綜合而言：(1) 人格是個體與環境交互作用所組成；(2) 人格的形成是獨特的，也是持久的；(3) 人格決定了個體獨特的行為模式與心理特質。

　　凡是作為分辨人與人之間個別差異所根據的身心特徵，均可稱為特質（trait），在心理學上指個體在行為上所表現的持久性人格特徵。人格特質，如忠誠、羞怯或誠實，可從外顯的行為上有所辨認，它通常相當穩定，不受時間的轉變而轉變，也可以預測在某一情境中所可能表現的言行。一個人如果表現出來的是外向的、好社交活動的，通常不喜歡沉默而安靜的場合。

　　人格特質可從六方面予以觀察分析：自信／自憐、堅持／隨眾、認知的實踐、外向／內斂、依賴性、溫暖／敵視，進一步分析老人的心理如下（Perlmutter & Hall, 1992）：

1. 高度自信的個體，是靜心自得，對人謙恭，喜歡接納別人；相反地，一個自憐的人，往往神經質，怨天尤人，看不起自己，有失敗主義的傾向。

2. 好堅持自己意見的人，傾向於獨善其身，遇事果斷，但可能思慮不周；對生命中的各種挑戰，大多表示正面的態度，較少徵求他人的看法。相反地，那些沒有自己的意見，從眾附和的人經常遇事優柔寡斷，不斷逃避各種考驗，以畏懼退怯應付各種外在的考驗。

3. 實踐力強的人，傾向於創新求變，興趣廣泛。相反地，那些遇事輕忽，凡事不求三思、但求無過的人，則不免陷入諸事不利的困境。

4. 外向的人，多半是樂觀的、進取的，廣結人緣，給人清新、可喜、達觀、溫暖的感覺。相反地，過度內向的人，讓人家覺得不可親近，給人落落寡歡的印象。高度依賴他人的個體，往往缺乏主見。

5. 給人溫暖感覺的，是充滿同情心的，喜歡助人，不諱言自己的缺失，也不會高估自己，因此人緣好，不但自己快樂，也讓人快樂。

行為有時很難預測，特質也可能以偏概全，兩者都受到不同情境的影響與考驗，因而呈現不同的反應。某人可能在社交場合中長袖善舞、八面玲瓏，卻不一定是妻子心目中的好丈夫與子女心目中的好父親。一個平常膽怯、小心翼翼的人，卻可能在某種情境中，受到某種極大的刺激，因而展現了勇往直前、俠義如風的英雄行徑。另外一種觀察人格特質的方式，是檢視情緒、態度或者動機。就個體生活滿意度的衡量，也多少可以看出此人的人格特質。

貳、老年期人格會改變嗎？

老年期是人生最後一個階段，隨著年齡增長，老年人的人格是如何發展的？人格會產生什麼樣的變化？而人格又如何影響老年人的生活適應？

Baltes 和 Staudnger（1993）認為，從生命期限（life span）的角度探討老年與人格議題，有兩個根本問題。先針對這兩個問題及其解答來分析：

首先，從成年到老年，人格會改變嗎？如果會，是多大程度的改變？又是以何種形式改變了？（Does personality change during adulthood and old age, and if so, to which degree, and in which way?）

「江山易改，本性難移」是真的嗎？老年的人格定型了嗎？要回答人格是「穩定」或「改變」，先要瞭解所探討人格特質的範圍。Staudnger（2005）綜合一些研究證實：人格特質構面最有名的是五大（big five）特質，從成年到老年，基本上沒有大的改變。這五大特質是（戚樹誠，2010）：

1. 外向性（extraversion）：指一個人對於與他人間關係感到舒適的程度及人際互動的頻率。若一個人對和他人的關係感到愈舒適、互動愈頻繁，則表示他愈外向。高外向性的特徵為：主動活躍、喜

歡表現、喜歡交朋友、喜愛參與熱鬧場合、活潑樂觀等。

2. 親和性（agreeableness，或譯友善性）：指對於規範的遵循程度。若一個人對規範的遵循程度愈高，則表示他的親和性愈高。高和善性者的特徵為喜歡幫助他人、有禮貌、令人信賴、待人友善、容易相處等。在擔任志工的老人身上，常可見到此種特質。

3. 專注感（conscientiousness，或譯嚴謹性）：指追求目標時專心與集中的程度。若一個人目標集中，專心致力於目標時，則他的專注感程度愈高。專注感的特徵包括努力工作、成就導向、不屈不撓、負責、守紀律、循規蹈矩、謹慎、有責任感等。有些老人展現高度的專注，因而能有獨特的成就。

4. 情緒穩定度（emotional stability）：一個人的情緒穩定度與造成他負面情感的刺激數目及強度有關。當一個人所能接受的刺激數目少、強度低時，他的情緒穩定度愈低。情緒穩定度高者的特徵為平和與自信；情緒穩定度低者的特徵則是易焦躁、易沮喪、易緊張、過分擔心、缺乏安全感、不能妥善控制自己的脾氣等。

5. 對經驗的開放性（openness to experience）：指興趣的多寡與深度。若一個人的興趣多樣化，則開放度高。特徵為具有開闊的心胸、富於想像力、好奇心強、有原創力、喜歡思考及求新求變。

　　以上這五個人格特質在進入老年期後，可能會稍微減弱，沒有那麼明顯。不過，成年時期所確定的正面人格特質，到老年時容易繼續維持，並且使老年生活過得更好。一個對自我抱持正面態度、有自知之明的人，在不同的人生階段都容易維持一致性。他們對自己的描述也容易用正面的詞語，如健康、生活過得不錯、身體還好、有參加休閒活動等。

　　其次，造成老人人格穩定或改變的基本原因與機制是什麼？（Which are the basic sources and mechanisms underlying this stability and change?）

　　最重要的原因與機制有三：

1. 自我規範，生活規律：如果是自律的人，通常人格的穩定度高，常自我評量與調整，情緒控管的能力高，有清楚的目標，又積極促成目標的達成。

2. 生理因素：基因、生理狀況、健康狀況對人格必然有影響。生病會妨礙人們展現原本的人格特質，也使人情緒低落，即使原本情緒穩定度高的人一旦久病纏身，也難以持續心平氣和。

3. 環境因素：不同的天氣、地理、生活空間都會影響人格。環境的力量、不同的歷史經驗、各種對年齡的看法等，都使身處其中的人們受到制約。

長壽的老人常自我規範，生活規律，有好的健康習慣，又能適應不同的環境。如此，即使年長，依然能讀萬卷書，行萬里路。

參、老人人格類型

一個人早年生活經驗所發展出來的人格特質，持續表現於老年期，各自成型。美國三位學者雷查德（S. Reichard）、李佛遜（F. Livson）、彼德生（P. G. Peterson）以深度晤談和心理測驗，研究 87 位志願加入研究的男性老年人，將這些老人分為五種不同的人格類型（朱岑樓，2004）：

1. 成熟型（the mature）：這類老人不衝動，也不畏縮，自由自在地享受晚年生活的情趣，對家庭有強烈的責任感，他們是好丈夫、好父親、好祖父；他們有容人的雅量，喜愛和人群交往，未曾有過因重大不幸所造成的挫折感，對別人不找碴；人生觀比較實際，處理問題常帶彈性。

2. 搖椅型（the rocking-chair men）：在物質和情緒兩方面都依賴別人的支持，胸無大志，追求口腹之慾，傾向於衝動和無節制；不願意參加社團，得過且過。

3. 裝甲型（the armored）：剛強堅毅，挺立不屈，熱愛工作，從忙碌
中找尋樂趣，忘卻老之將至；思想傾向於刻板化，為人處世一板
一眼，所結交的朋友多為傳統型人物，言談中常厚古薄今。

4. 憤世嫉俗型（the angry men）：一生庸碌，書劍無成，牢騷滿腹，
對誰都看不順眼，最難接受老年的來臨；剛愎自用，無法適應變
遷；很少發展出嗜好或興趣，退休可能就是死亡的起步。

5. 自怨自艾型（the self-hatred）：輕視自己，否定自己，覺得自己處
處不如人，內疚自責；其攻擊箭頭不是向外而是向內；對命運低
頭，甚至視死亡為生命的解脫。

上述五種老年人格，前三種與老年及退休相調適，後兩者則否。差
異之造成，主要在於人格類型有別。

 第三節　老人人格理論

壹、Erikson 的心理社會發展觀點

Erikson（1976）說明了個體一生持續發展的過程。此理論對於人的
一生，從嬰兒期一直到老年期都有詳細解釋。他從心理社會的觀點分析在
不同人生發展階段的主要任務、人格特質與危機，將人生分為八個發展
階段。任何一個階段發展順利與否，皆與前一階段的發展有關；若前一階
段能順利發展則有助於後續的發展。每個發展階段各有「危機與轉機」，
發展至人生的最後一階段，即為「老年期」。Erikson 及其同僚 Kivinick
於 1986 年時發表的著作：《老年期之重要投入》（*Vital Involvement in Old
Age*），將早期之人生八大心理社會發展階段（eight stages of psychosocial
development）予以充實（周怜利譯，2000）。

根據 Erikson 之理論，「統整」（integrity，也可翻譯為「統合」）是老

年期重要的心理社會發展任務。相對於「絕望」（despair），統整指心靈狀態及情緒上的統合，是個人將過去的感受與狀況加以整理，並對結果感到滿意。到了老年階段，老人會對自己的人生，亦即前面七個發展階段進行「人生回顧」（life review）與整理（游恆山等譯，2001）。例如：有些人會出版個人的回憶錄，將自己這一生以及經歷做一彙整與記錄。

老年人若能接受自己人生中的不完美，肯定自己的人生與生命價值，在老年期將獲得較好的適應。統整的特徵包括：(1) 深信生活的意義；(2) 超越個人的限制，接納所經歷過的；(3) 接受死亡是人生無可避免的終點。雖然身心功能漸走下坡，仍能維持統整感。老年期發展出的統整有助於克服失望與頹喪，產生正面的感覺。這股堅強的力量可緩衝因生理衰退所帶來的煩惱與苦悶。

反之，老年人若無法接受自己的不完美，對此耿耿於懷，認為自己虛度了一生，則會產生悲觀、絕望的感受。絕望來自感嘆時間太短，不再有機會去尋得另一條可行的人生道路；認為個人生命毫無意義，更憎恨人生的徒勞與短促。這種絕望感使老年人無法以冷靜的態度來面對死亡，或把死亡視為結束悲慘現實的途徑，或懼怕死亡。

Erikson 認為，在人生過程中某些時候有絕望感在所難免，一個人很難完全擁有統整，而不對自己生活中的某些事或人感到失望。有時眼見許多人受傷害、被漠視也會讓人產生絕望感。統整感之獲得，唯有對本身生活的意義進行深入的思考後才會實現，亦即個體必須對生活事件進行內省與思考，評價每件事對人格的重要意義。統整狀態唯有透過努力才能達到，這也是個人心理社會發展之極致。實現統整感的老年人往往以「存在」的眼光來看待自己的過去，瞭解生活和個體性是源於個人的滿足與危機的累積。他們能接受事實現狀，而不會抹殺或過分強調某些事情。

對老年人而言，統整良好者能從自己的生活經歷和自己的成敗中汲取智慧；未獲得統整者，在生命的最終階段也許會經驗到絕望、痛苦與恐懼。因此，在「統整」與「絕望」的衝突中獲得良好的適應，是 Erikson

認為老年期最主要之發展任務。

貳、意義治療觀點

除了 Erikson 的理論之外，探討老年期人格問題與情緒經驗之學者，最著名的是 Victor Frankl 的意義治療法（logo-therapy）。Frankl 強調人性之異於禽獸者有三（曾文星、徐靜，1981）：

1. 統合：人是由生理、心理、精神三方面需求滿足的交互作用所統合成的整體。
2. 自由：人有決定如何存在的自由，也就是說，人有選擇的自由。
3. 責任：人既有選擇的自由，選擇之後，就應該對自己的行為負責。

Frankl 認為，人有天生樂於為善的品質，更期待獨樂樂之後與眾同樂。大多數的老年人，一方面體認生死乃屬於天命而不可違，一方面也覺得在有生之年更應肯定自己，熱愛自己的子孫與他人的子孫。正因為自覺生命之苦短，就更覺得今日之可貴，明日還可以有所作為。Frankl 強調往事既難追，與其怨天尤人、坐困愁城，何不化悲傷為力量，趁著今天為自己，也為別人，多獻上一些心力。老而堅強，才是老人應該表現的情操。

Cross 和 Markus（1991）請不同年齡的人們，列舉他們最盼望實現的是什麼，以及最不喜歡看到的又是什麼。結果發現，在老年人一組中的回答，表現了高度的自我肯定，也都非常實際。相反地，年輕的一組則顯示許多至少在目前為止難以實現的夢。譬如說「馬上即可擁有許多令人羨慕的財富」、「在一切事情上都順利」。更有趣的是，年輕人最擔心害怕的居然是「老」與「死」。

Ryff 曾經訪問了數以千計的中年人與老年人對於目前生活的感受，以及心理上對於過去、今日與未來的看法。她發現受訪者的心態有兩個極端而尖銳的對照：以中年人來說，一部分表現了極度的自信，對未來充

滿了樂觀，另一部分則顯示挫折與焦慮。在開放式的問題中，前者顯出某種程度的矜持和執著，後者則充分表達懊惱和遲疑。同樣地，在年老一組中，可看出年齡、文化水準和社經地位的影響。年老一組中，年齡較輕（65 至 75 歲）的一群，表示某種自我接納與肯定，在開放式的問題中，對於未來的憧憬還存有一些不大實際的意念。其中不少的反應是「如果再給我一個機會……」、「很遺憾的是還有很多該做的事卻沒有做，如果有機會東山再起，我必有另一番成就」；而在更年長的一組（75 歲以上），多數認為目前一切已經讓人很滿足，世事如雲煙，應盡情享受今日的一切。在開放式的問題中，當他們被問到「你目前還想做些什麼？」或者說：「如果時光倒流，你最想做的是什麼？」大多數的回答是：假如可能，我希望多活一段時光，看看這個世界，看看子孫的成就，看看這個進步中的社會（Ryff & Singer, 2006）。

參、Peck 的老年期適應觀點

Peck（1960）對老年人格適應的論點是經典概念，他認為，老年期的人格會面臨三種適應與挑戰：

1. 自我分化或過度關注自己原有的工作角色：中年期的人生價值感主要來自於職業與工作角色。但退休後，老年重心轉變為發覺人生真正的價值，尋找自己的興趣、休閒娛樂與生活型態。
2. 身體超越或過度關注身體：隨著身體逐漸老化，老年人應超越自己身體的限制，將注意力轉移至各項活動，從人際關係獲得滿足。
3. 超越自我或過度關注自我：指老年人應接受人生的終點——死亡，接受死亡是生命中無可避免的事情，將精力投注於其他活動與事物上，主動迎接未來。

肆、老年期的性別交叉

　　一般而言，老年人的人格傾向於穩定，不會有太大的變化。但是，在性別傾向上可能會轉變，尤其是在果斷力（assertive）的改變上。研究果斷力非常知名的學者榮格（Jung）反對佛洛伊德的早年生活決定論。佛洛伊德認為，人格是由各精神要素，如靈魂、獸性、陰影等所組成；榮格則認為，老年男性的女性成分會逐漸突出，而女性老年則會出現男性化。當人們年老時，在人格特質的某些層面上會有「性別交叉」（gender crossover）之現象，亦即男性在中老年時會出現溫柔體貼、感情豐富、關心他人等不同於以往的特質；而女性則在中老年期變得較有主張、果斷、自信，對工作也較積極（Gutmann, 1977）。

　　男性從職場退休之後，會逐漸回歸家庭生活，不喜歡外出。反觀女性在兒女長大成人後，往往會在家庭角色之外，尋找其他個人生涯上的發展，例如：進修學習或從事社會服務工作。

　　古德曼（Guttmann, 1977）發現，與成年或青年相比，老年人的進取心較弱，依賴性則增強，對愛的興趣大於權力，不再實事求是，有時會覺得即時行樂很重要，對人際之間的交往興趣大增。他也發現，女性老年時會偏向進取，比較不感情用事，更渴望支配，有如多數男性在年輕時的人格傾向。

伍、生活目標及生活滿足

　　布勒（Karl Bühler）是最早蒐集老人自傳式生活史的維也納心理學家，她認為心理的變化與生理的並不一致，知識性的心理能力不像生理能力般快速衰退，會較為持久。最關鍵的是老人有無感到滿足，滿足的人常常心存感恩，認為自己已經做了正確的事，覺得自己做了一些可以留下來的成果；總結來說，認為自己「活得對」。不滿足的人，則在這幾方面都

相反（Giles, 2002）。

　　Paul Cameron（1975）曾以 6,000 名不同年齡的個體作為研究對象，分析其中的年輕人、中年人及老年人在家庭、學校、工作與遊戲中的各種表現。結論是：不論個體年齡的多寡，都認為「生活滿意」是他們最期待的目標；而決定生活是否滿意的因素，包括社經地位、性別，以及目前生活的情境，與年齡高低無關。

　　從受訪者回答下列問題中，可看出他們的某些人格特質。譬如說：「整體而言，你認為現在很快樂？還不錯？有一點不快樂？完全不快樂？」或者「比起以前，你是快樂得多，或者不快樂？」在所有年齡組別中，大家都將健康視為生活中最主要的，尤其是在老年人這一組之中。老年人中的男性，認為金錢、社會地位、社會互動與婚姻關係都是決定生活是否滿意的重要前提；而女性則認為家庭、子女、社會關係應該屬於優先的順序。

　　Terman（1972）曾研究 4,000 名老年人生活滿意度，結果是：(1) 不論是老年男性或女性，最滿意的是家庭生活的美滿，其次是喜樂的感受；(2) 女性對友誼的愉快感覺，比男性來得高；(3) 男性從職場上所得的快樂遠高於女性；(4) 女性對於文化有關的活動較男性有興趣；(5) 對社會服務的參與感，男女都有待加強。

　　Terman 的研究中也發現，神經質的男性比較不滿足也不快樂。較外向的男性大多能怡然自得，樂於與人相處，因此，生活滿意度最高。更重要的發現是：「愈怕老的個體，對於生活的不同層面幾乎都不滿意，結果是因為愈不快樂，愈感到老得較快。」

　　並非年齡愈大就愈不快樂，生活的滿意與否，與年齡沒有必然的關係。Butt 和 Beiger（2006）經過長期的觀察，發現在老年人中生活最不滿意的一組反而是 55 到 65 歲的人們，感到最快樂的反而是年過 75 歲，身體仍甚健康，家庭與人際關係均和諧的一群老人。

　　當然，一個 75 歲的老人，他心中所認為的快樂，究竟和另一位 55

歲的中年人所說的快樂有什麼相同或相異的地方,仍有待進一步分析。
Boyd 和 Bee(2006)發現,不論年齡高低,都期待生活愉快,只不過人
與人之間有興趣之不同,所謂快樂的強度、深度與廣度有差異。老人之
中,有時雖飽受病痛之苦,甚至深受所愛伴侶喪亡之打擊,但大多數仍能
對生命秉持一貫正面之態度,力求自我適應。只不過年齡愈大,愈需要時
間去調適(Macionis, 2010)。

 ## 第四節　不同老人階段的人格

壹、老人前期

　　指屆齡退休、將進入老人階段的人們。55 至 65 歲常是親子關係面臨
最大轉變的時候。即使子女學業有成,開展事業,還是需要為人父母給予
正面的支持與鼓舞。同樣地,子女克盡孝道更是父母最大的安慰。55 至
65 歲之間,也是將屆齡退休的時候,如何根據人格特質與過去經驗,妥
善規劃晚年以後的生活,是這一階段老人應該優先考慮的。

　　參照 Erikson 的理論,此時已進入「親密感或孤獨感」的階段。所謂
親密感,泛指參與一種深情與相互傾心但仍堅持自我的能力。親密的友伴
可分享彼此的觀點、樂趣、感受乃至痛苦,彼此之間也可能相互依賴。

　　Erikson 認為,初期老人都需要一個以上知心的朋友,前提是建立自
我的認同感。若不能自我約束、自我激勵,不容易與他人維持正常的友誼
關係,更難有親密的好友。己立才能立人,既不能自尊又不能尊人,是某
些剛從職場退休或準備退休老年人的困境。原因是角色更換後,心理失
落感的作祟。其實,這正是他最需要親密朋友的時候,若得不到知心朋
友,他就愈來愈感到受人冷落,產生被遺棄的孤獨感與疏離感。古人所說
「冠蓋滿京華,斯人獨憔悴」,即是描寫了那種孤立的感受。更值得注意

的是，個體的發展仍須延續，因此不愉快的老人早期的孤立感，往往是年過 70 歲以後，更孤立於人際關係，是孤獨、寂寞的前奏曲（周怜利譯，2000）。

Levinson（1990）則從另一角度分析生活的結構，他認為人之一生，都在發展各階段所應有之角色。只有在解決各階段之衝突，方能均衡其內在之需求與外在之挑戰，而順利地踏上下一個階段，迄至生命終點。相反地，個體如果不能完成某一階段之發展任務，就很難順利地、穩健地經由眼前的階段而進入嶄新的另一階段。一個人在 55 至 65 歲之間，若不能將各種挑戰加以一一克服，則進入老年期與老老年期，必有適應上的極大困難。他也認為依附與愛的人格特質，決定了婚姻是否美滿。中年以後，婚姻增進了個體的健康與家庭的幸福。不理想的婚姻、離婚、獨居，對於一個人的晚年生活，可能存在負面的影響。

貳、中老年期

65 至 75 歲之間的個體，已進入 Erikson 理論中的第七階段，也就是生產（generativity）對停滯（stagnation）的階段。生產包括了對於下一世代關係的建立，並加以積極引導的信心。它不僅對自己的子孫表現高度的熱愛，也對他人的子孫表示關切，正如我國〈禮運大同篇〉所說「幼吾幼，以及人之幼」的胸襟。這一時期的老人，大多已經在職場上退休，因此較之中年男女有更多的時間與精力投入照顧兒童與年輕人的行列。

許多女性，更年期已過，剛進入空巢期，在體力、心力上仍有撫育年輕一代的愛心。這一時期是夫妻關係最密切之時，因為以往為子女之養育、家用之處理方式所造成意見相左的衝突，或工作或生活方式有不同看法與做法。如今大致定了型，夫妻之間多能體會到不必再有意氣之爭。

不少老年期的男女，在對有關宗教活動、社交關係等社會服務的熱忱上，出現了大同之中的小異或小異之大同。以社交關係來說，他（她）

們有各自的朋友，彼此的社交網（social network）愈來愈固定，也愈來愈小，各有些心連心的摯友。同一個社交網成員，對內有很高的凝聚力，對外則有某種程度的排他性。這一種情形以老太太較明顯。老太太對於擁有很好的友誼而感到滿意的程度通常高於老先生，或許這也是女性較為長壽的原因之一。

在老年階段未能展現生產特質的人們，將愈來愈停滯孤寂，他們的心靈是封閉的，眼光是狹窄的，所屬的世界也愈來愈小，小到自己都覺得被世人所遺棄。總是以負面的思維來看人或事，更敏感於他人對自己的態度，也因此自己不快樂，更讓四周的人不快樂。

由於平均壽命之延長，老人之父母，所謂老老人也許仍健在，以 60 幾歲的老人來說，上有高堂父母，逐漸普遍。因此如何奉養上一代，也往往成為自己也是老人的這一代常常要多考量的挑戰。

美國出現了所謂「搖轉的門」（revolving door）的現象，指不少老年人的子女，因為在外面「長安居大不易」，又回來跟著老爸老媽一起生活的情形。尤其是年輕一代就業情形不理想，自己的孩子又還小，因此再回來投靠老父老母的愈來愈多（Conn, 2006），形成了年輕老年人，上要關心老父、老母，下要照顧兒子、孫子女的四代同堂，也許老父老母不住在一起，還是心血相連。

然而老老年的父母，一定會再老，身體狀況難免每況愈下，甚至有了癡呆、遲鈍、重病纏身的現象，身為年輕老年人不能不挑起長年照顧的重責，久而久之，造成了他們心身疲憊之後的憂鬱與焦慮。

總而言之，老年期的老人，往往較之其他階段的個體，需要更堅毅的人格、剛強的意志，也懂得善用各種照顧的資源，才能負起承上啟下的重責。

參、老老年期

如果說，老人前期代表的是人生的秋收季節，那75歲以後，就應該是人生的冬天了。

延續 Erikson 認為 65 至 75 歲應該是個體生產對停滯的階段，75 歲以上就是「自我統整或絕望」的時候。所謂自我統整，開始於老年時期而完成於老老年期的階段。要達成自我的統整，須完成以往各階段發展的任務，實現漫長歲月中的期望。當然，也面臨著生命終了之前所應完成的挑戰。

Erikson 也假設，個體如果不能完成自我統整的任務，就可能有絕望感，甚至萬念俱灰地等待著親友的離散與死神的呼喚。因為在這時候，即使試圖有所改變，也可能為時已晚，只能感嘆時不我予。

這一階段，原本是個體最成熟的日子，擁有自我統整能力的老老年人，知道他該走的路已經走過，該跑的路也都將達到盡頭，因此，對己是心安理得，不怨天、不怨命；對人則以爐火純青的修養，維持圓潤的人際關係。

如果這時候老伴還健在的話，應該是「鶴髮紅顏，相看兩不厭」的神仙歲月，過去的爭吵，反而可能成為長日長夜中笑談的主題，而對於未來也大多抱著更多的期待，回憶之中總是有著百般滋味在心頭。老老年人最喜歡的時刻，該是夕陽西下，華燈初上，拿著孩子從遠方捎來的訊息，回憶他們童年的純真及成長過程中的點點滴滴，然後彼此訴說也許說過幾十遍的前塵往事。當然，還有看不厭的那麼多照片，更將他們的心緊緊地拴在一起。

就算不幸，親愛的老伴先走了一步，經過了那麼深的喪偶之痛，這一顆心定下來後知道總有一天會再相會，因此感傷之中，還有一絲絲的回憶是甜蜜的吧！

最怕的是人還不算太老，一顆心卻已經死了，整日被往事不堪回首

和往事只能回味兩股矛盾的心緒煎熬著，常常以淚洗面，生命也就被惡魔所噬食，這也說明了為何不少老老年人在另外一半先走之後，過不了多久就跟著撒手西歸。

老老年期是一個人一生最睿智的時候，幾十年的素養，幾十年的精練，閱人無數，知己最深。歲月洗禮，稜角與豪氣早就消磨殆盡。繁華已逝，來日方長，自視自尊之心日切，因此風骨也可不凡。

電影故事

《內衣小舖》（*Late Bloomers*）／瑞士／2006

導演：貝蒂娜奧波利
主演：斯蒂芬妮格拉瑟、漢斯彼得穆蘭

◎獲獎

瑞士奧斯卡最佳影片、瑞士奧斯卡最佳女主角、瑞士盧卡諾影展特別金豹獎。

◎劇情簡介

高齡80的瑪莎因摯愛的丈夫漢斯去世，終日渾渾噩噩，不知生活目的與意義。但在友人莉西的支持下，重拾年輕時的夢想，積極著手開設屬於自己的內衣小舖，但意外引發純樸小鎮居民的反彈與撻伐。農民黨主委也對內衣小舖的開張強烈表達不滿，並向瑪莎的牧師兒子華特施壓。

華特高舉信仰教條來反對母親的夢想，期待將內衣小舖改為聚會的場地。但瑪莎在友人莉西、漢妮、芙瑞達等摯友的陪伴下開始營運小舖。小鎮居民的反對聲浪愈演愈烈，直到莉西的祕密被牧師華特戳穿，意外撒手人寰，對瑪莎形成莫大打擊，內衣小舖也關店了。然而，原本要放棄夢想的瑪莎無意中

撞見莉西的女兒雪莉與牧師的曖昧情愫，至此瑪莎再也不願忍氣吞聲，點出華特的婚姻困境與外遇事實，逼使華特正視自己的真實內在。

最後，瑪莎等人的堅持使自己的夢想得以實踐，她不只重新找到自己的人生價值，也幫助小鎮中許多人勇敢面對自我。

◎啟示

任何人若是失去追逐的勇氣，失去對生活的熱情，失去對親友的關愛，如果放任這些無聲地奔離自己的生命，那麼還有什麼動力？又有什麼值得每日懷抱著希望醒來？因此要培養正面人格特質，年紀愈長將能更有彈性與毅力面對困境。

◎討論題綱

1.電影中有許多角色，每個人的人格及個性不同，請討論有哪些角色特質？這些特質如何影響各自所做的決定？

2.瑪莎跟她的朋友們面臨了不同的生活困境（比如喪偶、兒子要把老父母送安養院等），她們有各自的適應方式。請問老年人最常遇到哪些困境？如何能化解困境並適應良好？

3.瑪莎原本要放棄夢想，後來卻重新堅持下去，請問讓她心態轉折的關鍵是什麼？

資料來源：圖片檢索自開眼電影網（2012）。http://app.atmovies.com.tw/movie/movie.cfm?action=filmdata&film_id=fLel40841109，檢索日期：2012年12月11日。

Chapter

4 心態──態度與價值

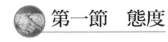 第一節　態度

壹、為何有些老人如此活躍？

　　2011 年 11 月慶祝百歲生日的法國自行車愛好者羅伯特‧馬尚，在 2012 年 2 月 17 日打破世界紀錄，他在一小時內騎自行車達 24.25 公里，打破了百歲以上老人一小時內騎自行車路程的世界紀錄。他在瑞士艾格勒國際自行車協會的賽車場打破這項紀錄時，觀眾都為他加油歡呼。馬尚在鼓勵聲中保持穩定速度，抵達終點時神情輕鬆，他說：「本來我還能騎得更快，但我不願意這樣。」這個成績雖然無法與捷克選手索桑卡在 2005 年 29 歲時騎出 49.7 公里的成績相比，但國際自行車協會承認這是百歲以上組世界紀錄。馬尚少年時期曾酷愛自行車，但直到 78 歲才重新開始這項運動。

　　老當益壯的巨大集團董事長劉金標，2012 年 5 月率 38 名自行車騎士啟程前往日本，進行約 270 公里島波海道的跨海交流之旅。這次交流騎乘環繞瀨戶內海的廣島縣、愛媛縣、今治市、尾道市及周邊幾座小島，這些地區都有規劃良好的自行車道。

　　1934 年 7 月 2 日出生的劉金標在二十世紀結束時已經進入老年階段，但在二十一世紀，他持續積極擔任捷安特的董事長，以推廣自行車運動而聞名。因為他的推廣，也讓台灣在每年的 5 月都有專屬的「台灣自行車月」。捷安特長久以來都是全球營收最高、經營績效最佳的自行車品牌，於全球擁有四個生產基地、兩個原料製造工廠、十多家行銷公司、上萬個行銷據點，不但在中國市場占有率排名第一，在歐洲也是第一大品牌。捷安特在劉金標的帶領下，從 OEM 自行車製造商，一步一腳印成為世界知名品牌，更讓台灣成為名副其實的「自行車王國」，劉金標老當益壯的榜樣廣受推崇（魏錫鈴，2009）。

　　有些老人依然活躍，愈參與愈有動能。例如高雄市有「長青志願服務團」和「薪傳大使」；台北市有「長青榮譽服務團實施方案」和「銀髮貴人心傳活動」；屏東縣針對高齡者所設計的「健康促進輔導員」等。長者因此貢獻已力，人際關係能得以維持，不會因事業的中止而孤老家中。

　　吳家慧（2012）研究台北市萬華區中正國宅高齡者社會參與的情形。國宅內長者年齡分布人數（民國 101 年 2 月底資料），65 歲以上的長者共有 377 人，其中 65 至 69 歲有 32 人；70 至 74 歲有 28 人；75 至 79 歲有 56 人；80 至 84 歲有 129 人；85 至 89 歲有 98 人；90 至 94 歲 32 人；100 歲以上 1 人，70 歲以上年紀的長者占國宅內老人族群的 80% 以上。國宅原本普遍存在著消極且沉悶的生活氛圍，老人的社會參與動力不佳，人際關係有些障礙，支持系統薄弱，老人易於困境中變成風中殘燭，欠缺面對問題的動力。

　　但一群社工自民國 98 年開始執行「老人人力資源開發計畫」，目的是營造讓長者認同的友善環境，方法是讓參與此計畫的長者運用本身優勢，以成員的身分來協助中心瞭解國宅內其他長者於活動方面的需求。鼓勵其他長輩產生被重視感、被需要感、存在感，並進而能找到愛護自己、重視自己的想法和動力，對自己的生活或問題現象有動力去負責和決定，看重自身生命品質，能積極維持健康狀況，生理疾病和心理障礙因而減少，願意獨立自由的持續參與及學習新事物等，這些都是成功老化的有力表現（參考李瑞金，2010；陳亮恭，2011）

　　在實踐過程中，老老住民（也是志工）有機會、對象、場域，可容易去完成社會參與，因而被看見、被肯定。根據社會學大師米德（George H. Mead）所提出角色取得（role taking）的概念，人們都是經由重要他人對人們的看法來定義自己，把他人對自己的態度認為是自己的本質（Macionis, 2008）。在國宅的老人原本因為生活圈的封閉、親友的凋零，與他人的互動逐年減少，愈來愈找不到人生的意義與存在感，以及被需要的感覺，所以，透過被看見的過程可以幫助他們重新營造新的互動、新的

人脈，因為有新的態度可能創造再次的被看見（吳家慧，2012）。

貳、基本概念

「態度決定高度」對年輕人適用，對年長者是否也適用呢？年紀漸漸老了，態度是否會明顯改變呢？該有什麼正面的態度呢？其他人對年長者又該有怎樣的態度呢？

態度（attitude）是一個人對於某個人、事、物的一般性評價，包括正面的或負面的；也是對某一特定事物的喜好或厭惡，是經由後天學習所產生的反應。一個人的價值觀比較穩定，而態度則比較會隨著環境和情境而改變（黎士鳴譯，2011）。

態度與價值觀對行為的影響並不一樣，價值觀影響個人的行為，態度指針對特定的人、事、物與情境。價值觀與態度大致相符，態度包含四種主要的成分（components）（戚樹誠，2010）：

1. 評價（evaluative）：指對於人、事、物的好惡，也就是個人的感受。例如：喜不喜歡去參與活動？喜不喜歡去從事各種服務工作？
2. 認知（cognitive）：例如相信某個鄰居是誠實的。
3. 行為（behavioral）：基於對人、事、物的評價與認知所產生的行為傾向。
4. 情感（affective）：對事物或人的情感反映喜歡或厭惡。

態度的形成至少包括四種來源：經驗、聯想、社會學習、遺傳。一個人透過經驗瞭解到人、事、物的特性，經驗的累積提供了態度的各種訊息；聯想的過程會將某一種態度移轉到另一種態度上。社會學習是另一種態度形成的來源，一個人的態度形成受到其他人的影響。透過對外在事務的學習，使人們不需要親身經歷，就可以形成某種態度。最後一項是遺

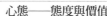

傳，由於受基因影響，某些態度受到父母親的遺傳。年長者的態度來自個人經驗與學習的部分較多，來自遺傳與聯想的部分比較少。

　　態度對行為的影響不一定是直接的，Festinger 發現有五個與態度有關的變項更能預測行為：重要性（importance）；具體（specificity）；印象深刻（accessibility）；社會壓力（social pressures）；親身經驗（direct experience）（鄭雅芳譯，2009）。符合這五個變項的，更影響一個人的行為。年長者由於親身經驗豐富，對社會的壓力通常反應比較不強烈。

　　態度的特質中，人會自行調整，尋求態度與態度、態度與行為的一致，稱為「一致性」（consistency）。如果認知與行為不一致時，會產生「認知失調」（cognitive dissonance）。當一個人認知到兩種或兩種以上的態度之間有矛盾，或某種態度與行為之間存在著矛盾，會導致心理上的不舒服。為了消除這種失調，最簡單的方法是改變其中一個或是同時修正兩個態度或行為，使它們之間彼此調和。影響認知失調的要素主要有三（張隆順編譯，1985）：

1. 失調要素的重要性（importance）：如社會參與對他而言很重要嗎？
2. 失調要素的影響程度（influence）：如說服鄰居改變會產生什麼影響？
3. 介入失調的報償值大小（rewards）：如子女對他的奉養金額多不多？

　　態度的改變主要包括態度的方向和強度。以一種新的態度取代原有的態度，是方向的改變；僅改變原有態度的強度而方向不變，則是強度的改變。若某人從一個極端轉變到另一個極端，既包含方向上的轉變，又是強度上的變化。社會心理學家凱爾曼（H. Kelmen）於 1961 年提出了「態度形成或改變」的模式，他認為態度的形成或改變經歷三個階段（Baumeister & Kathleen, 2007）：

1. 順從階段：順從也就是服從，表面上改變自己的觀點與態度。個人一方面模仿著他所崇拜的對象，另一方面也受外在壓力或權威壓力而被迫接受某種觀點，但內心不一定接受該觀點，這是形成或改變態度的開端。

2. 同化（認同）階段：在思想、情感和態度上主動地接受他人的影響。不是被迫的，而是自願接受他人的觀點、信念、行動或新的訊息，使自己的態度和他人的態度（自己要形成的態度）相接近。

3. 內化階段：在思想觀點上與模仿對象的觀點一致，將自己所認同的新思想與自己原有的觀點結合起來，構成一致的態度體系。人的內心發生了真正的變化，把新的觀點、新的情感納入自己的價值體系中，形成了新的態度。

老年階段的態度容易改變嗎？如果改變又是透過什麼樣的機制呢？對態度改變解釋的理論主要有三（Robbins, 2009）：

一、認知失調理論

認知元素包括思維、想像、需要、態度、興趣、理想、信念等，其中任何兩種元素的不一致，就會產生失調。失調主要來自於兩方面：一是個人的決策行為，一是與自己的態度相矛盾的行動。人們逐漸改變自己的態度以減少失調的感覺，採用的方式如：(1) 改變某種認知元素，使元素之間的不協調趨於協調；(2) 增加新的認知元素，以加強認知系統內的協調；(3) 刻意強調某一認知因素的重要性。

二、平衡理論

認知系統中存在著使某些情感或評價趨向於一致的壓力。認知對象包括各種人物、事件及概念，這些對象有的各自分離，有的則互相連結，組合為一個整體而為他人所認識。構成一體的兩個對象關係，稱為單元關係，主要由類似、接近、相屬所形成。人們對認知對象可能有喜惡、贊成

或反對的情感與評價。某人對兩個對象的態度一般是屬於同一方向的,對某一認知對象的態度,常常受身邊人們的態度所影響。他可能用「最小努力原則」來預計不平衡所產生的效應,使自己盡可能地少改變情感關係以恢復平衡。

三、參與改變理論

態度的改變受到人們參與群體活動的方式所影響。某人在群體中的活動方式,既能使他產生新的態度,也會改變他原有的態度。在群體中的活動可以分為兩種類型:一是主動型,這種人主動參與群體活動,自覺地遵守群體的規範;另一種是被動型,指被動地參與群體活動、服從權威和已制訂的政策、遵守群體的規範等。

參、老人的態度

一個人對老的態度深深影響自己的老年生活,如果態度基本上是負面的,年老後的經驗主要是負面的;如果是正面的,會有比較快樂而滿足的老年生活,也會較為長壽。

評估老年的態度題目如(Malcolm, et al., 2005):

1. 我是否害怕變老?(Am I afraid of getting old?)
2. 我是否相信當我老後會比較穩定而有意義?(Do I believe that as I aged my life will be less vibrant and meaningful?)
3. 我是否相信變老之後會限制我的生活型態?(Do I believe getting older will greatly limit my lifestyle?)
4. 我是否想到自己變老時就會覺得沮喪?(Do I get depressed when I think of being an old man/lady?)

對這些題目的答案愈正向,則顯示愈有正面的心態。陳寶美(1995)以《國語日報》30位蕙質媽媽社長青班的學員為研究對象,針對老年態

度進行研究，試圖瞭解高齡婦女在老化過程中，所造成生理、心理以及社會各方面的轉變。得到六項結論：

1. 受訪者多以生理因素作為老年的定義，並多傾向於認定自己比實際年齡小。
2. 受訪者多能接受生理老化的事實，只有當生理老化對個人的生活造成不便時，才會表現出負向的感受。
3. 身體健康為受訪者老年憂慮與期望的重要要素。
4. 老年生活的主要優點在於責任義務的解脫；而生理老化造成個人行動或飲食上的限制則為主要的缺點。
5. 個人與家庭為生活快樂的兩大因素，以健康、子女、金錢、家庭圓滿及朋友為主要的價值觀；對死亡的態度則有接受、逃避及恐懼等三種不同的反應型態。
6. 藉由飲食、運動、健康檢查等方式來適應生理上的老化；透過家庭角色的轉變來適應社會的變遷。受訪者更積極地參與活動以建立滿意的生活形式。

肆、對老人的態度

現今世界上各個文化圈多提倡善待老人，中日韓等東亞國家傳統上要求晚輩侍奉長輩，稱許孝道。但另一方面，從古至今，人類也會因為各種各樣的原因而歧視老人、遺棄老人，甚至虐待老人，對老人也存在各種負面態度（黃薇嬪譯，2011）。

對老人的態度（attitude toward the elderly），指人們對老人的信念（beliefs）與感受（feelings）。孟子在〈梁惠王章〉提及「老吾老，以及人之老」，其意是指「在孝敬自己的長輩時，不應忘記其他與自己沒有親戚關係的老人」，這確實是高齡化社會中重要的品格素養。

多數研究均證實，與老人接觸經驗多者，對老人的態度較為正向

（林美珍，1993；鍾春櫻，1997）。針對青少年祖父母互動與其對老人態度之影響，與祖父母接觸頻率高者，對老人態度較為正向。大學生與老人（無論親屬與非親屬）接觸經驗多者，對老人的態度較為正向。張明麗（1999）針對兒童的研究顯示，兒童對老人的感受多為負向、刻板的，但若將「老人」二字改以「祖父母」詢問之，則負向反應減少，正向的反應增加。相較於一般的老人，兒童與祖父母的接觸頻率高，且有親密的情感，會增加正向的反應。

與老人的接觸經驗影響對老人的態度。林如萍、蘇美鳳（2004）針對國中青少年之研究指出，青少年的老人態度受到幼時接受祖父母照顧之經驗及其與祖父母親密情感之影響。林如萍（2008）探討家庭環境與祖孫互動對青少年老人態度的影響發現，青少年自身與祖父母的互動，對其建構正向老人態度、消除老化歧視十分重要，父母與祖父母互動對青少年具有潛移默化的效果，家庭確實是青少年建立正向老人態度的重要場域。針對全台 12 至 24 歲，且至少有一位祖父母仍健在的年輕世代之調查，結果顯示，老化刻板態度與祖孫互動有關，當其與祖父母的互動愈頻繁時，對老人的刻板態度愈低。影響青少年建構對老人的正向態度之主要因素，是祖孫代間之「情感」、「功能」與「規範」連帶（Yi & Lin, 2009）。

家庭是青少年社會化的重要場域，祖父母扮演著增進青少年瞭解老化的重要角色，青少年與祖父母的互惠行為、良好的關係品質、自身對孫子女角色規範的認同等，都是扭轉年齡歧視與偏見的關鍵。

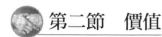 第二節　價值

壹、基本概念

價值觀（values）指一個人偏好的行為模式或個體存在的終極目的，

價值提供了人們是非對錯的來源。一個人的成長過程中，漸漸形成了價值觀，文化、社會、家庭、學校及他所加入的組織都影響價值觀的塑造。價值觀建立後，會維持相當長的時間。

倘若一個人外在的行為無法與其內在的價值觀相契合、相協調、相支持，內心就會產生對立、矛盾和徬徨。價值觀是每個人判斷是非與明辨黑白的信念體系。行為主要是實現價值觀，價值觀引導生活方式，影響一個人對周遭環境的反應。價值觀是待人處世、行事為人的規範，一個人藉著價值觀來決定自己的行為，並瞭解別人的行為。

價值觀是一套評價標準，有系統、有依據，以此因應瞬息萬變的現實生活。價值觀的內涵涉及「真偽、善惡、美醜」等理念的判斷，基礎在於人性。價值觀也是「行為的標準」——形成我們是何種人、如何生活及如何對待別人的心靈與思惟的態度。

價值觀包含內涵（content）及強度（intensity）兩項。內涵指當事人認為某種行為的表現方式或事物的狀態是重要的；強度則是當事人認為此種狀態有多麼重要。價值觀若按照強度來排列，就是「價值體系」（value system）（戚樹誠，2010）。價值觀是一種處理事情時判斷對錯、做選擇時取捨的標準，是一種深藏於內心的準繩（彭駕騂，1997a），是面臨抉擇時的一項依據。價值觀指引人去從事某些行為，例如「誠信」的價值觀，會讓人坦承所面對的困境、對別人說明事情的真相、提升別人對自己的信任度。又如「關懷」的價值觀，會讓人關心別人、瞭解別人的困境、對別人有同理心。

不同的價值觀會產生不同的行為模式，進而產生不同的社會文化。格雷夫斯（Graves）對錯綜複雜的價值觀進行歸類，經由對各式人物的價值觀和生活作風進行分析，最後概括出以下七個等級（Robbins, 2009）：

第一級——反應型：照著自己基本的生理需要做反應，不顧其他任何人，類似嬰兒。

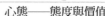
第二級——部落型：服從於傳統習慣和權勢。

第三級——自我中心型：是冷酷的個人主義，自私和愛挑釁。

第四級——堅持己見型：對模稜兩可的意見不能容忍，難以接受不同的價值觀，卻又希望別人接受自己的價值觀。

第五級——玩弄權術型：經由擺弄別人，篡改事實，以達到個人目的，非常現實。

第六級——社交中心型：看重被人喜愛。

第七級——存在主義型：能高度容忍模糊不清的意見和不同的觀點。

老人安養機構裡，可以看到不同老人各有堅持。由於每個人的先天條件和後天環境不同，人生經歷也不盡相同，每個人價值觀的形成受到不同程度的影響，因此各人都有自己的價值觀和價值觀體系。在同樣的客觀條件下，具有不同價值觀和價值觀體系的人，動機模式不同，產生的行為也不同。價值觀是人們思想認識的深層基礎，形成不同人生觀，隨著認知能力的發展，在環境的影響下，逐步培養而成的。價值觀一旦形成，是穩定的，具有持久性。但在特定的環境下可以改變。經由環境的改變、經驗的累積、知識的增長，價值觀有可能發生變化。

米爾頓·羅克奇（Milton Rokeach）的價值分類非常有名，他認為各種價值觀是按一定的邏輯意義連結在一起的，按一定的結構層次或價值系統而存在。價值系統是沿著價值觀重要性程度的連續體而形成的序列，分別是終極價值（terminal values，或稱「目的價值」）和工具價值（instrumental values）。前者表示理想化的終極狀態和結果，是個人一生希望而實現的目標；後者指的是道德或能力，是達到理想化終極狀態所採用的行為方式或手段。

目的價值又可再分為「個人價值」（personal values）和「社會價值」（social values）。和平的世界、美好的世界、公正平等、國家安全等屬於社會價值。工具價值包括「能力價值」（competence values）與「道德價

值」（moral values）。前者包括雄心勃勃、器度恢弘、才幹過人、富有想像力、獨立自主、聰慧過人、合乎邏輯、自我約束（戚樹誠，2010）。

貳、老人價值的特性

多數人就業時，看重「工作方面」的價值，退休後，逐漸調整以工作為重心的價值，會更注意非工作的價值。老年時，會比較注意「目的價值」，例如：和平的世界（沒有戰爭）、美好的世界（自然與藝術人文之美）、家庭安全（照顧所愛的人）、快樂（滿足）、內心和諧（沒有內在的衝突）、成熟之愛（精神上的親密性）、愉快（閒適、享受的人生）、普渡眾生（追尋永恆的生命）、自我尊重（自尊），也希望更有智慧（瞭解生命）。

在「工具價值」方面，無憂無慮、寬恕他人（願意原諒他人）、樂於助人（為他人的利益賣力）、獨立自主（自給自足）、具有愛心（慈愛溫柔）等項，比較受到老年人的重視。

價值是一種具有層級的概念系統，可依不同的特性加以分類，如果依據對人類行為影響的層級來分，最底層是人人具有且沒有種族文化差異的「普及性價值」，例如：博愛、仁慈、正義等；再上一層是與民族文化或社會次文化中的「選擇性價值」；最上面一層是表現個人興趣或嗜好的「個別性價值」。這種分類方式對應到由 Spranger（1914）所提出的理論型、經濟型、社會型、審美型、宗教型、權力型等六種的價值取向。在現代化的社會中，多數人重視「選擇性價值」、「個別性價值」的理論型、經濟型及權力型等取向，不過，年長者較多重視社會型、審美型、宗教型的價值取向。

年老時，常常會對自己昔日在乎的價值重新思考檢視，可稱為「價值重整之旅」。昔日特別看重的，如今不覺得重要；以往也許因工作忙碌而被忽略的，如家庭和老友，重新被重視。大致經過三個階段：

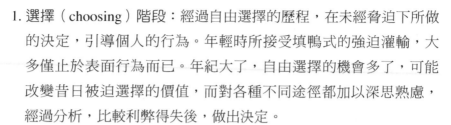

1. 選擇（choosing）階段：經過自由選擇的歷程，在未經脅迫下所做
   的決定，引導個人的行為。年輕時所接受填鴨式的強迫灌輸，大
   多僅止於表面行為而已。年紀大了，自由選擇的機會多了，可能
   改變昔日被迫選擇的價值，而對各種不同途徑都加以深思熟慮，
   經過分析，比較利弊得失後，做出決定。
2. 珍視（prizing）階段：重視所做的選擇，對自己認為有價值的事物
   加以珍惜。老人多願意在外人面前表示自己的價值、承認自己的
   價值及擁護自己的價值。
3. 行動（acting）階段：當個人認為具有價值的東西，會努力去實
   踐並完成。重複實行信念和看法，成為價值體系的一部分，一而
   再、再而三的表現在行為上。

參、對老人價值的看法

看待「老年的價值」，可從另一個角度探討，就是從效用的觀點來分
析老年的社會貢獻。重點有：老人對他人和社會來說還有多大的意義？對
老人過去曾經特別看重的價值，是否持續尊重？

老人價值是一種社會評價，是來自社會的肯定或否定。老人以往是
人類知識和生產經驗的繼承者、創造者和傳播者。作為知識和智慧的載
體，老人的才能、經驗、高尚品德、優良作風和大智大勇，都是傳給後代
的無價之寶。文豪高爾基說：「每一個老年人死亡，等於傾倒了一座知識
庫。」這樣的看法就是對老年人價值的肯定。

但「分離理論」（disengagement theory）認為，老年人由於生理功能
下降，社會參與能力降低，對社會的貢獻度也下降。分離理論基本上是從
社會學的結構功能觀點出發，認為成年人對社會最有價值，而老年人對社
會的功能降低，因此價值也下降了。現代化理論（modernization theory）
則強調，由於工業化和科學技術的發展及社會流動的加快，老年人的傳統

經驗和所掌握的知識多數過時，在快速發展的社會中不再適合，社會價值也跟著下降（徐麗君、蔡文輝，1985）。

成功的老化則有不同看法，認為積極地參與社會，將使老年人生活得更好，獲得更加積極的自我形象，體現出自身的社會價值。連續理論（continuity theory）認為，人的整個生命週期中各階段的個性和功能基本上不變；如果成年階段對社會有貢獻，老年期仍會保持這種能力，依然有很高的價值。老年人的社會價值會表現出來，關鍵在於個人原有的條件和實際的努力。老年人的價值主要表現在對社會、對家庭繼續發揮功能。如：生產經營、社會公益、科技諮詢、教育傳授、承擔家務勞動等（陳亮恭，2011）。

影響大眾對老年人價值判斷的因素可歸納為下列五方面（沙依仁，1996；Bettelheim, 2001）：

1. 社會生產力的發展水準和老年人在生產中的地位：在史前社會，生產力偏低，人們謀生方式主要是向自然界採集食物，少有食物剩餘。老年人無力為部落採集足夠的食物，即使隨部落遊居也較困難。在這樣的社會中，一個人只在他們還能發揮生產作用時才受到尊重，一旦衰老就將被群體拋棄。日本北海道的蝦夷人、美洲北部地方的土著居民愛斯基摩人、南美洲玻利維亞的山區西利諾人都曾經有過遺棄老年人的風俗。到了封建社會和工業社會早期，老年人逐漸成為技能、工藝的傳授者，被視為知識和技能的代表，因此老年人的社會價值提高。但在工業發達社會，由於技術更新迅速、勞動強度增加，老年人又成為解僱的主要對象，老年的社會價值逐漸為青年價值所取代。隨著社會的發達和科技的進步，老年人在人口中的比重日益增加，生產過程對勞動的要求已漸為高技術所取代，老年人自身也開始進行有組織的行動，以爭取在社會上更好的生活和權益。

2. 傳統風俗習慣：例如漢民族崇尚大家庭及族長制，儒家傳統篤信孝道，老年人普遍受到尊敬。又如美國西南部印第安人的霍皮族，老年人受到全民族供養，不但負有傳授關於維持群體生存知識的責任，還透過歌曲、故事、遊戲和舞蹈等形式傳播有關的神話、傳說和歷史。猶太人也有尊重老人的風俗，部分原因是長期受到別的民族歧視，從而形成家庭和集體的牢固團結，發展了對老年社會成員尊重的意識。

3. 家庭結構：大家庭中老年人地位較高，既是一家之長，又是道德、行為的楷模和智慧技能的保有者。大家庭裡老年人的特殊地位，不僅是東方封建社會家庭結構的特點，也是古希臘的雅典、羅馬以至中世紀歐洲共有的特點。但是在近代工業社會城市中，核心家庭逐漸取代大家庭，老年人漸漸失去了過去在大家庭中的特殊地位。家庭結構的改變，伴隨著工業化早期生產過程中對老年人的排擠，形成社會上老年價值降低的趨勢，導致某些「歧視老年」現象的產生。

4. 宗教：回教徒嚴格遵守《古蘭經》尊敬老人的信條，形成了敬老的傳統。在篤信基督教教義的清教徒社會中敬老風俗也很普遍。宗教多有尊敬老人的教義，在各種宗教氣氛濃厚的社會中，老年的社會價值都較高。

5. 政治：古代希臘、羅馬都有過「老人統治」時期，由老年人組成的元老院等機構成為社會中的最高統治力量。近代社會裡老年人為爭取自己的權益，組織和推動有利於提高老年人社會地位的運動，如美國的灰色權利運動。這些政治因素都有助於提高老年人的價值。

第三節　動機

壹、基本概念

　　動機（motive）是引發個體活動，維持並促使活動朝向某一目標進行的內部動力。引起動機的內在因素包括：需要、興趣、信念、價值觀等；外在誘因包括：目標、壓力、責任、義務等。動機是驅使人從事各種活動的內部原因，有外部動機和內部動機之分，外部動機是指個體在外界的要求或壓力的作用下所產生的，內部動機是由個體的內在需要所引起的（戚樹誠，2010）。

　　動機又可分為生理性動機和社會性動機。前者係指人作為生物性個體，由於生理的需要而產生的動機，例如，人為了維持生命就需要食物。社會性動機則指每個人在一定的社會、文化背景中成長和生活，透過各種各樣的經驗，懂得各種各樣的需要，於是產生了各種各樣的動機。成就動機和交往動機是兩種主要的社會性動機。交往動機是指個體願意與他人接近、合作、互惠，發展友誼。動機有如個體活動的動力和方向，給人動力，對活動方向進行控制，又像是汽車的發動機和方向盤。動機對人類活動具有促發、指引和激勵的功能。歷代對性善性惡的爭論，對「志氣」、「性」與「情」關係的不同觀點，也可以看作是對動機的不同解釋。

　　動機理論中較具代表性的有以下幾種（黃孝如譯，1995；邱紫穎譯，1996；Maslow, 1970）：

一、本能論

　　主張本能是天生的傾向性，對某些客體格外敏感，在主觀上伴隨著一種特定的情緒。本能是有目的之行為，雖然由於學習或引發本能行為的外界情境性質可以改變，某些行為反應的模式會調整，但本能的核心卻是不變的。

二、精神分析學說

佛洛伊德認為人有兩大類本能：一種是生存本能，如飲食和性等；另一種是死亡本能，如殘暴和自殺等。但這兩種本能在現實生活中可能無法自由發展，常常受到壓抑。這些被壓抑的無意識衝動在夢、失言和筆誤等及許多神經症狀中會顯露出來，在日常生活中也會以昇華或其他掩飾的方式出現。

三、驅力學說

主張個體的需要產生驅力，驅力迫使機體活動，但引起什麼活動或反應，要依環境中的對象來決定。只要驅力狀態存在，外部的適當刺激就會引起一定的反應。這種反應與刺激之間的連結是與生俱來的。

四、歸因理論

一個人的行為動機常顯示指望得到某些東西，或企圖躲避某些討厭的事物，期望經由某些途徑或手段來達到行動的目的。動機不僅要解釋人是如何展開行動的，更要解釋他為什麼做這個活動而不做那個活動。達到目的的活動可以採取多種形式，透過不同的途徑，但一個人為什麼採取這一條而不選取另一條？主要是根據他對因果關係的瞭解而採取某種手段來達到目標。

五、期望理論

想解決動機的幾個問題：期望什麼，即實現目的之可能性有多大，以及目的的價值如何。一個成就動機高的人，通常採取難度適中的目標。

貳、老人動機特性

如同其他年齡層，老年人的需求內涵主要分為經濟性、生理性、社

會性等。在社會性需求方面，老年人有維持正常社交、人際關係，與他人互動的需要，否則會造成心理壓力。對老年人而言，社會參與可以滿足社會互動的需求，並滿足老年人愛與自尊、參與感與自我實現等高層次需求。

老人的動機通常比成年階段來得弱，驅力不如以往那麼強。因此有「驅力減弱降低理論」（drive-reduction theory），顯示個體內在歷程的變化。動機的成因是行為後能使內在驅力或驅力刺激的壓力減弱降低。所有動機行為皆起源於個體內在的驅力，個體表現反應時，如該反應能使需求滿足或驅力減弱降低，該反應即獲得強化，從而建立與某刺激的連結關係及連結學習。驅力減弱降低論已成為解釋刺激與反應之所以發生連結的重要理論，因為老人已經擁有許多昔日想要擁有的，增強作用已經不足以刺激老人，因而驅力下降（Robbins, 2009）。

透過馬斯洛（Maslow, 1970）的需求層次論述也可瞭解老人的動機。馬斯洛將需求分為七個層次：

1. 生理需求：指維持生存及延續家庭的需求。
2. 安全需求：指希望受到保護，免於遭受威脅的需求。
3. 歸屬與愛的需求：指被人接納、愛護、關注、鼓勵及支持等的需求。
4. 自尊需求：指獲取並維護個人自尊心的需求。
5. 知的需求：指對自己對他人及對事物變化有所理解的需求。
6. 美的需求：指對美好事物欣賞並希望周遭事物有秩序、探索自然、追尋真理等需求。
7. 自我實現需求：指在精神上達到真善美合一人生境界的需求，也可表示個人所有需求或理想全部實現的需求。

較低的前四層稱為基本需求（basic needs），較高的後三層稱為成長需求（growth needs）。年長者通常會對基本需求的看重度漸漸減弱，對

於成長需求較強。

麥克里連（David McClillands）認為人們主要的需求有三方面（戚樹誠，2010）：

1. 成就（achievement）：追求優越感。
2. 權力（power）：使別人順從自己的意思。
3. 親和（affiliation）：與別人建立友誼。

年長者對親和方面的需求較明顯，希望能夠建立並且維繫與他人間的友誼關係。因此，老人通常重視與他人的關係。

從社會支持核心的觀點來看，Cantor 於 1980 年提出的社會體系階層模式，認為配偶和子女是人們社會支持的核心；其次是朋友、親戚、鄰居，最後才是正式組織。此外，銀髮族是從工作時的環境回歸到「生活的世界」。所謂生活的世界，是指個人心理上感覺熟悉、穩定、有感情聯繫的人、事、物，例如：家人、親戚、朋友等。若關係愈密切，互動愈頻繁，生活會更如意（朱芬郁，2011）。因此，建立穩固的社會支持體系，可以協助老人參與社會的各項活動。

參、相關研究與建議

「樹挪死，人挪活。」年長者更需要持續動，最容易產生動機的是把「運動」及「休閒」結合。身體機能會隨年齡增長及老化現象，造成身體活動力降低。因此當一個人身體老化時，身體對環境的適應性減低、心智衰退，同時身體和心理健康會漸漸惡化，伴隨而來的是關節退化、肌肉力道下降、脂肪上升，骨質密度下降等現象。「預防勝於治療」，當一個人年齡逐漸老化時，運動可以延長壽命及預防慢性疾病。

蘭震輝、林怜利、黃恆祥（2011）對基隆老人所進行的一項研究發現，休閒運動動機由高至低依序為：「健康體能」、「社交互動」、「獲得

成就」。在動機各項因素上，前三項依序為：「保持體力維持精氣神」、「放鬆心情調節身心」、「鍛鍊身體健康，維持生理功能」；而「指導別人」則是最不為多數老人所認同的休閒運動動機。

老人休閒運動動機以「健康體能」層面的得分最高，顯示休閒動機以追求健康及體能為主。此外，社交互動為次要相關之因素。因此，如何提供團體性的休閒運動項目，以強化老年人之人際互動是相當重要的議題。在加強休閒運動的規劃設計上應重視社會互動的重要性，並藉由休閒運動導正老年人之休閒觀念，一方面鼓勵老年人享受休閒運動的樂趣，也使老年人獲得優質的休閒生活。

 ## 第四節　退化與依附

壹、退縮與退化

有些老人在很短的時間裡內，從活躍變成退縮（withdrawal），從積極變得消極，彷彿是兩個完全不同的人。為何如此呢？精神學家荷妮（K. Horney）提出「退避」（resignation）的觀念，說明對生活情境的冷漠消極態度：不積極參與，不面對現實解決問題，從現實中退卻藉以逃避現實的壓力（黃堅厚，1999；Malam, 2001）。

荷妮將退避行為按心理作用之不同分為兩種類型：其一為主動型退避（dynamic resignation），指個人有意地、有計畫地退避；此種退避是經過權衡利害之後的抉擇，是「以退為進」的策略。其二為神經型退避（neurotic resignation），退避是心理衝突的表徵；在趨避衝突的心態下，為免於現實情境的焦慮感而產生退避行為。第二類退避是比較不健康的。

從童年起，人們就可能有各種退縮的行為，到了老年，因為身體老化、社會角色改變，更可能出現退縮行為。退縮是指當個體處於挫折或感

到不安的情境時，為了減低焦慮，並維護自己的安全與自尊，所採取的迴避行為。

多數人年輕時充滿鬥志，充滿戰鬥力，產生社會性進步（social increment）。相反的，年長後，因感覺欠缺鬥志而出現個體行為表現退步的現象，稱為社會性退步（social decrement）；甚至出現各種生理退化，個體心理發展呈現病態現象，出現習慣變壞（habit deterioration）。習慣退化的症狀是個體表現出幼稚的行為，例如因心理作用退化到自己不能處理大小便的問題，有了「自我退化」（self regression）的狀態。按精神分析論，人格發展中的退化現象，其原因是本我的力量限制了自我發展；亦即幼稚或衝動的行為取代了較成熟的行為（沈楚文等，1989）。

貳、依賴與依附

人人都需要依賴他人，老年人更要依賴他人，但太強烈的依賴可能形成過度的依附，則可能是病態的。依賴（dependency）指一種向別人親近、要人支持、求人認可，從而獲得安全感的心理傾向。個體尋求的依賴對象，可能是某一個人（如父母、教師、朋友），也可能是團體（如家庭、社團等）。

依賴出自精神分析論，原來的意思是指嬰兒依賴母親以獲得基本需求滿足的情形。依賴他人尋求感情支持的行為傾向，稱為依附性（anaclisis）。個體在選擇某人作為感情依附的對象時，會有意無意地選擇與他母親（或其他養育他的人）相似的人，稱為「依附對象選擇」（anaclitic object choice），因為對象會使他獲得強烈的安全與滿足（O'Connell and O'Connell, 2001）。

情感性依賴（emotional dependence）人皆有之，惟表現過度時，或事事都依賴別人者，則屬不成熟的表現。依賴成為習慣，稱為「依賴取向」（receptive orientation），因此產生的性格，稱為「依賴性格」（receptive

character）。因為身心功能上的退化，老人更容易產生依附心理，更依賴他人，有時出現很多童年時的症狀，在心態上像幼兒。

依從（compliance）指個體受別人影響所表現的順從傾向 。在行為上依順別人，動機可能是遷就現實或逃避困難，表現的行為未必出於自願。依附（attachment）指人際間情感上甚為接近而彼此依賴的情形，渴望與人「相依為命」，原來指嬰幼兒時期接近依賴父母，惟恐父母離開的情形。嬰幼兒（或幼小動物）依附母親所表現的情感性依賴與親近行為稱為「依附行為」（attachment behavior），在老年人身上也常見。依附過於強烈，形成了依附情結（attachment bond），例如與照顧的對象不願意分離（林信男、林憲，1987）。

參、支配

與依附看似相反，實際上常同時出現的是「支配」。支配與順從（ascendance-submission, A-S）常是一體，在人際互動情境中，彼此間存在著支配與順從的關係。當然，支配與順從關係並非全屬兩極化，而是在一連續的向度上，兩人表現支配與順從程度的高低。兩人關係中，有支配者，也有順從者，兩人之間關係便持續維持。

支配所展現的行為是支配行為（dominance behavior），支配者覺得自己比別人重要，因而在形式上支配別人，要求別人按他的意願行事。支配者（allocator）的原意是指團體中擁有最大權力的人。社會上的支配，有權力給予獎勵，也有權力給予懲罰。有些老人在家庭中堅持認定自己是支配者，希望家中成員或監護工都聽他的（黃美娜，2005）。

電影故事

《心的方向》（*About Schmidt*）／美國／2002

導演：亞力山大佩恩
主演：傑克尼克遜、凱西貝茲、德莫麥隆尼

◎獲獎

　　榮獲金球獎最佳影片、最佳導演、最佳男主角、最佳女配角及最佳改編劇本等五項提名，獲最佳男主角、最佳改編劇本大獎。

◎劇情簡介

　　華倫史密德突然間面臨了人生的瓶頸：從工作了一生的職場上退休，唯一的女兒金妮要嫁給一個他非常不喜歡的男人，而他結婚了四十二年的老伴又突然過世。

　　遭逢這些人生遽變，華倫失去了生活重心，於是決定展開一段尋找自我之旅。他開著一台車屋到全國各地去找尋內心的方向，他去了兒時成長的地方，回到他所念的大學，走過他一生中許多重要的景點。還有一處一定要去，那就是他女兒即將結婚的地方，他希望藉由幫助女兒準備婚禮，可以縮小父女之間的代溝。但他發覺無法忍受未來女婿和親家的粗鄙，他決定人生的新目標就是要阻止女兒完成婚禮……。

　　在充滿徬徨的旅程中，華倫將他的所見所聞寫成信，分享給一個6歲的坦尚尼亞黑人小男孩恩度古。認識這個新朋友是因為他在電視上看到一則公益廣告，決定每個月捐22元美金來資助這個小男孩。因為這樣的忘年之交，讓他發現雖然相隔萬里遙遠，小男孩卻是安慰他內心最溫暖的太陽……。

◎啟示

　　電影劇情顯示一種人生觀，不是「捨我其誰」的豪情壯志，覺得這個世界沒有我不行，未來充滿希望；但也不是完全的絕望，好像沒有了我，這個世

界也不會有什麼改變，我不可能讓世界變得更好。主角讓我們在看似絕望的人生中重新體會人生的真實意義——也許連親生女兒都無法影響，但至少一個對他沒什麼的決定（每個月22美金），就讓一個素昧平生的小孩及自己都獲得新生的機會。

　　許多人一開始都想為這個社會做點事或想為自己做點事，讓自己在老了以後可以與子孫說說自己有多麼精采的人生！無奈隨著年歲漸長，對人生的認識愈來愈多，不要說精采的人生了，如何活下去反而是無時無刻纏繞的難題。在為了生存而奮鬥的人生中，自己成了龐大社會中的一顆小螺絲釘，逐漸忘記自己存在的意義。在活著之餘還想替自己的存在找點意義，才發現生命是個多麼嚴肅的課題。

◎討論題綱

1.影片一開始華倫接連遭受失落、退休又喪偶，頓失生活重心的他，採取何種面對的態度？您認為一個人退休生活之初應如何調適？

2.華倫的態度有什麼可取之處？他與小男孩之間的互動，對於人生觀有什麼影響？

3.一個人的外在行為顯現其內在的價值觀，您認為華倫的價值觀內涵為何？從哪些電影片段可以辨識？

資料來源：圖片檢索自開眼電影網（2012）。http://app.atmovies.com.tw/movie/movie.cfm?action=filmdata&film_id=fAen00257360，檢索日期：2012年12月11日。

Part 3
學習與習慣篇

Chapter

5　心思——認知與學習

第一節　知覺

壹、基本認識

先舉三個例子。

第一是印度東北部一名百歲老人在 2010 年秋天開始攻讀高哈蒂大學博士學位，成為印度各大學年齡最長的研究生。據印度《亞洲通訊社》報導，這名叫達斯的老人來自印度東北部阿薩姆邦伯爾貝達地區的一個村莊。10 月 16 日過百歲生日時，達斯高興地宣布自己獲准在高哈蒂大學攻讀博士學位，因為「獲取知識是沒有年齡限制的」。他當過老師、律師和地方政府官員，1971 年從法官的位置上退休。退休四十年時開始讀博士學位。

第二是鼎鼎有名的金庸（原名查良鏞）。著有《飛狐外傳》、《天龍八部》、《笑傲江湖》、《倚天屠龍記》、《雪山飛狐、《射雕英雄傳》、《書劍恩仇錄》、《俠客行》、《連城訣》、《鹿鼎記》、《神雕俠侶》、《鴛鴦刀》、《白馬嘯西風》、《碧血劍》等長篇小說，以及無數膾炙人口的中篇小說。生於 1924 年的他在 2007 年 6 月說：「我已經讀完劍橋大學的碩士，還要讀博士。」他在北京大學公開表示：「許多學校都曾授予我名譽博士學位，劍橋也是。它的名譽博士比教授的地位還要高。但申請讀博士要經過非常嚴格的審查程序，過許多關。我讀博士不為學位而是為了學問、學術。」碩士和博士的研究方向都是唐史的金庸認為，研究世界學問，單一種語言絕對不夠。在國外，博士至少要會兩門語言。他開始時曾想將研究方向定為匈牙利與匈奴的關係，但劍橋的老師用匈牙利語問他，他根本聽不懂，老師就問：「你連匈牙利語都不懂，怎麼研究？」

金庸的老師、劍橋漢學名譽教授麥大維（David McMullen）說明，金庸的博士論文研究唐代盛世時期東宮太子的繼承皇位制度，由開國的唐高祖探討到唐玄宗，生動刻劃了古代太子的禮節、職責、繼位儀式及東宮的

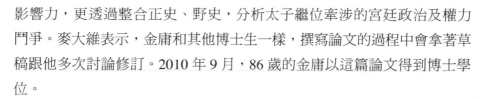

影響力，更透過整合正史、野史，分析太子繼位牽涉的宮廷政治及權力鬥爭。麥大維表示，金庸和其他博士生一樣，撰寫論文的過程中會拿著草稿跟他多次討論修訂。2010 年 9 月，86 歲的金庸以這篇論文得到博士學位。

第三是一名 68 歲的黃先生剛有孫子，每天樂得拿相機記錄孫子的一舉一動。最近他聽老朋友說起 Facebook 可以上傳照片，他也想把自己可愛金孫的照片放在網路上跟朋友們分享，於是興沖沖的請人來家裡安裝電腦、網路。由於黃先生過去有「萬事通」的美譽，他認為上傳照片、上網很簡單，只要請兒子稍微教一下就會了。沒想到兒子幫他註冊了 Facebook 帳號，又教了他幾次如何上網之後，他還是弄不清楚網路的雲端概念，每次總要等兒子下班回來才能順利上傳照片。次數一多，他也不好意思再問兒子了。學習的挫折感讓他很困擾，到後來連為金孫拍照也興趣缺缺。

這幾個真實的案例，都告訴我們：「老年是充滿學習能力的，但需有動能及適當的引導。」學習從知覺（perception）開始，知覺就是對感覺獲得的訊息經心理歷程的進一步處理，即如何選擇、組織和解釋各種不同的刺激，其過程為外界刺激→感官接收→注意→解釋→反應。知覺的產生與人的五感直接相關，與視覺、聽覺、嗅覺、味覺、膚覺（觸、痛、溫、冷）都有關。

知覺主要可分為四種（Schiffman, 1990）：

1. 空間知覺：包括視空間知覺、聽空間知覺。
2. 時間知覺：時間感。
3. 移動知覺：真實移動與相對移動。
4. 錯覺：不符合刺激本身的特徵，失真的或扭曲事實的知覺經驗。

個體所知覺的世界與經驗感覺歷程所反映出來的印象迥然而異，感覺所輸入的情報，大部分還得經過神經中樞的重組，才可賦予正確的意

義。知覺的特性有（王文科等譯，1989）：

1. 經由感官對環境中獲得的知覺經驗：這種經驗是相對而非絕對的，除了接受物品本身的刺激之外，也受其他因素影響。例如在白紙上的黑點，有人會認為是「白紙被弄髒了」，有人只單純的看到「一個黑點」。

2. 知覺是有選擇性的：從外界來的刺激有很多，個體只會選擇某些刺激加以反應。

3. 知覺是有組織性的：接收刺激之後，個體會靈活地組織各種刺激，使其組合成為一個整體或明確的物體，而非只是單純的顏色、線條等。

4. 知覺有恆常性：通常複雜的外界現象，一再反映到感官及神經中樞之後，無形中會在知覺經驗中構成一些相當穩定而持久的物理特性。譬如看到外皮有刺、果肉黃色、發出酸甜香味的水果，可以指認是「鳳梨」。這種知覺的恆常性，使人在日常行動中獲得許多方便。

5. 知覺有時間性與空間性：知覺建立在時間與空間的架構上，因此可以察覺外界現象的變化、運動及連續性。

6. 知覺的相異性：知覺的經驗會受個體過去經驗與現在心理定向的影響，因此每個人所知覺到的事物經驗多少有所差異。

貳、老年知覺退化

由於年長者的腦部及感官器官退化，導致其知覺也會隨之改變。個體隨年齡增長而呈現的老化現象稱為「生物性老化」（biological aging）。生物性老化也稱「原發性老化」（primary aging）。解釋人到中年以後身體功能漸漸老化現象的理論稱為「老化結構論」（programmed theory of aging）。按此理論，身體老化是自然現象，在人類身體的每個器官內，

本來都潛伏著老化的因子，只要到達相當年齡，老化現象自然出現。按此理論，老化是無從避免的。與本詞相對者為老化損耗論（wear-and-tear theory of aging），是解釋人到中年以後身體功能漸成老化現象的一種理論。按此理論，身體老化是因生活勞苦、體能過度損耗所致；若是生活調理適當，避免過度勞累，將可延遲老化的出現（Hayflick, 2002）。

以下依照視覺、聽覺、嗅覺、味覺、膚覺的退化，說明年長者器官退化對知覺的影響（張春興，1989b；國民健康局，2003；林麗嬋等，2010）。

一、視覺

人的視覺隨年齡增加而衰退，年長者瞳孔老化，因而對於光線的適應力變差，水晶體老化更影響對顏色的辨認。因此年長者容易罹患青光眼、白內障、黃斑退化，造成認識環境與夜視能力變差，閒暇活動減少。由於視覺退化，對強光敏感，年老長輩容易發生碰撞、跌倒，久而久之，也會因視覺退化而造成不安全感，限制了生活空間。

因應的方式包括：增加照明、避免強光、配戴適合的眼鏡。

二、聽覺

聽覺老化容易引起老年失聰症、耳鳴，訊息處理的反應時間，60歲大約是 20 歲者的 2 倍，可能造成年長者失落、無助、懷疑、不安全感，嚴重時會罹患失音症（amusia，又譯為音樂失能），喪失辨別聲音能力的現象，也喪失發出音樂上各種聲音能力的現象，更嚴重時會聾（deafness，又譯為失聰），指部分或全部聽覺功能喪失。致聾的原因很多，有先天性的，也有後天性的；有器官性的，也有功能性的。

因應方式：盡量避免吵雜環境，面對聽力衰退者講話宜放低音調、放慢速度、發音清楚、音量足夠，使用簡單清楚和有意義的字詞。如有必要，老人應使用助聽器。

三、嗅覺

　　疾病、傷害、吸菸，都可能導致鼻中的嗅覺細胞受到傷害，年長者也可能只因生理退化，而使嗅覺衰退、遲鈍，嚴重者甚至分辨不出香或臭，進而影響食慾和人際關係。由於嗅覺位於較古老的腦區域，因此若嗅覺系統中度退化，有可能是失智症的徵兆。嗅覺系統退化與阿茲海默症相關程度更深，因為阿茲海默症初步受到侵害的腦區域（如杏仁核的中間部分）都有神經路徑和已經嚴重退化的嗅覺連結。因此，嗅覺品質惡化，也可能會進一步發生腦部神經功能的退化。

四、味覺

　　人的味蕾控制甜味（舌尖）、酸味（舌頭兩端）、苦味（舌根）、鹹味（舌間和舌兩側），味蕾退化後，對鹹味的感受力會隨年齡增加而下降。可能影響老年人的食慾，或造成老人家不知不覺攝入太多鹽分。有一種「味覺喪失症」（ageusia），指患者喪失味覺受納器的敏感性，無法辨別食物中的酸、甜、苦、鹹的特徵。

　　因應方式：鼓勵老人家細嚼慢嚥，增加食物留在嘴裡的時間，以天然口味食物代替人工調味品，在桌面放置調味料以便讓老人家自行添加。

五、觸覺

　　60 歲起，手掌、手指敏銳度衰退，65 歲以上皮膚與身體的溫度敏銳度明顯下降，皮膚的感覺老化，導致痛覺遲鈍，影響身體警報系統，因此老人家容易燙傷或凍傷。有一種「失痛症」（acmesthesia），指能感覺到尖銳刺激物的存在，但沒有痛覺的現象。另有一種「失觸覺症」（anaphia），患者喪失觸覺的能力。相反的有「虛痛症」（haphagesia），即使沒有任何傷害的刺激物接觸皮膚，個體仍感覺疼痛難耐的反常現象。

　　因應方式：注意身體變化，寒流、熱浪來臨時能因應溫度變化，保護身體。

　　知覺改變的原因很多，因環境變化達到某種程度時，個體即喪失知覺。此一變化程度的臨界點稱「失覺閾限」（blackout threshold）。如空氣中的氧分子量減少至某種程度時，人即失去知覺。

　　另外有「失飲症」（adipsia，也可翻譯為渴感缺乏），是指一種缺乏渴的感覺或毫無飲水慾望的病症。縱然身體組織中嚴重缺乏水分，個體仍然不產生渴的感覺。中樞神經系統中下視丘外側區或圍繞第三腦室前腹側的區域受傷時，可能會引起此種病症。

　　個人對心智活動（如讀書）顯現有心無力的疲憊狀態，稱為心智衰弱（mental asthenia）。若在智力、思考、判斷，以至肢體活動等功能上逐漸衰退的現象，稱為心智衰退（mental deterioration）。若是出現輕度或中度智能不足（mental retardation）的現象，則稱為心理障礙（mental handicap）。

 第二節　認知

壹、基本認識

　　認知（cognition）是個體經由知覺、想像、辨認、學習、記憶、思考、推理、判斷等意識活動對事物認識與理解的心理歷程。認知也是個體獲得知識的歷程，也可用來解釋學習歷程，因為學習的產生是個體對情境的瞭解，是經驗的重組，也是已有認知結構的改變。由理解而獲得知識，即指認知學習（李玉琇、蔣文祁譯，2010）。認知過程是一個人出生後，從無知到有知的歷程，可以是自然的或人為的，包括有意識的或無意識的。

　　認知發展有別於智力發展，智力測驗中告知答案（what），重視的是結果，有點類似「知其然」；認知則是針對這些答案瞭解是如何形成

的（how），重視的是歷程，類似「知其所以然」。因此認知也就是「思維」的一種（陳烜之，2007）。

除了較複雜的心理行為與認知有關，認知的活動就是「知」，個體在生活環境中究竟如何「獲知」，而知之後在必要時又如何「用知」，也是探究的重點。此外，認知是心理活動，是內在的歷程，在方法上應研究個體內在的「知之歷程」。狹義的認知心理學主要是指個體接受訊息、貯存訊息以及運用訊息的處理歷程。一般人在遇到類似或相關的新事物情境時，傾向以舊經驗為基礎去辨認新事物，個人已有的經驗架構，就是所謂的認知基模。個人對人、事、物或對社會現象的看法，包括客觀的事實、主觀的知覺，以及兩者組合而成的概念、理解、觀點與判斷等，形成認知結構。按皮亞傑的認知理論，智能的發展就是由於認知結構的改變（洪貴真譯，2003）。

如果一個人 (1) 不能明確辨識周圍的人或物；(2) 無法從事推理與判斷；(3) 無法進行抽象性思考；(4) 缺乏記憶能力；(5) 缺乏語文能力；(6) 缺乏計算能力，那麼可能是因腦傷或病變導致認知缺陷。年長者就可能因腦力退化，認知能力受限，而產生如上所述程度不一的缺陷（鄭麗玉，2009）。

認知障礙與錯亂不同，認知障礙（cognition disorder）指個人的認知歷程功能喪失，既不能吸收新的知識，也喪失對過去經驗中的人、事、物的記憶與辨識能力。認知錯亂（cognitive derailment）指思考歷程不按理路及不合邏輯的情形，如同火車出軌，從一個觀念忽然轉到另一個毫無關聯的觀念。認知錯亂是精神分裂症的主要症狀之一。

貳、老年認知的改變

由認知心理學看成人的認知特性有幾個重點（彭駕騂，2006；李玉琇、蔣文祁譯，2010）：

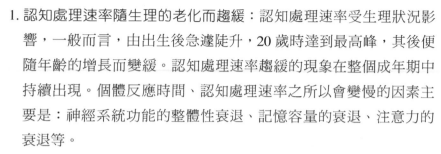

1. 認知處理速率隨生理的老化而趨緩：認知處理速率受生理狀況影響，一般而言，由出生後急遽陡升，20 歲時達到最高峰，其後便隨年齡的增長而變緩。認知處理速率趨緩的現象在整個成年期中持續出現。個體反應時間、認知處理速率之所以會變慢的因素主要是：神經系統功能的整體性衰退、記憶容量的衰退、注意力的衰退等。

2. 注意力是個體依過去經驗主動覺知的心智活動：注意力是心智的集中和凝聚，如同探照燈一樣將光束投向特定的對象。成人由於生活經驗較豐富，通常具有較豐厚的「背景知識」，因此傾向對事物有「選擇性的注意」，容易把注意力主動聚焦於所關心、喜好、熟悉的焦點上。

3. 成人期後心智能力呈現兩條不同的發展曲線：Cattell（1971）將智力分成流質智力與晶質智力兩種，此兩種智力，到成年後呈現不同的發展趨勢。流質智力用於連結，藉以歸納和解決問題；晶質智力靠的則是長期記憶。晶質智力一生中持續增加，流體智力提升到 40 歲，之後即緩緩地下降。正如流質智力跟晶質智力的消長，成人在處理有關速度、抽象思考等與先天智力有關的表現，會隨年齡增長而有衰退現象；但在一般解決問題、語文、常識、理解能力等方面，則隨年紀的累積而有所增長。

4. 成人會以智慧優勢，彌補較弱的認知特質：當成人喪失了訊息處理的速度和處理效率之後，常以其他知識、專長、發展實用技術等方式加以補償。

參、知覺退化與減緩退化

一、退化

老化不只影響生理功能，也會影響大腦的認知功能。神經生理學研究對大腦的老化有兩種不同的假設：一是全面性的退化，認為大腦在處理訊息時整體的功能都會下降，導致反應變慢；另一種假設退化是有區域特定性的，例如，額顳葉的退化通常早於頂葉或運動區，這也就是為什麼許多老年人經常出現執行功能、注意力或記憶力下降的現象（黃惠璣編，2011）。

這兩種假設並不相斥，可以同時成立：大腦會出現整體的老化，但某些特定區域退化的速度可能更快。

對腦的老化過去偏重灰質神經細胞衰退的解釋，但白質也會隨著人老化而退化。很多心智能力是跨腦區通力合作完成的，白質的任務就是負責腦區間的聯繫，因此白質受損，對於認知功能的影響也很大。大腦若有效率工作，會因作業需求而選擇性激發特定區域，而受老化影響的大腦在進行認知作業時會呈現非選擇性、較廣區域的神經活動，投入較多的神經資源。相較於年輕人，老年人在執行認知作業時，較少呈現腦策劃分工的現象。

由於中樞神經系統的老化不可逆，年紀增長伴隨的認知功能退化是正常的現象。正常老化的表現稱作「年齡相關之認知退化」，可以運用一些小技巧或工具輔助以減少認知退化帶來的困擾。例如：把事情記在隨身攜帶的筆記本上、把東西放在固定的位置、把藥裝在標有日期和吃藥時間的盒子裡。

二、平衡與失衡

平衡論（balance theory，也稱均衡論）是解釋態度或信念的一種理論。按美國心理學家海德（F. Heider）的說法，個人對人、事、物的態度

信念，經常有保持平衡的傾向，否則將因失衡而生不安之感。例如：因為覺得某人溫文爾雅，所以你很欣賞他（對他的態度），若對方一旦發生粗暴舉止，於是在心理上失去平衡。為了恢復平衡，你可能解釋此人行為粗暴，只是偶然現象，不得已而為之，如此你對他的態度不變，心理上也恢復了平衡；你也可能承認此人舉止粗暴正代表他的性格，如此你將改變對他的態度，不再認定他是文雅的紳士，至此心理也恢復平衡。平衡論可用來解釋對人的態度，也可用來解釋對事務或職業的態度。人之所以敬業樂業，主要原因是個人（需求及才能等）與其職業（性質及報酬等）之間維持了心理上的平衡。

與平衡相對的是失衡（disequilibrium），廣義言之，泛指個體在身體上或情緒上失卻平衡的狀態；狹義言之，在認知發展理論中，是個體對環境適應時所產生的一種心理狀態。按皮亞傑的解釋，適應包括兩種彼此互補的歷程：其一為同化，個體以其既有的認知結構，處理環境中所遇到的問題，是運用既有知識的歷程。其二是調適，單靠同化不足以因應環境時，個體將改變其既有的認知結構，以配合環境條件的要求，從而形成一種適合新環境的認知結構，是新知識吸收的歷程。在同化與調適之間，有時存在著內在的失衡狀態，遇到不能同化的情境，個體在認知上即失去平衡，因失衡而必須調適，調適之後又再恢復平衡。失衡一詞在皮亞傑的理論中有兩點涵義：其一是個體學習（求之）的內在動機；其二，失衡與平衡交互出現，由平衡而失衡，再由失衡而平衡，連續不斷，就是個體認知發展的過程（張春興，1989b）。

三、減緩認知退化

年長的學習者因生活經驗的累增而有心智的成熟，在學習策略的運用及問題解決的能力上有年輕人所不可及的智慧。因此在統合認知（後設認知）、道德判斷、社會成熟、情緒智能上，年長者有其優勢，可補償其在其他認知方面的弱勢。

　　教育與學習對緩和大腦固定智力老化有正面作用，但對減緩訊息處理反應速度的流質智力則幫助不大。其他減緩認知老化的研究結果與建議包括（吳東權，1998；陳肇男，1999）：

1. 職業的困難程度與閒暇時投入認知學習的多寡，如語言學習、書報閱讀、興趣多寡等，會顯著降低大腦某些認知功能的老化程度。

2. 教育與學習的認知刺激會強化大腦相關的認知神經功能，透過強化神經迴路對神經的老化具保護作用，可減緩大腦認知神經功能的老化。

3. 身體活動與環境刺激學習能促使大腦某些區域在老年時持續有效運作，藉此保持神經功能，以減緩神經老化對認知功能的負面影響。

4. 擅長打字、棋藝、電玩遊戲、飛行、實驗人員、音樂家等專業技能的老年人，其技能對於減緩認知神經功能特殊領域的老化有功效，但無法轉移至整體神經系統。技能優秀者，會因技能老練發展出各種較佳應變策略，藉著這些策略，彌補、降低神經生理老化的影響；刻意反覆練習專業技能，亦能強化相關神經之功能，延遲老化。

5. 運動對減緩老人認知功能老化有正面效應，而其效應在大腦涉及計畫、短暫記憶、協調等方面最明顯。因為運動會增加分泌似胰島素成長因子和神經營養因子，這兩種神經保護酵素對海馬體的神經增生與突觸增生格外重要。運動引起的心血管功能提升，也有助於避免大腦灰質與白質流失。體適能較佳的老人，在認知實驗作業時，前額葉能以更有效率的方式，控制大腦其他區域的活動，減緩認知功能受老化的影響。

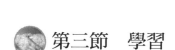

第三節　學習

壹、基本概念

學習與記憶是以時間為基礎的歷程，將認知系統內之資料予以處理。記憶將所已經學習的資料或技能加以儲存、提取及檢索。學習和記憶兩種過程很難分開，因為人們不運用記憶則無法進行延續性的學習，更不可能呈現其結果，而記憶則須透過學習才可充實其內涵（鄭伯壎、洪光遠編譯，1991）。

學習是個體經由練習或經驗，使行為產生較為持久的改變歷程。學習是由於練習或經驗的結果，經過學習所改變的行為具有持久性。學習主要可分為：(1) 訊號學習；(2) 刺激反應連結的學習：如指物命名和文字發音；(3) 連鎖作用：如連字成句或連動作成技能；(4) 語文連結：如把英文單字和中文翻譯連結在一起；(5) 多重辨別：如破音字；(6) 概念學習：按特徵歸類而得到抽象觀念；(7) 原則學習：指經由瞭解學到兩種或兩種以上概念之間的關係；(8) 解決問題：思考；(9) 情感的學習；(10) 道德的學習等（王克先，1996）。

學習行為改變的結果主要呈現在各方面能力的改變（王文科等譯，1989）：

1. 語文資料：所學到的最基本知識。
2. 知識技能：語文資料的運用。
3. 認知與思考的能力。
4. 態度觀念：在環境中遇到人、事、物等各種情境時，所採取的應對行為傾向。
5. 動作技能：身體運動的技巧及各種工具的使用。

學習是刺激反應連結的歷程，也是認知理解的歷程。以制約學習為例，有四個重要概念（王春展等，2004）：

1. 個體的任何自發性反應，如能帶來有效結果，該反應即因強化而保留。
2. 凡是能夠強化個體反應的各種刺激，均可視為增強物或稱增強刺激。
3. 由於增強物的設置而使個體某種反應經強化而保留的安排，稱為「增強作用」。
4. 凡因增強物出現而強化某種反應的現象，稱為「正增強」；凡因增強物消失而強化某種反應的現象，稱為「負增強」。

制約學習的基本特徵是多次練習後才會產生刺激取替的效果，可見增強作用還是必要的。除增強作用之外，另外常見的現象有（戚樹誠，2010）：

1. 類化：只要是類似的刺激就將引起同樣的反應。
2. 辨別：類化有限制，刺激的差別過大時，個體將會選擇不向它反應。
3. 削弱現象：刺激反應間發生連結之後，如增強停止，制約反應之強度將逐漸減低，最後終將停止反應。
4. 次增強作用：增強作用會發生擴展現象，與增強刺激相關聯的其他刺激也會產生增強作用。如食物為原增強物，金錢是次增強物。

認知學習的必要條件是個體對環境中事物的認識與瞭解，也重視知覺的整體性及環境中眾多刺激之間的關係。個體面對一個學習情境時，能否產生學習，主要由兩個條件決定：一是新情境與舊經驗符合的程度；二是新舊經驗的結合並重組的程度。

皮亞傑的認知學習論主要觀念有（張春興，2003）：

1. 基模：指個體適應環境時，在行為上表現的基本行為模式，個體
   的基模會隨學習而改變。
2. 適應與平衡：適應是改變基模適合環境要求的歷程。平衡是適應
   的內在動力，屬於學習動機。
3. 同化與調適：同化是個體以既有的認知基模去適應環境的新要
   求，試著以此種方式把新經驗納入既有的舊經驗之中。調適是個
   體發現既有的認知結構不能容納新的經驗時，改變自己的認知結
   構去符合新的經驗。

貳、老人的學習

　　許多人都認為老年人在獲得、儲存與提取資料的能力是隨著年齡的
增加而遞減，尤其是推理與記憶。不過，對於老人在老化階段的學習，心
理學者所知還很有限，因為學習是個體看不見的進行過程，只能透過觀察
老人行為是否改變而得知。如果個體沒有出現學習的成果，實在難以掌握
他們實際學習的狀況。縱使行為是改變了，除非排除其他足以影響其所表
現的各種因素，諸如疲倦、藥物，或者內外在的動機，無從確定表現的改
變是由於學習的結果。

　　同樣地，一個人表現了某種情況的遺忘，也不見得一定是真的遺
忘，可能只是他缺乏某種動機，或者由於過度的疲倦，對學習表現出不理
想的情況。因此研究者須設計一些機械性的學習技能，逐步地觀察老年人
在不同過程中的表現，以瞭解老年人在此一過程中的行為是否有所改變，
改變了多少，同時造成這些改變的因素又是什麼。與年輕人相較，老年人
的學習狀況是否有差異？相關的發現整理如下（黃富順，2006；朱芬郁，
2011）：

一、傳統制約式的學習

制約式的學習，可以說是最單純的學習方式，尤其是傳統式的制約學習。Solomon 和 Garaner（1999）進行了聲音、光和個體眼睛眨眼動作的實驗，邀請了 18 至 85 歲的參加者，各自坐在一張很舒適的椅子上。實驗者爬上一張高椅，在敲打一個聲音的時候，就有一陣風吹起，強烈的光也照射在這些實驗對象身上，逼得他們要眨一下眼睛。過幾秒鐘後，鈴聲還響，風不吹，光也不亮，可是這些實驗對象聽到鈴聲還是會繼續受到制約的反應，不斷地眨眼睛，如此可證明他們已受到制約的反應。不過年齡的差距，顯示他們反應的不同。年長者中，35% 在鈴聲不響後的五至十五秒之間，仍有眨眼睛之舉動，大多數的年輕人則早已不受外在的影響，停止了眨眼的動作。

實驗者的結論是，老年人的視覺、聽覺與眼睛的反應需要比較長一點的時間，而年輕人一般的反應都比較快，停止接受外界刺激的時間也因此比較短。以這樣的一個實驗，可推論老年人學習能力下降的可能性與所接觸的感官效能有關。

二、操作制約式的學習

在操作制約式的學習中，不論做什麼事，如果都可以得到一些獎勵或肯定的話，學習一些新事務的動機會有相當明顯的增強，而這種增強的效果，不分年齡的高低都出現。例如一位年齡已達 90 的安養院老人，一向依賴照顧者為他沐浴更衣，在心理師不斷鼓勵下，從勉強自己進入浴池，到他自願洗浴後更衣，常常吵著要去洗浴，呈現出操作制約的具體成效。另一個證明是一名 82 歲心臟有毛病的婦人，習慣上早晨不肯起床，整天都不肯運動，有時甚至拒絕服藥，在心理師應用操作式制約的學習且不斷增強之下，有了明顯的改變，她的若干病狀都明顯改善。

三、老人的語文學習

當實驗者進行老人語言學習的研究時，首先探討老人在背誦默記方面的學習情形。實驗者通常在螢幕上展現配對式或連貫式的文字，要老人在觀看之後，就記憶所及，在答案紙上寫出答案，同時邀請若干年輕人一起參加。

結果發現，老人語文學習能力隨年齡的增加而遞減。在螢幕上的文字出現重複兩次之後，一般老人平均只記得其中40%，但是年輕人卻可能記得70%左右。有趣的是，實驗者要求老人熟記這些字句，一個月之後重新加以測驗，發現大部分老人所表現的並不比年輕人來得遜色。這些老人中，教育水準愈高，其表現愈優，甚至優過僅受中等教育程度的年輕人（Giles, 2005）。

四、老人的技能學習

今日職場上許多工作所需的技能，大多是人們在學校時所未曾學習到的。對中年以後仍在打拚的長者，應持續爭取一些在職技能學習的機會。人們在技能學習的能力，是否會隨年齡的增長而遞減？事實證明老人在接受新的認知學習上，不比年輕人來得遜色，尤其是在問題解決、推理思考，以及其他科學新知學習方面，有時反而優於一般年輕人。

但是，在技能學習方面又如何？1987年，一批學者進行了一次大規模電腦新式文字學習技巧的實驗。參加實驗者均為中學畢業並在社區學院接受一年以上教育的專業打字員，同時對電腦的運作已有相當基礎，年齡自20餘至60餘歲的婦女。在連續接受七次專業課程之後，測驗的結果，顯示年長的婦女作答的時間較長，年齡愈大者所花的時間愈長。但答案正確的程度與錯誤更正的比率，並不比年輕人來得遜色（Levinson, 1990）。

結論是，在技能學習方面，老人並不見得有什麼困難，可推翻一般人所說「老狗學不會新把戲」的諺語，只不過他們所需要接受學習的時間可能比較久。《老年醫學學報》（*Journal of Gerontology*）一項針對47名

70 歲以上的老年人分兩個階段進行了為期一年的觀察研究。第一階段是先從六個不同方面對這些老人的推理能力、加工速度和視覺注意能力進行訓練；第二階段則是在八個月以後再對他們進行各方面的測試。結果發現，老人平均能記住差不多一年之前所學到概念的 50%。如果認為老人學習不了新玩意，這是一個錯誤的概念。只要去除心理障礙，老人都有機會學習，並擁有掌握新事物的能力。

綜觀上述認知或技能學習的結果，證明老人的學習能力不是很大的問題，主要的癥結還在於注意力與動機。

 ## 第四節　創造力

壹、基本認識

根據《張氏心理學辭典》（張春興，1989a）的解釋，創造性或創造力是在問題情境中超越既有的經驗，突破習慣限制，形成嶄新觀念的心路歷程；也指不受成規限制而能靈活運用經驗以解決問題的能力。在研究創造力時，可以從兩方面去探究：其一是創造性思考的研究，旨在瞭解創造者究竟是經歷怎樣的歷程；其二是創造力的研究，旨在探究創造究竟包括哪些能力。

創造力是每個人都有的特質，創造精神更是大至先聖先賢、偉大的文學家、藝術家、科學家，小至一般個人都有，可能是日常生活中的某種考驗，所激發的一些靈感。它提升了世界古今中外人類生活的品質，更促進了文明的進步；它掃除了舊有的生活型態與落伍的生活觀念，展示了進步的曙光，照耀了人類燦爛的生活層面，也充實了不同民族與人民的生活內涵，讓人們可以愉快地謳歌過去人們所給予的一切，並充滿信心追求未來的美夢。

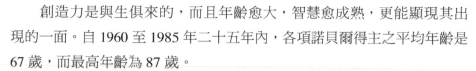
　　創造力是與生俱來的，而且年齡愈大，智慧愈成熟，更能顯現其出現的一面。自 1960 至 1985 年二十五年內，各項諾貝爾得主之平均年齡是67 歲，而最高年齡為 87 歲。

　　每個人心中都有些夢想，常見的是如何讓明天會更好。每個人對其周遭所發生之事務，都時時思索著為什麼如此，或為什麼不如此。所不同的是，許多人的存疑之心一瞬即逝，認為本來就是如此，將之視為理所當然；有些人卻是窮根究柢，打破砂鍋問到底。無數人看過蘋果從樹上掉下來，牛頓卻可以從其中領悟到萬物落體的定律；多少人在海邊看到遠方水平線上歸來的入港漁舟，哥倫布卻由之奠定發現新大陸之事功。思考和創造是革新除舊的最好觸媒，尤其是年長後，創造的幾個要素——生命所累積的經驗與生命中所常存的耐力，已經與日俱增。

貳、老人的創造力

　　對老人而言，創造力（creativity）提供了寶貴的動能，以下四方面的說明顯示創造力的可貴（劉秀枝，2003；蔡承志譯，2005a）：

1. 創造力強化了晚年生活的士氣：創造力讓人改變待物處世、做人做事的舊思維、舊方式的傳統經驗，提升了生命的新奇感。創造力的部分本質就是求變，當一個人發現自己還有能力去面對各項挑戰，還可以在各方面有所突破，心理的滿足與喜悅，自然成為再求精進的信心，而且帶動了其他事物處理求精求好的興趣。如同不斷練習，會讓肌肉更結實，創造力也可以使人的意志更集中，情緒更亢奮。

2. 創造力對老年生理的健康大有幫助：情緒、腦部的功能與免疫系統的運作都是相互作用，因此不斷地動腦筋，不停地動手，大大幫助各方面功能的提升，因而增進了健康。這種情形普遍存在於年長老人身上。創造的表達，透過創新歷程，增進其自我信念，

因此不知不覺中改變了人的外觀，展現出充滿信心的步伐。從日常觀察中看出一個興致勃勃與一個垂頭喪氣的老人明顯就是不同。

3. 創造力增進了代際之間的關係：對於中年人，當他發現即使進入老邁，還有發展潛力，會對長者有更大尊敬的心態，而亟思效法。即使剛有所成的成年人，也可以從父母雖年邁卻充滿幹勁的樣子，激發了自己熱心工作的精神，樂於與父母交談立身處世應有之態度，有助於兩代之間的關係；老年人也就可以從年輕人身上得到一些年輕的氣息，更努力地想在各方面與他們一起成長。

4. 年長者的創造力是文化傳承的最大資產：社會上的一切都靠世代傳承的。從「家有一老，猶有一寶」的俗諺，可知代代之間，關係之密切。充滿創造力的長者，所顯現的老年人更應該做一點事的看法，是後人珍貴的資產。相反地，若一位年老長者整日暮氣沉沉、怨天尤人，對子孫負面影響之大，也不言而喻。

歸納創造能力高的成名者在行為上普遍有下列特徵：

1. 興趣較廣泛，喜歡在複雜新奇事物上用心思。
2. 從眾行為較少，對事物之判斷不願追隨他人，好獨立行事。
3. 自信心較強。
4. 思辨較精密，觀察較敏銳。
5. 喜歡研究思考與哲學、宗教、人生價值等有關的抽象問題。
6. 生活範圍較大，社會能力較強，偶爾有反現實、反傳統的傾向。
7. 好表達自己的意見。
8. 對自己的未來有較高的抱負。
9. 態度較直率而坦白，感情較開放，不拘細節，給人浪漫的形象。
10. 做事認真，有恆心，有毅力，很少半途而廢。

一個人的思維即常受人格特質、所處情境與生活經驗的影響。自我激勵、充滿好奇心理、對未知事物深感興趣、獨立、喜歡接受外在挑戰、

生活中企圖推動改變、好想像、做夢等等，都是不甘因循苟且人們的普遍心理。創造力，融入了生活的每一領域中，從政治、藝術、科學、經濟，到生活中細微的點點滴滴，都可能有自己的看法，也都可能對外在所發生的一切事件提出批判論斷，證明了創造力存在於思維之中。

愛迪生得到一千多樣專利權，而且是愈老愈投入於各項研究實驗之中。他在 65 歲（1912 年）發明了有聲電影。第一次世界大戰時，他已經 70 高齡，還領導一大群科學家研究魚雷與反潛水艇的各項武器。80 多歲時還致力於人工橡皮的研究。

創造是生命最可貴的力量，以下是一些先聖先賢以及近代風雲人物年屆 70、80、90 歲時所展現的生命力與創造力，讓我們見賢而思齊：

1. 至聖先師孔子年已 73，猶「廢寢忘食，不知老之將至」。
2. 古代名將廉頗、黃忠、馬援等都年過 60，猶請纓馬上殺敵。
3. 佛洛伊德（Sigmund Freud）於 67 歲那年出版《自我與本我》（*The Ego and the Id*），而於 71 歲發表《幻象之未來》（*The Future of an Illusion*），75 歲時出版《文明及其不滿》（*Civilization and Its Discontents*）。
4. 榮格（Carl Jung）於 86 歲那年發表《記憶、夢與反射》（*Memories, Dreams and Reflections*）。
5. 皮亞傑（Jean Piaget）84 歲高齡逝世前，持續主持認知發展與道德發展的研究。
6. 德蕾莎修女（Mother Tersa）一生奉獻在印度災民的工作，69 歲得到諾貝爾和平獎，87 歲逝世於印度前，猶不忘推動社會福利事業。
7. 馬歇爾將軍（George C. Marshall）是偉大的美國政治家，於 67 歲出任國務卿，兩年後提出偉大的馬歇爾計畫，重建了歐洲。73 歲時得到諾貝爾和平獎。
8. 海倫凱勒（Helen Keller）這位又盲又聾又啞的美國教育家，於 75 歲時發表名為《老師》一書，以紀念其老師 Sullivan 女士。

9. 愛因斯坦於 74 歲時，猶發表許多論文，說明相對論的真義。並於 1933 年 54 歲時與佛洛伊德合作，發表《為什麼戰爭？》（*Why War?*）一書。

10. 單國璽樞機主教 84 歲罹患肺腺癌，還用六年時光發表兩百多場演講，鼓舞無數人。

電影故事

《青春啦啦隊》（*Young at Heart: Grandma Cheerleaders*）／台灣／2011

導演：楊力州

主演：來自高雄、年齡平均70歲的40位阿公阿嬤

◎劇情簡介

本紀錄片源自高雄的阿公阿嬤如何組成啦啦隊，為了在2009世運這個世界舞台上表演。炎熱的夏日裡，阿嬤換上迷你裙，阿公袒露小白肌，每日勤奮的練習好幾個小時。這群老人家的生活比年輕人還要充實，不僅學習英文、日本舞、台語歌曲，更為在世運表演這目標而努力。

啦啦隊老師不僅耐心指導技術，更用心安排許多活動以拉近隊員們彼此的距離，也為大家製造許多歡笑。這群超齡成員雖然老是記不住舞步，也跟不上節奏，但是，不管日曬雨淋、不顧腰痠背痛，骨頭彷彿要散了，也盡情地扭腰擺臀和揮灑汗水。

導演不只記錄練習的過程，也忠實呈現每個不同家庭的阿公阿嬤故事。在笑中帶淚的故事裡，讓這群加起來超過千歲的啦啦隊在大家的加油吆喝聲裡，留給自己與下一代最熱情與溫暖的回憶。

◎啟示

　　這些長輩是另一群「台灣之光」，例如86歲丁爺爺是退休的外省人，他總是變身教成語的小老師，認真的樣子十分可愛，他的講解太吸睛，不僅學識淵博，講起話字正腔圓。紀錄片中也記錄了很多丁爺爺的生活過程片段，即使受傷或感冒他都準時出席，有一幕他帶著兒女去祭拜自己的老婆那一幕，真是有情有意。他很會教導小孩，讓子女永遠記得媽媽的辛勞。另有美香阿嬤說她的胸圍超過108公分，接著說了「殺很大」學瑤瑤。這一群「祖字輩」的人物都這麼有活力！最老的莊奶奶都88歲了，看起來還很年輕，她不僅學習啦啦隊的課程，她是外省人又學習了台語歌唱、英文等課程，是個相當勤勞的學生，每次看到她的出場總是笑臉迎人。一位美子阿嬤說：「人一生中多活幾年就是賺到的，若讓自己不快樂是自找的，得到快樂才會瞭解生命的意義。」雖然她因為癌症轉移到肝臟因而無法完成啦啦隊的表演，但她生命中的精采表情都呈現在觀眾的眼前。這些長輩提醒觀眾：愛要及時，也要懂得知足常樂，為自己的一生創造出更美的故事。

◎討論題綱

1. 青春啦啦隊裡，每個阿公阿嬤對於「變老」的態度是什麼？您最欣賞哪一位阿公阿嬤的看法，為什麼？
2. 家人的支持對於阿公阿嬤的銀髮學習生涯來說很重要，電影中阿公阿嬤的家人對於他們認真學習，提供什麼樣的支持？
3. 從本片及片尾附錄的許多台灣各地銀髮族運動社群，分享運動及擁有專業技能，對於老年人的認知改變有什麼影響？

資料來源：圖片檢索自開眼電影網（2012）。http://app.atmovies.com.tw/movie/movie.cfm?action=filmdata&film_id=fytw59809293，檢索日期：2012年12月11日。

Chapter

6 心性──習慣與上癮

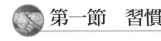

第一節　習慣

壹、基本認識

「習慣」是一個極為平常的生活詞彙，但對老人的心理學探究，這詞彙有豐富的意義。「習慣」（habit）表示一個人較固定、常出現的行為，可能是不斷學習而來，也與體質、氣質等先天因素有關。《韋氏新國際字典》的前身──《美國辭典》對「習慣」所作的解釋包含：服裝、體態、體質、習久成自然而漸失抵抗的癖好、複習而成的習性等等。《英國牛津大辭典》認為習慣包括：癖好、氣質、體質、習性、服裝等等。柯永河（1996）生動描述：「習慣和我們每天生活中不可或缺的衣服一樣，和我們有著形影不離的成對關係……它也和衣服一樣，初穿時感覺不自然、彆扭，但穿久了以後就可能開始喜歡上它，而且捨不得把它丟去不要。和衣服一樣，習慣也和個人的身分地位息息相關，不同身分、不同地位的人會養成與其有關的習慣……。」老人尤其是如此，在歲月的累積下，老人的心理與習慣更是密不可分。

習慣是大腦中構成的一條發洩途徑，物質的組織變化會帶來該物質的重複執行習慣。如同摺過的紙，若是再順著原來的痕跡去摺，便不必那樣費力了，因為習慣已經養成。James 提出「習慣的複雜性」此經典看法，他將習慣區分為簡單的與複雜的。簡單的習慣是單純的反射所造成──「神經衝動的進入與退出之間只存在一處深淺不一的痕跡」；複雜的習慣則是加進、累積、環環相扣的反射──「進口和出口已經被先前流過去的神經衝動掃除了全部障礙，變得暢通無阻」（張春興，1989b）。

柯永河（1996）認為：信念可被視為一種習慣，因為具有刺激、反應，以及兩者間的穩定、經常性存在等要素。「信念」與「態度」均屬於「習慣」的範疇。他指出習慣必須具備三大要素：(1) 刺激；(2) 反應；

(3) 刺激與反應穩定性或經常性地存在。有些行為不見得是經常性出現，但它們卻相當穩定地和相對應的刺激做連結。「穩定性存在」才是習慣的絕對必要要件，而「經常性存在」則是習慣具有的重要特性。由於這種經常性存在是習慣形成的主要途徑，因此這種經常性的連結不妨稱之為「準習慣」，同樣以對待習慣的態度來面對它。換句話說，如果是一種適應性的、不良的「準習慣」，應想盡辦法不要讓它成為一則頑固的、適應性的、持續不良的習慣。

良好習慣多的人就是心理健康的人；反之，良好習慣少的人就是心理不健康的人。習慣心理學取向的臨床心理衡鑑，主要是辨識習慣良好與否（柯永河，2004）。

貳、習慣的特性

「習慣是刺激與反應間的穩定性連結」，習慣的改變便是去改變刺激與反應間的穩定性連結關係。相關的原理參考游伯龍（1993）及柯永河（2001），整理如下：

1. 習慣的可變動性：習慣可建立也可消去，習慣會透過刺激與反應重複不斷地連結而強化。當這樣的增強次數愈多，習慣反應強度愈強、愈快，也愈正確。神經衝動不斷地劃過同一條途徑，則習慣的痕跡就愈來愈深，通道也愈來愈暢通。要改變處於優勢的習慣系統必須靠強迫式介入，而改變習慣便要改變習慣的結構。
2. 習慣與人格：人的行動會構成習慣，習慣會構成人格，人格則會形成人的命運。許多相關聯的習慣會形成習慣系統，而其中較為優勢的習慣系統構成「人格」。習慣心理學者相信人格是由習慣所構成的，習慣既然是可以改變的，人格當然也是可以改變的。假如把人格界定為個人全部習慣的總稱，則一個主要習慣的改變，便不能說不是人格也在改變。

3. 刺激與反應之間的關係：刺激的強度、增強次數、持續存在的時間與反應的強度、持續存在的時間呈現正相關，而與反應的潛伏時間（從刺激出現到反應產生間的時間差距）呈現負相關。

4. 習慣的變異性：到底是「習慣不易建立也不易褪去」，還是「習慣的培養削弱在難或易方面具有不對稱性」？有些習慣是培養難而削弱易，而有些習慣是培養易而削弱難（例如：由儉入奢易，由奢入儉難），因此習慣有差別。

5. 拮抗與助長效應：任一習慣都會促使類似習慣更容易出現（助長效應）；相反地，也會抑制與之相反的行為（拮抗效應）。當一個人培養新的習慣時，舊有的習慣會出來與之抗衡，阻止新的、與之相衝突的習慣形成（拮抗效應）。當既有的 A 習慣與將要形成的 B 習慣是相似的，則會有催化效果；若 A 習慣與 B 習慣相左，則會有阻礙效果。

　　由於習慣的形成逐漸堅固，愈堅固則愈難革除。因此，對於不好習慣的早期改正是必要的。這也是要改正老人不好習慣會特別困難的原因。

參、不好的習慣

　　行為主義大師 Watson 有經典看法，他提出習慣養成（habit formation）造成適應不良的四種基本原因（黃堅厚，1999）：

1. 隱藏自卑：每個人都有自卑感，為了免去自卑感所帶來的痛苦，因此人們便發展出隱藏自己負面訊息的習慣，比如說，誇大自己的優點而避談缺點。

2. 易取信於讒言：人們雖然都知道「防人之心不可無」的警世明訓，但是面對他人的諂媚，防禦的盔甲常常經不起一擊。

3. 具有競爭心：人人不斷地想稱王、爭第一，因此便發展出許多習

慣。例如，面對比自己強的人總是雞蛋裡挑骨頭。

4. 嬰兒期的滯銷品：有些習慣是嬰兒期發展所滯銷遺留下來的，也就是行為發展並沒有跟上其實際年齡。

若將 Watson 這四大適應不良習慣給倒過來看，即可得到四項良好習慣原則：(1) 坦然面對自己的短處；(2) 不聽信華而不實的諂媚話語；(3) 虛心且不汲於名利；(4) 習慣須符合年齡。

辨識良好習慣與不良習慣的篩檢準則，如柯永河（2004）所說，包括：

1. 利己習慣的判準：(1) 給習慣擁有者帶來快樂；(2) 能解決習慣擁有者當前的問題；(3) 不會導致新問題，不至於得不償失；(4) 給有關的他人帶來快樂；(5) 有助於解決所面臨的問題；(6) 不會給人帶來新問題。

2. 不利己習慣的判準：(1) 給習慣擁有者帶來痛苦、不快樂；(2) 不能幫助習慣擁有者解決當前的苦難或問題；(3) 會給習慣擁有者惹來新問題；(4) 會給有關的他人帶來不快樂或痛苦；(5) 不會幫助人解決當前問題；(6) 會給人惹來新問題。

不好的習慣會帶來疾病，世界衛生組織（WHO）出版的國際疾病分類第十版（ICD-10）中，也有特別區分出以「習慣」為類別的診斷分類——「習慣與衝動障礙症」（habit and impulse disorders），其中包含：(1) 病態賭博症；(2) 病態縱火症；(3) 病態偷竊症；(4) 拔毛症；(5) 其他習慣與衝動障礙症（胡海國、林信男譯，1996）。這些習慣行為的出現次數、嚴重度或持續時間若增多，會干擾日常生活的順利運作、個體主觀上感覺難為情、他人也覺得個體所呈現的習慣性動作是不雅的。ICD-10 的診斷分類中，許多其他的診斷分類如物質濫用、飲食性疾患、社會性畏懼症均屬於不適應習慣……（何瑞麟、葉翠蘋譯，1987）。

心理治療主要的目標是幫助心理不健康的人成為心理健康的人，方法之一是把心理不健康者所欠缺的良好習慣一項一項地培養，另外把不好的習慣一項一項地減少。習慣心理學取向的心理治療便是改變心理衡鑑時所找出來的不適應習慣，以適應性習慣取而代之。

 第二節　藥癮、酒癮、賭癮

壹、藥癮與依賴藥物

酗酒、吸毒與賭博都是最不好的習慣，也是老人常見的問題。不僅如此，許多老年人不僅對人，也可能對金錢、對住宅、對蒐集的物品等強烈依附，過於依賴。老年人的藥物濫用是重要的問題，但卻未受到廣泛的重視。許多老年人罹患慢性疾病，長期的情緒困擾、失眠與慢性疼痛等因素，都可能導致藥物濫用的危險。在臨床上，老年人多是隱匿性的濫用者，情緒低落、注意力無法集中、營養不良、突發性的意識混亂、常意外跌倒等都是必須注意的警訊。常見被濫用的物質包括鎮靜劑、安眠藥、止痛藥或酒等；由於這些藥物容易取得，醫療人員未提高警覺，因而導致家屬乃至於醫療人員低估而延誤醫治，甚至造成後遺症（萬育維譯，2004；張文華，2007）。

最普遍的，是過於依賴各種藥物，用藥多而濫，主要原因有以下幾方面：

1. 擔心生病影響健康，大部分老人注意力轉移到自身健康方面，對自己的健康狀況非常敏感，稍有不適就趕快服藥。
2. 迷信藥物，認為多用藥物才能治好病。有些老年人認為，藥品的種類愈多，病好得愈快。有些老年人對病情的預後不瞭解，又對恢復健康的期望過高，把康復的希望寄託在藥物上，到處看名

醫，中西藥混用，經過長期大量的用藥，療效卻愈來愈差。還有些老年人對各類新藥，特別是廣告中吹噓的神奇藥效深信不疑。

3. 身患多種疾病的老年人還多處就診，多處開藥，造成藥物的重複過量，特別是多種藥物並用，致使發生不良反應。

用藥過多，也是一種「濫用」（abuse）。毒癮、菸癮、藥癮、酒癮同屬於「社會病」。服用過多藥物甚至比酒癮更危險，尤其是服用過多安眠藥。據瑞典醫學院統計，在 2,000 名被送往醫院搶救的藥癮者中，死亡率高達 25%。而這些藥癮者大多數是服用安眠鎮靜劑成癮的。長期使用安眠藥的老年人隨著年齡而增加，65 歲以上的老年人中，至少有 16% 的人使用安眠藥；其中連續使用一年以上者占其中的 75%。少數老年人連續使用安眠藥長達十年以上，而在醫院或安養機構中的老年人使用率更高（Malcolm, et al., 2005）。由於老年人對安眠藥的吸收、囤積、代謝和排泄都與年輕時不同，使身體健康更容易受到損害。

老年人連續使用安眠藥（尤其是長效安眠藥）會產生多種後遺症效應，表現出白天嗜睡、遲鈍、判斷力下降、意識模糊，乃至精神紊亂等等症狀。由於老年人對安眠藥的反應性隨著增齡而增高，安眠藥在老年人體內消化緩慢，半衰期顯著延長，引起藥物的蓄積。其他副作用還包括（馮觀富，2009）：

1. 引起老年人焦慮和早醒失眠：焦慮和早醒失眠多發生在使用短效安眠藥的老年人中。連續二十五天每晚服用甲基三唑氯安定 0.5 毫克，會引起焦慮、抑鬱和恐慌，少數人出現幻覺，可能是身體對藥物產生了耐受性，藥物從中樞內的受體部位迅速消除，或該藥在體內產生某種毒性代謝作用。

2. 引起睡眠期間呼吸障礙：安定類藥物可抑制呼吸，加重老年人在睡眠期間的呼吸障礙。口服氟胺安定 30 毫克者，睡眠期間呼吸暫停次數平均為 9.95 次，累積時間 3.44 分鐘，未服用的受試者則分

別為 5.33 次和 1.75 分鐘，兩者有顯著差異。長期使用安眠藥者夜間死亡率較高，可能與該藥引起的夜間呼吸暫停有關。

3. 停藥後造成反跳性失眠：老年人長期使用安眠藥會產生藥物依賴性，如果突然停藥，可能引起反跳性失眠，甚至比用藥前的失眠更為嚴重，其發生的強度隨藥物半衰期的改變而改變。長期服用短效安眠藥甲基三唑氯安定的老年人，在停藥當天就可能會出現反跳性失眠；而服用長效安眠藥硝基安定者，到停藥三天才出現嚴重失眠。後者是因為長效藥消除緩慢，驟然停藥後，有效催眠濃度仍可維持較長時間。停藥反應還有噁心、嘔吐、耳鳴、焦慮、注意力不集中、震顫及不自主運動等症狀。長期使用安眠藥的老年人在發生意外傷害時，常會因無意識地停藥而出現一系列反應，使症狀更加複雜。如果主管醫師對此缺乏瞭解，可能影響對疾病的診斷。

在身體各部分，服用各種藥物的損害情況大致是（衛生署，2012）：

1. 心血管系統的損害：老年人對治療心臟病的藥物特別敏感，因為老年人多半有動脈硬化、血管舒縮力減弱、心輸出量減少等症狀，如服用洋地黃類藥或某些擴張血管藥、鎮靜劑、利尿劑等，即使使用正常劑量也容易出現毒性反應，引起低血壓及腦缺血，容易摔傷，甚至導致骨折。

2. 肝腎功能的損害：老年人的肝腎功能衰退，對藥物的解毒和排泄功能均降低。長期服用解熱鎮痛藥、鎮靜催眠藥或抗生素，如紅黴素、鏈黴素、慶大黴素等，更易影響肝腎功能，造成中毒性肝炎或腎功能衰竭。必須經常洗腎的老年人中，有許多都是服用過多藥物的結果。

3. 消化道的損傷：老年人消化功能減退，消化液分泌減少，很多藥物都可抑制消化液的分泌，直接損害消化道。又可能出現噁心、

嘔吐、腹瀉、食慾不振、便祕,甚至造成消化道出血。

4. 神經系統的反應:如頭痛、耳鳴、呼吸抑制;造血系統也會產生反應,如白細胞減少、血小板減少、出血;另外造成呼吸系統反應,如紫紺、呼吸衰竭等。

　　為了避免上述這麼多的副作用,老年人用藥應該格外謹慎。關於用藥的禁忌,綜合衛生署藥物資訊網(2012b)等資料,整理為「十二忌」,說明如下:

1. 忌任意濫用:患慢性病的老人應盡量少用藥,切忌不明病因就隨意用藥,以免發生不良反應或延誤治療。

2. 忌種類過多:服用的藥物愈多,發生不良反應的機會也就愈大。某些老年人記憶欠佳,一大堆藥物易造成多服、誤服或忘記服藥。

3. 忌用藥過量:臨床用藥量並非隨著年齡的增加而增加,老年人用藥反而相對減少。

4. 忌時間過長:老年人腎功能減退,對藥物和代謝物的過濾能力減弱,可能導致服藥後的不良反應。老年人用藥時間應根據病情及醫囑及時停藥或減量,尤其是對於毒性大的藥物。

5. 忌生搬硬套:有的老年人看別人用某種藥治好某種病便參考仿傚,忽略自己的體質及病症的差異。

6. 忌亂用祕方、偏方、驗方:老年人易出現急病亂投醫現象。未經驗證的祕方、偏方,無法科學地判定療效。憑運氣治病更會延誤病情,甚至釀成中毒。

7. 忌濫用補藥:體弱的老年人可適當用些補虛益氣之品,但若為補而補,盲目濫用,則可能變利為害。民間就有「藥不對症,參茸亦毒」的說法。

8. 忌朝秦暮楚:有的老人跟著感覺走,今天見某個廣告中說這好,便用這藥;明天見另一個廣告誇那,又改用那藥。如此用藥品種

不定,多藥雜用,不但治不好病,反而容易引發種種副作用。

9. 忌長期用一種藥:長期服用一種藥,不僅容易產生抗藥性,使藥性降低,還會對藥物造成依賴性,甚至形成藥癮。

10. 忌濫用三大素:抗生素、激素、維生素是臨床常用的藥物,但不能把它當成「萬能藥」,濫用也會導致不良後果。

11. 忌依賴安眠藥:長期服用安眠藥易發生頭昏、腦脹、步態不穩或跌跤,久用也可能成癮並損害肝腎功能。治療失眠最好以非藥物療法為主,安眠藥為輔。安眠藥只適合幫助病人度過最困難的時候,治療時也應交替換用毒性較低的藥物。

12. 忌濫用瀉藥:老年人易患便祕,如為此而常服瀉藥,使脂溶性維生素溶於其中而排出,再加上乳化脂肪的膽汁分泌減少,易造成脂溶性維生素 A、B、E、K 的缺乏。治療便祕,最好還是調整生活節奏,養成每天定時排便的習慣,必要時再遵照醫囑,服用藥物通便。

老人應嚴格遵守醫囑,切忌聽信廣告宣傳,不可盲目選用新藥;也應避免同時服用多種、大量藥物。每次用藥不要超過四種,因為用藥種類過多,會使藥物療效降低及增加藥物的不良反應。也應控制每一種藥物的劑量,避免長期用藥。對須長期用藥的疾病,特別是肝腎功能不良的病人,要注意觀察水電解質及肝腎功能,如出現藥物不良反應,應盡早停藥。對藥量過大、時間過長者,要避免藥物成癮。

貳、酒癮

DSM-IV 以「酒精依賴」作為「酒癮」的診斷用詞,這也是目前對於酒癮的定義與治療普遍的說法。酒精依賴(alcohol dependence),是指在醫學上酒癮症候群診斷標準為「因大量或長期飲酒,明顯出現耐受性(tolerance)或戒斷症狀(withdrawal syndrome),因而減少重要社交活

動、職業或休閒活動的參與；即使知道飲酒會持續加重，會一再導致個人、社會、職業、心理或身體問題，仍無法自制地持續且大量飲酒，以及上述症狀至少持續在一年內反覆發生（孔繁鐘編譯，2005）。

WHO 在 1964 年時以酒精「依賴」（dependence）一詞取代了酒精「成癮」（addiction）；並在 ICD-10 中，提出了對酒精依賴症狀的診斷，以在過去一年間出現下列六項症狀作為指標：

1. 有飲酒的強烈渴望或強迫的感覺。
2. 對飲酒行為的開始、結束或使用程度難以控制。
3. 當飲酒已經停止或減少時，產生典型的生理戒斷症狀。
4. 有耐受性的證據，如增加精神興奮物質的劑量以達到以前低劑量的效果，每天使用的劑量足以造成非耐受性、失能，甚至死亡。
5. 由於精神興奮作用，逐漸忽略其他的樂趣和興趣，花費在尋找或使用酒精或復原時間增長。
6. 飲用酒有明顯傷害，如酒精對肝臟有很大影響，大量喝酒產生憂鬱狀態或藥物引起認知障礙，治療人員須費很大努力讓使用者瞭解實際上及未來可能產生的傷害。

酗酒的人，無論是經常喝酒，還是偶爾放量狂飲，都會損害個人健康，甚至引起社會問題。終日不醉無歡，見酒就不能自制。美國社會學家傑林尼克（Jacklin Nick）教授以社會科學方法探討酗酒問題，將酒徒分為五大類，同一個酒徒可能會有兩三個症狀（引自楊美珍，2008）：

1. 因受心理困擾，如情緒低落、焦慮不安，因而大量喝酒，藉以消除心頭不快。
2. 本來並不一定要非喝不可，但卻不斷地喝，終至身心、腦部受到嚴重損壞，例如引致肝硬化、神經炎或癡呆等。
3. 在應酬場合一喝就難以自制，本來只打算喝一兩杯，卻愈喝愈多，終至爛醉不省人事。

4. 一天到晚喝一點酒，日久成習，酒癮難除。

5. 已經是持續性的。

酗酒的老年人通常在社交上格外孤立，避免與人來往。許多獨居老人都持續飲酒，減少與人互動。DSM-IV 將酒精導致的問題程度分為四項，包括酒精濫用、酒精依賴、酒精戒斷及酒精中毒，分述如下：

1. 酒精濫用（alcohol abuse）：指非醫療目的而使用酒精，造成當事人一再疏忽其主要的角色和責任，對身體有害的狀況下仍繼續飲用，造成許多糾紛，引起社會與人際問題，而且此現象至少維持一年。酒精濫用是一種行為、認知上的問題，若持續一段時間且併發耐受性或戒斷等症狀，即可視之為酒精濫用（孔繁鐘編譯，2005）。

2. 酒精依賴（alcohol dependence）：因大量或長期飲酒，明顯出現耐受性或戒斷症狀，對社交、職業或休閒活動的參與減少。即使知道酒精依賴會加重，一再導致個人、社會、職業、心理或身體等問題，仍無法自制地大量且經常飲酒，至少持續一年。酒精依賴可歸納為三個要素：不論有無不良後果，仍繼續使用；心理上無法自制；即使不斷嘗試也無法戒除（謝菊英等譯，2007）。

3. 酒精戒斷（alcohol withdrawal）：若是個體在大量且長期的酒精攝取之後，停止飲酒幾個小時到幾天之內會出現「酒精戒斷」症狀。這些和酒精效果會呈現相反的型態，包括自主神經系統過度活躍（如冒汗或脈搏超過每分鐘 100 次）、手部震顫增加、失眠、噁心或嘔吐、暫時性視覺、觸覺或聽覺之幻覺或錯覺、精神運動性激動、焦慮及癲癇大發作（孔繁鐘編譯，2005）。大量且長期飲酒，一旦停止或減少酒精使用量，其酒精戒斷症狀出現的時間間隔可能縮短，而戒斷症狀造成的身體不舒服，又導致當事人不斷去找酒、喝酒，喝的比原先想喝的更多。

4. 酒精中毒（alcohol intoxication）：在飲酒當時或之後不久，產生明
   顯適應不良的行為或心理變化，如不適當的性或攻擊行為、心情
   易變、判斷力損害、社會或職業功能損害等。這些變化伴隨著言
   辭含糊、運動協調障礙、步伐不穩、眼球震顫、注意力或記憶損
   害、木僵或昏迷等病徵（孔繁鐘編譯，2005）。

　　酒固然是許多應酬場合中不可或缺之物，也常是人們用來紓解壓力
與營造熱絡氣氛的工具，少量飲用酒，可促進食慾、增進胃的消化吸收
能力（謝菊英等譯，2007）。然而陷入飲酒的短暫歡樂中，因為克制力不
足，飲酒量往往在不知不覺中增加。酒精對個人身體健康的危害因而被忽
略，產生了許多副作用，簡述如下（楊美珍，2008）：

一、對生理的影響

　　長期大量飲酒會導致身體各種機能受到程度不一的損害，包括抑制
胃液分泌，減弱蛋白酶的活性，削弱人體的消化吸收機能。在強烈刺激胃
黏膜的情況下，使人罹患慢性胃炎；干擾男性動情激素的新陳代謝，影響
泌尿系統，破壞心臟，引起心臟衰竭、心肌病變、心律不整；因血脂肪增
加而造成動脈阻塞；肝病、胰臟炎等也是長期飲酒容易造成的疾病。長期
飲酒也會導致酒精性肝病，進一步導致肝硬化。

　　酒精對男性和女性的生理方面有不同程度的影響。因為男性和女性
生理構造上的不同，同等量的酒精在男性和女性血液中反應的濃度不同，
女性血液中會有較高的酒精濃度，對於女性生理的影響更大。女性比男性
容易造成酒精引起的認知表現障礙，特別是延遲記憶或分散注意力；女性
比男性更常呈現共病（co-morbidity）現象，如焦慮、情緒不穩和飲食疾
患，但較少伴隨反社會的問題與暴力行為；女性患者也比男性患者有較
高的自殺傾向。女性隨著年齡增加，身體因為酒精產生的副作用更大，
因為可新陳代謝藥物與酒精的肝酵素會隨著年齡增加而降低效率，中樞
神經系統也會隨年齡增加而愈敏感；酗酒女性會加速老化，比男性更快

（Straussner & Zelvin, 1997）。

二、飲酒過量間接可能造成的傷害

例如：受傷、意外、暴力、貧窮、疾病感染率提高。酒後駕車常造成交通意外事故，一個人的血液中酒精含量增加時，開車發生車禍的危險性也急遽上升。血液中酒精含量為 0.08% 時，開車發生意外事故的可能性比沒有喝酒的人高出 4 倍；當血液中酒精含量高達 0.16% 時，開車發生意外事故的可能性比正常人高 25 倍（交通部交通安全入口網，2012）。

三、產生家庭與婚姻暴力

喝酒與婚姻的不滿意度、負向互動模式、暴力行為產生都有強烈關聯。婚姻中的男女若有酗酒情形，容易導致婚姻暴力，尤其男性酗酒產生的暴力行為更常見。酒後暴力行為的產生多見於男性，男性較女性更無法約束攻擊行為。當男性施暴者有喝酒，或女性也喝酒，兩者都是問題性飲酒者時，女性遭遇身體暴力和性暴力的風險明顯增加。男性有酗酒習慣者，常成為家庭暴力中的施暴者，女性則為受暴者；女性本身若也是問題性飲酒者，則會增加受暴的風險。長期與過量的使用酒精也會使個人行為容易失控，失去理智，而做出平常不敢做的行為（沈慶鴻、郭豐榮，2005）。

長期酗酒對男性和女性在自身生理、心理、家庭與社會都有負面影響，女性開始喝酒和開始酒精濫用通常比男性晚，然而女性長期酗酒對生理造成更多風險，且女性在開始飲酒至問題性飲酒的期間，比男性更快發生有害健康的結果，女性很少主動尋求成癮治療服務或進入戒癮治療。在尋求治療上，男性酒癮患者常藉由妻子鼓勵下而尋找治療，或是因為工作和法律問題進入治療。少數女性酒癮患者有些藉由子女的鼓勵而進入治療，原因常是健康、家庭或人際關係方面的問題。

酗酒者的人格（alcoholic personality）具有的特質，包括衝動易怒、

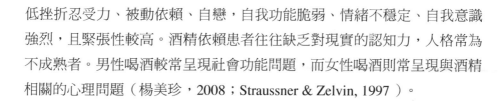

低挫折忍受力、被動依賴、自戀，自我功能脆弱、情緒不穩定、自我意識強烈，且緊張性較高。酒精依賴患者往往缺乏對現實的認知力，人格常為不成熟者。男性喝酒較常呈現社會功能問題，而女性喝酒則常呈現與酒精相關的心理問題（楊美珍，2008；Straussner & Zelvin, 1997）。

戒酒並不容易，酒精脫癮的情況大致是：輕度或早期的症狀會在最後一次喝酒的第一週內呈現出來，身體的各系統都受到影響，腸胃、肌肉、中樞神經系統、睡眠、一般心理和行為模式等方面。進一步或嚴重的表現可以在已經有早期症狀的當事人身上看到，會出現強烈煩躁、嚴重的震顫、聽幻覺，可能有急迫性的譫妄震顫。

上癮的中期，稱之為「依賴階段」（dependence stage）。酒精戒斷症狀剛產生時，為管理這些症狀，酒精依賴患者可能會發展出一種「持續飲酒」的型態，讓自己能在「少量多飲」的情況下避免戒斷的病症。也為了擔心在他人面前暴露自己的問題，此時的酒精依賴患者也許會避免大量酗酒的行為。這是酒精依賴前的關鍵階段（crucial stage），家庭和重要他人在此階段通常對個人發展酒精依賴上有更多覺察，提供了更多醫療協助，才可以持續生理與心理依賴治療的希望。

參、賭癮與犯罪

2012 年春天，《老人賭博》一書問世，是日本第 142 屆芥川賞候選作品，許多人都討論「老人賭博」這四個字。賭博是台灣老人的大問題嗎？是的！在高齡化社會中，老人嫌犯也逐年增多，在台灣每天平均就有 22 名老人犯。2010 年 1 至 9 月，全國警察機關查獲涉及刑案的老年嫌疑犯，在排除違反選罷法案件後，共 6,006 人，較去年同期增加 1,500 多人，增幅達三成多。從 2006 至 2010 這五年，更是平均每年成長兩成。

老年嫌疑犯涉及的案件中，以賭博案最多，公共危險案居次，普通竊盜案第三，一般傷害案第四。觀察人數增加部分，以賭博罪增加 184%

最高；妨害自由、駕駛過失第二，公共危險案第三，詐欺案第四（法務部，2012）。

　　老人可能在欠缺正當休閒娛樂與生活重心的情形下涉及賭博罪。公園裡的老人白天賭不夠，晚上還在賭。例如新北市貢寮區澳底社區活動中心有人聚賭，警方突襲進到二樓發現人聲鼎沸，一群人圍著圓桌賭起天九牌，若是在家打打牌消遣還無妨，但如果是在公共場所聚賭就觸法了。

　　當時，活動中心門口掛著招牌寫著「長壽俱樂部」，但員警進到現場二樓，沒聽到半點歌聲，反倒是吆喝聲此起彼落，十幾個人圍在一張圓桌前，桌上還擺著天九牌賭具及現金。6 名賭客中最年長的已經 87 歲，還有 2 名 70 幾歲，他們均否認賭具是自己帶去的，表示到場時東西就擺在桌上。他們強調自己是吃飽飯閒來無事想「動動腦筋」，才會參與賭博；警方在現場查扣了賭資及賭具，6 人觸犯的是《刑法》公共場所賭博罪，依賭博罪函送法辦。

　　林新發（2001）研究台灣 38 個監所中 540 名老年犯罪者，其中男性共計 497 人，女性共計 43 人，所犯罪名，依序為財產性犯罪（如賭博、竊盜及詐欺等）、殺人及傷害罪、違反性自主及性侵害等風化罪等類型。

　　刑期一至三年未滿者占 21.7%，另外在十年以上（含無期徒刑）者高達 27%，有高比率的老人犯罪者為累犯，而第一次犯罪行為時年齡為 60 歲以後者，也有相當高的比率，占 48.7%。為何到 60 歲以上才犯罪？這些犯罪老人的心理是頗值得研究和探討的課題。

　　在教育程度方面，以國中畢、肄業以下（包括國小及以下、不識字）占的比率最高；在婚姻方面，離婚、喪偶及未婚者占多數；在工作性質方面，沒有工作（無業）者占多數；在喝酒方面，是否喝酒對老人犯罪無顯著差異；在藥物使用方面，除了自陳曾因毒品犯罪者及服用安眠藥外，填答未曾使用占比率較高；在經濟狀況方面，收入不高，每月收入在 20,000 元以下至未滿 5,000 元占的比率最高，老人犯罪者多屬低收入或貧困者。

在家庭的社會支持方面，研究發現老人犯罪者，在家庭的社會支持
量表所得的分數偏低，低度家庭的社會支持占的比率偏高，顯示家庭的社
會支持高低對老人犯罪有顯著影響力。老人犯罪者雖然仍受到不同程度的
家庭社會支持，但對高、中、低的家庭社會支持之中加以比較分析，低度
家庭社會支持所占的比率較高，換言之，老人犯罪者受到家庭社會支持度
偏低。

 ## 第三節　能量管理

要培養良好的習慣，對老年階段的心理衛生至為重要，具體做法
是執行「能量管理」，能量管理從比較廣的角度處理情緒與壓力，對
老人的心理頗有幫助。以實際的調查研究成果提出「能量管理」（stress
management）的 Jim Loehr 和 Tony Schwartz（2003）指出，可以從四方面
強化能量：

1. 身體的強化，屬於體力能量：避免不好的習慣所造成的「能量赤
   字」（energy deficit）。成年人的身體每經過 90 至 120 分鐘就會從
   能量充沛滑落到低迷狀態，老年人滑落的速度更快，低迷時頻頻
   打呵欠、注意力渙散、躁動不安，因此渴望休息。休息的頻率與
   品質很重要，是讓老人繼續樂觀生活的動力。
2. 情緒的強化，屬於能量品質：面對種種考驗，人們容易陷入負面
   情緒的「戰或逃」（fight-or-flight）反應模式，變得焦躁易怒、欠
   缺耐心、失去安全感，耗盡能量。因此須設法以深呼吸、改變想
   法、增加感謝等方法使情緒變好。改變想法是反轉思考的內容、
   拉長時間去做決定，用更廣的角度去看問題。
3. 心智的強化，屬於能量焦點：集中心力，鎖定處理最具長期效果
   與影響的事務，刻意規劃及運用時間去面對困難棘手的工作。

4. 精神的強化：增加有意義的能量；老年人應多回想、多分享生活中的「甜蜜點」（sweet spot）經驗，鼓舞自己，將個人的價值信念落實到日常行為之中。

無數人期盼「長生不老」，健康長壽。美國資深新聞記者霍爾（Stephen S. Hall）的《長生不老專賣店》（*Merchants of Immortality*）一書提醒：分子生物學的研究成果使人愈來愈長壽，例如幹細胞的研究是許多人絕望中的希望。

熱情不僅是心理的因素，也是生理的。腦前額葉和邊緣系統可能大量分泌多巴胺。當遇到美食、美麗的異性、跟好友見面、經歷新事務，多巴胺便會大量釋出。外向的人有較強的多巴胺，特別是與以下四種狀況有關：

1. 連結：友善、喜歡有人作伴。
2. 主導：有權力與影響力。
3. 愛冒險：尋找興奮與刺激。
4. 團體互動：喜歡跟人在一起。

能量管理是綜合醫學、心理學及宗教等理念，是一個統整的觀念與做法。醫學不斷幫人們延長生命、預防死亡。人類已經成功降低各種令人早逝的因素，像是流行病、意外事件、衛生不良以及外傷等，也降低遭受野獸吞噬、餓死、餐風露宿的風險。但是這些管理究竟能讓老人活到幾歲呢？

1900 年代出生的美國人平均只能活到 49 歲（台灣人則在 45 至 47 歲之間）。有些人壽命比較長，但英年早逝的人相當多。進入二十世紀藉由醫學、衛生設備和公共衛生、疫苗，以及其他醫療方法的形式，明顯地拉長了人們期盼逗留在地球上的時限。研究老化的著名科學家黑弗利克（Leonard Hayflick）甚至這樣形容：「老化是文明的人工產物。」

1961 年，黑弗利克發現實驗室裡培養的正常人類細胞所具有的壽命

是有限的，這些細胞能夠分裂的次數已經內定了，這個數值現在稱為「黑弗利克極限」（Hayflick limit）。超過這個極限之後，細胞就會停止複製，開始衰老。細胞的衰老過程最早先是因為生物功能的困乏，然後衰敗，最後導致細胞死亡。如果把基因操控得宜，研究幹細胞療法等新科技，可能改變老化、失能、生病的器官或是身體其他部位等的運作，再配合心理上平穩的情緒，使人延年益壽並非難事。

電影故事

《推手》（*Pushing Hands*）／台灣／1991

導演：李安
主演：郎雄、王萊

◎獲獎

郎雄獲金馬獎「最佳男主角獎」；亞太影展「最佳影片獎」；李安獲台灣行政院新聞局「優良電視劇本獎」。

◎劇情簡介

朱老先生自小練就一身太極拳，是拳館的總教頭，膝下育有一位定居美國的兒子朱曉生。孝順的兒子曉生遊說老父移民往美國，與兒子和洋媳婦同住。但是，朱老先生由於語言不通及生活習慣不同，無法適應美國的生活，他與洋媳婦漸生摩擦，彼此都認為無法與對方相處。

一天，朱老先生因為家庭氣氛太沉悶，往外頭遛達，在人生地不熟的美國迷了路，回不了家。曉生得知父親走失的消息，急得如熱鍋上的螞蟻，駕車四處尋找。

朱老先生後來被警方尋回，但為了顧及兒子與媳婦，離家自尋生活，獨自跑到唐人街一家餐館幫人洗碗盤打工。由於洗碗盤手生不俐落而備受老闆奚落，第二天就將他解僱並出言相辱，朱老先生受辱不肯離開，老闆手下欲強行拖出，沒想到朱老先生練過太極拳，深諳推手功夫，只見他原步未動，馬步一紮，身形微沉，利用聽勁走化技巧，七、八個壯漢也無法將他移動半步。老闆大怒，找來華青幫小混混，在廚房與朱老先生大戰，他以幾個太極拳散手工夫便將小混混摔倒，後來美國警察出來收拾殘局。

曉生將朱老先生保出，並買了一間較大的房子，也為老爸備了一間練功房，想接朱老先生回家。但朱老先生不想破壞兒子一家溫馨的生活，寧願獨自在外賃屋而居，並在華人活動中心教授太極拳，也不願返回兒子身邊。

◎啟示

朱老先生熟悉的是「太極拳」，在這個領域中，他是高手。換到其他場景，他就是陌生人，必須面對各種文化的衝擊。文化差異給人們一種既定的觀念，告知應該要如何，如何應該是不好的。當面對不熟悉的領域，人們總是習慣拿自己既定的印象和觀念來判斷，也可能因此製造問題。

唯有「包容」跟「體諒」可以彌補文化及年齡差異，這也是《推手》的一個觀念。也唯有接受，才能改善，才能心平氣和。融合及包容可以產生更好的整體。《推手》裡太極拳的無所爭，好像不適用於資本主義社會，但其「體諒、包容、理解」卻是人人必須學習的。

◎討論題綱

1. 老人如果轉換自己的生活環境，是否特別會面對不習慣、難以適應的考驗？住到子女家中或是獨居或是到安養機構有什麼不同？

2. 老人獨居時應該注意什麼？與子女同住時應該注意什麼？住在安養機構時又應該注意什麼？

3. 太極拳是廣受老人歡迎的活動，為何如此受歡迎？還有哪些活動特別受老人歡迎？

資料來源：圖片檢索自Mtime・時光網（2012）。電影・社區・你和我，http://movie.mtime.com/12040/，檢索日期：2012年12月11日。

Part 4
記憶與智力篇

Chapter 7

心意——記憶與失憶

第一節　記憶力

壹、基本認識

> A 先生，65 歲，公務員退休。最近三個月，自覺記憶力變得不
> 如以往。家人擔心 A 先生是不是得了失智症，就陪同他至「記
> 憶障礙特別門診」求診。臨床診察及認知測驗顯示，A 先生並
> 無記憶缺損，但醫師卻發現他有失眠及憂鬱現象……

　　不少年長的老人都常常埋怨，老是忘東忘西，感嘆著記憶力大不如
前。在多數人的印象中，老人是精明的少，糊塗的多。事實上，根據美國
國家健康統計局於 1988 年所公布的資料顯示，在所調查的 1,500 名 55 歲
以上的長者，自己認為記憶力大不如前的，僅占 15%。即使在 85 歲以上
老年人之中，多數都不認為記憶力有什麼大問題，而只覺得有些時候是會
遺忘一些事物。

　　記憶變差，大家通常馬上會想到「失智症」。其實，記憶變差不等於
失憶，也不等於失智。一個人記憶衰退，有很多可能的原因，包括：(1)
主觀上覺得自己的記憶變差，實際上記憶還好；(2) 記憶變差，但屬於正
常老化的可接受範圍；(3) 真正病理性的記憶衰退，失憶或失智症也只是
其中的某些症狀。

　　記憶力是什麼？根據《張氏心理學辭典》的解釋，記憶有三種基本
的涵義（張春興，1989a）：

1. 引起個體反應的刺激、事件、印象、意見等消失之後，個體仍能
   保留原反應的心理功能。
2. 對內在的心理結構或大腦生理功能中的儲存訊息系統。
3. 個體在環境中，為適應生存需要而對某些訊息予以收錄、儲存，

以便隨時使用的處理歷程。

記憶是一個相當複雜的歷程，始自對外界各種刺激的感受，舉凡眼之所見（文字、圖形、人物、影像）、耳之所聞（音符、會話、廣播）、皮膚之所感（冷、熱、痛、壓等），開始注意，接著排除過濾一些刺激，而集中其注意力，使想要進一步注意的訊息，進入短期記憶的窗口。短期記憶，保持極短時間的記憶。在短期記憶中的素材，可能如電光石火一縱即逝，對個體而言毫無印象；也可能因為引發了個體的興趣，選擇其中某些事項，透過有限通道，送入長期記憶。短期記憶因此成了長期記憶前奏。長期記憶則是相對性的恆久與較大能量的儲存，也可能是往事的部分呈現。要使得個體記憶長久，這些儲存於倉庫中的資訊，必須有規則地經由適度的學習，然後加以儲存，或保存，或予以排除。

一個人能夠「記住」及「憶起」各種訊息，包含三個重要認知歷程：第一步，將訊息放進記憶中，稱為「登錄」；第二步，保留訊息，就是「儲存記憶」，通常先存於短期記憶系統，該訊息若經由重複刺激或練習，則會進入長期記憶系統；第三步，記憶的再現，稱「提取」（王克先，1996）。老人在「登錄」或「儲存」方面若發生問題，記憶力就明顯下降。

社會心理學的研究中，更注意到記憶與社會狀況密切相關，對事件的記憶過程是（余伯泉，李茂興譯，2003）：

1. 收錄：人們將注意力放在環境中資訊的歷程。例如犯罪事件經常會發生在訊息難以辨識的情況，特徵是快速、出人意料、視線不良。人們所注意的訊息也會受到心中期望的影響，多數人幾乎無法察覺意料之外的事情。即使注意到某個人或某件事，如果不熟悉，也無法清楚記得。這方面有「同族記憶偏差」現象，人們比較擅於辨識同種族者的臉。

2. 儲存：人們將獲取自周遭環境中之資訊加以儲存的歷程。一旦訊息進入記憶後，很可能就會停留在那裡，不會改變，直到以後再

想起。也會出現「改造性記憶」現象，當再接收到其他資訊，導致某些記憶受到扭曲的認知歷程。當一個人目擊某一事件之後再得到的其他資訊，可能會改變他對此一事件的原先記憶。另一種狀況是「來源監控」，即試圖辨識其記憶來源的歷程。如果能夠記清資訊的來源，就不會產生錯誤。

3. 提取：人們喚起記憶中之資訊的歷程。如同記憶的收錄與儲存可能會產生問題，人們在回想資訊時，也可能產生問題。例如目擊證人經常被要求從嫌疑犯群中指認出最像兇手的人，儘管兩者之間的相似性可能不高。任一階段出問題，都可造成記憶障礙。若是在「登錄」時出了問題，若注意力不集中，連「記」都沒記好，當然「憶」得不正確。至於已經記住的事物會忘記，則可能源於各種因素，包括內因的或外因的、心理的或生理的、腦部的或全身性的……很多狀況都可能造成記憶缺損。

記憶，是人類心智活動的一種，屬於心理學及腦部科學的範疇。記憶代表著一個人對過去活動、感受、經驗的印象累積，有相當多種分類，可以依照環境、時間和知覺來區分。人類記憶的過程與電腦處理資訊存取的過程類似，對電腦數據進出的理解有助於簡化和掌握人類記憶這個複雜的過程。包括在記憶形成的步驟中，可分為三種資訊處理方式（Santrock, 2008）：

1. 編碼：獲得資訊並加以處理和組合。
2. 儲存：將組合整理過的資訊做永久記錄。
3. 檢索：將被儲存的資訊取出，回應暗示或事件。

有四種常見的記憶機制與過程（Hilgard, Atkinson & Atkinson, 1975），大致是：

1. 學習／編碼：吸收新的資訊進入長期記憶。

2. 儲存：透過有規律的讀取進而儲存重要資訊。

3. 回憶／讀取：整理記憶的內容。

4. 遺忘：記憶資訊的丟失或因資訊之間的競爭排擠而導致讀取失敗。

與語言不同，腦部並沒有特定局限的記憶中心區域專司記憶一職，但還是能夠找到與記憶有關的解剖結構。與記憶相關的四個主要大腦組織是：

1. 小腦：主要負責程式性記憶，這種記憶主要靠後天的重複。

2. 紋狀體：是前腦的一個複雜結構，是習慣的形成，或「刺激—反應」間聯繫的基礎。

3. 大腦皮層：負責感覺記憶及感覺之間的關聯。

4. 杏仁複合體與海馬組織：負責事件、日期、名字等的表象記憶，也負責情緒記憶。

但有些記憶是在其他位置被儲存的，如游泳和騎自行車等運動模式，被儲存在小腦或脊柱。

老年人有時記憶力差，是因為這些大腦組織的結構受損或功能老化所造成的。

貳、分類

對記憶最基本的、也是被廣泛接受的分類，是根據記憶持續的時間將其分為三種不同的類型：感覺記憶、短時記憶和長時記憶（張春興，1989a）。

感覺記憶，也稱為「工作記憶」。由三個系統組成：一是空間視覺形成的短期視覺印象；二是聲音迴路儲存訊息，可以透過內在不斷重複而長時間存在；三是中央執行系統管理，這些系統將資訊與長期記憶的內容建立聯繫。

長期記憶的內容通常是按主題，而且按時間被組織被管理。一個新的經驗須透過訓練而被記憶，首先是資訊可以被快速讀取，但這些資訊必須做一定清理。重要的透過「關聯」作用，被聯想在一起的資訊會被輸送到中長期記憶，不重要的資訊則會被刪除。

在很短時間內，把握感覺印象而加以辨識或喚起者，稱為短期記憶（short-term memory, STM），在時間上常以分秒計時。例如剛剛從電話簿上查到的電話號碼，轉眼即忘。長期記憶（long-term memory, LTM），在時間上是以幾小時、幾天、幾週，甚至幾個月為單位計算的。例如自己家中的電話號碼、家人的姓名等，雖經年累月也不會忘記。通常人們所說的記憶多指長期記憶而言。

有些老人的記憶力非常好，原因是記憶內容愈是被頻繁讀取，或是被頻繁重複進行，回饋就愈是精細，內容所得到的評價就會提高。不重要的資訊則會被刪除，或另存到其他位置。記憶的深度一方面是該內容與其他內容的連接數目；另一方面與情感的評價有關，情感強烈則容易記住。

長期記憶的組成較為複雜，相關的機制包括：

1. 填充：從一無所知到建立新的關聯。例如樹葉—樹—樹林，主要發生在頂葉（parietal lobe）。

2. 在情感層面上的評量和輸入：在邊緣系統被處理，海馬迴和杏仁核是關鍵，常和氣味相關。

3. 程式性記憶：運動過程，透過學習後可無意識地進行。例如行走、騎自行車、跳舞和開車，在基底神經節和小腦進行，與肌肉感覺及平衡感緊密聯繫。

4. 事件記憶：個人經歷的儲存。主要是自身的歷史，例如年輕時與女朋友的首次見面。主要是在顳葉（temporal lobe）和頂葉進行。

5. 內容記憶：有意識的學習所得的數據和事實。例如：「俄羅斯的首都是哪裡？」是在顳葉進行記憶。

記憶的分類大部分是根據內容和可提取性。記憶的專有名詞還包括

「陳述記憶」和「程式記憶」（陳烜之，2007），前者為生活中的經驗和事件，以及學習而來的一般知識；後者是關於學習到的技巧。陳述記憶有時被形容為知道「事實」的歷程，是屬於「有意識的回憶」，陳述記憶的內容是可以取得的，又可再分為兩部分：

1. 事件記憶：是我們最熟悉的部分（也是大部分人認為的真正記憶），是對過去回憶的個人倉庫。

2. 語意記憶：像百科全書般堆積的一般資訊即是「語意記憶」。語意記憶使我們能定義外在的人、事、物，掌握它們的關係及瞭解其間的運作。

程式記憶是知道「如何做」的過程，從運動的角度，可以形容程式記憶為「肌肉記憶」。跟陳述記憶不同的是，程式記憶可以自動化。當所學的順序成為自動化之後，無須靠意識即可進入程式記憶。程式記憶可自動精確地工作，當事人未必知道它是如何運作的。

老年人在接受短期記憶的過程中，並無明顯的困難，問題主要在長期記憶方面。這些困難的癥結是在輸入的過程，還是儲存的過程，或者是從記憶中提取訊息以便應用的過程，還有待更多研究。

想要解答究竟癥結之何在，有一種研究設計排除多項記憶的層面，僅留某一研究之單項，從以測驗年長者與年輕人在這一層面的反應。結果發現，年長者在儲存與提取訊息方面，都有明顯的困難，包括素材的選擇、資料的彙整與提取。張鐘汝、范明林（1997）因此更具體指出老年人記憶力的特點：

1. 「意義識記」尚可，「機械識記」有所衰退：老年人對自己所理解的材料的記憶與年輕人幾乎相近，而對自己不理解的材料或無意義聯繫的材料的記憶卻不如年輕人，尤其是數字方面明顯地衰退。不靠語言的智力活動比需要語言來理解的智力活動其衰退更明顯。

2. 在限定時間內的速度記憶：倘若要求老年人和年輕人一樣，在限定的時間完成某項記憶的任務，老年人的效果就不如年輕人。可能是由於神經的生理反應隨著老化而減慢，致使老年人的記憶和動作反應也遲緩。

3. 老人的再辨認能力不如青少年：再認是記憶的基本歷程，指過去感知事物重新出現在眼前時可予以辨認。在運用具體圖形、抽象圖形和文字這三種材料進行再認實驗時發現，在各年齡階段中，老人再認能力平均最差。

4. 老人在短期記憶方面表現較好：老年人對剛才發生的事與物，或者才閱讀過的資料，可以馬上複述，這一點與年輕人沒有明顯的差別。但如果事過境遷，要老年人予以複誦，其正確性就明顯不如年輕人，通常是年齡愈大表現愈差。顯示老年人學習的「新近律」，就在於新近發生事物識記的正確回憶度較高。

情節記憶，指個人親身經驗事件的記憶處理歷程。它主要是一種統整性的記憶，內容中除了事件本身的重要組成元素之外，還包括了事件發生的時間、背景環境，還伴隨著事件出現的情緒等相關訊息。根據大腦顯影研究及腦部損傷病例研究，海馬迴及前額葉皮質在此複雜的記憶系統中扮演重要角色。

老年神經性疾病的患者最早出現的記憶退化現象，通常都是屬於情節記憶缺損。因為情節記憶包含的範圍最廣，而且要求的記憶強度最大。在大腦功能因老化開始退化的時候，首先遭遇衝擊的就是情節記憶能力。情節記憶所需要的神經迴路可以和其他學習記憶能力區隔，老化作用在這些神經迴路中出現的時機可能比較早，退化的程度特別嚴重。

情節記憶，此種記憶系統為人類所特有。因為情節記憶包含的一些要素，例如存在意識、思緒上的時間旅行等等概念，被認為是人類獨有的能力，擁有整合內容、地點、時間（就是英文的 What-Where-When）三要素的記憶能力。

參、如何增進老人的記憶力

記憶與學習有密切的關係，也可以透過身體健康的維護來強化。老年人多動腦或接受短期腦力訓練，可以增進記憶與推理能力，效果可維持超過五年。根據《美聯社》2006 年 12 月 19 日的報導，美國賓州州立大學心理學家雪莉・魏里斯等學者在《美國醫學會期刊》發表研究報告指出，73 歲以上的高齡人士，只要參加十次、每次約一小時的動腦訓練，在利用購物清單、公車時刻表與電腦加強組織分類與記憶推理的技巧都可增強。他們在訓練時增加的腦力至少可以維持五年。

魏里斯的研究團隊接觸了美國巴爾的摩、波士頓、底特律等六個城市近 3,000 名男女銀髮族，其中以白人最多，黑人占五分之一。受測者先分組接受為期六週的腦力訓練課程，增強記憶、推理與快速反應的技巧。

接受過快速反應技巧訓練的老人當中，腦力測驗分數顯著提高者近九成。受過推理測驗的老人，推理能力提高者達 74%。大部分受測老人仍能保持相當敏捷的腦力，那些參與時間較短的溫習課程的老人，思考反應能力也有顯著進步。

兒童學習音樂或語言會增進腦部的訓練效果，成年人與老年人的腦部也會因特殊需要而生長。倫敦大學學院研究人員曾對 35 位倫敦計程車和公車司機的腦部進行掃描，發現所有計程車司機腦部掌管記憶的腦細胞都比較多，這是因為計程車司機要記住倫敦 25,000 條街的街名和觀光景點的方位，而公車司機只須記得固定的路線。

《紐約時報》中〈頭腦的體操，延緩老化的希望〉（Exercises for the brain, and hopes of delayed aging）的專文報導如何加強頭腦體操，以促進學習與記憶。同時以失智者延緩腦力惡化的實例做證明。健康的腦部活動，提供了老人對於記憶力增強的希望；「健康頭腦」的食物與老人頭腦健康操的招牌也到處可見，這些口號顯示頭腦體操不見得可以馬上遏制老化，但至少延緩了老化的腳步。

「學而時習之，不亦樂乎」，學習的確是一種樂趣，學習的過程已足以引發人們的興趣，學習的結果，更帶來美好的成就感。老年人因為注意力不太容易集中，學習動機不一定熱切，可是只要學習的素材較有挑戰性與實用性，而學習的方法也能把握該學科學習的特質，也一樣可獲得具體的成果，只不過所花的時間比較長一些。

記憶力與注意力之間更有密切的關聯，這與當時的刺激強度有很大的關係。例如難忘的初戀情人，就因為那是初戀，震撼度當然比較大，其後如有機會二戀、三戀，就比較容易淡化那些影子了。

如果能提高老年人在學習時的注意力，就可增進他們的記憶力，從而增進學習效率、達到學習的效果。

 ## 第二節　注意力

壹、基本認識

老人的注意力如何？是否因為生理的老化而變差呢？如果一位老年人對於所要學習的事物不能集中其注意力，就難以獲得良好的學習效果。

注意力（attention）是指人的心理活動指向和集中於某種事物的能力。注意是一個古老而又永恆的話題，俄羅斯教育學家烏申斯基曾精闢地指出：「注意是我們心靈的唯一門戶，意識中的一切都必然要經過它才能進來。」具有注意的能力稱為注意力。注意自始至終貫穿於整個心理過程，只有先注意到一定事物，才可能進一步去記憶和思考等（張春興，2003）。

注意力是智力的基本因素之一，是記憶力、觀察力、想像力、思維力的準備狀態。由於注意，人們才能集中精力清晰地感知一定的事物，深入地思考一定的問題，而不被其他事物所干擾；沒有注意，人們的各種智

力因素，觀察、記憶、想像和思維等都難以進行。

按《張氏心理學辭典》的解釋，注意是指個體對情境中的眾多刺激，只選擇其中一個或一部分去反應，並從而獲得知覺經驗的心理活動。當個體集中注意時，對選定而注意的刺激有清楚的知覺，對注意之外的刺激則模糊不清，出現視而不見或聽而不聞的現象（張春興，1989a）。

研究注意力的重點主要有四方面（彭駕騂，1997a）：

1. **穩定性**：指一個人在一定時間內，比較穩定地把注意集中於某一特定的物件與活動的能力。

2. **廣度**：注意的範圍有多大，是人們對於所注意的事物在一瞬間內清楚地覺察或認識的物件的數量。例如在一秒鐘內，一般人平均可以注意到 4 至 6 個相互間聯繫的字母，5 至 7 個相互間沒有聯繫的數字，3 至 4 個相互間沒有聯繫的幾何圖形。

3. **分配性**：指在進行多種活動時能夠把注意力平均分配於活動當中。人的注意力總是有限的，不可能什麼東西都關注。如果要求自己什麼都注意，那最終可能什麼都沒注意到。但若是注意的目標熟悉或不是很複雜時，卻可以同時注意幾個目標。

4. **轉移性**：注意的轉移是指一個人能主動、有目的、及時地將注意從一個物件或活動調整到另一個物件或者活動。注意力轉移的速度是思維靈活性的展現，也是快速將資訊形成判斷的過程。

對於手邊要集中注意的注意力，稱為實質注意（substance attention），是學習最重要的一方面。當他從許多刺激中選擇了一重要項目，就稱為選擇注意（selective attention）；如果同時選擇兩項或多項事物，則稱為分散注意（divided attention）；而在兩項事物中選擇了一項而不去注意另外一項的注意力，稱為轉變的注意（switch attention）。

注意力不集中的原因及狀況有（張春興，1989a）：

1. 容易分心：不能專心做一件事，注意力很難集中，做事常有始無終。
2. 學習困難：不專心聽。
3. 活動過多。
4. 衝動任性：情緒不穩定，不假思索就得出結論，行為不考慮後果。
5. 意向性遺忘（intentional forgetting）：指因壓抑而產生的遺忘。個人對不愉快或痛苦經驗不願回想，常將之壓抑在潛意識內，因而造成遺忘。

遺忘（forgetting）是對學得的經驗失去重現的能力。遺忘的形式很多，諸如對往事無法回憶，對原本熟悉的刺激情境不再能辨識，對學過的動作技能無法再度表現等。遺忘只是現象，對形成遺忘原因的理論性解釋，心理學家看法不一致。按「連結論」的解釋，遺忘是因為增強停止後，原先建立刺激與反應之間的連結減弱。「精神分析理論」則將遺忘解釋為個體內在的壓抑所致。「完形心理學」將遺忘解釋為受記憶結構重組的影響。「認知論」則以編碼、輸入、儲存、取用，以及短期記憶和長期記憶等概念來解釋遺忘（張春興，2003；陳皎眉等，2009）。

另有「遺忘干擾論」（interference theory of forgetting），是一種以記憶中儲存資料彼此干擾的觀點來解釋遺忘的理論。主張刺激反應連結的心理學家認為，遺忘並非經驗的消逝，而是所儲存的資料不能取用。造成儲存資料不能取用的原因，可能是新學的經驗干擾了舊經驗的回憶（倒攝抑制），也可能是舊經驗干擾了新學經驗的回憶（順攝抑制）。

記憶中被保存的稱之為「保留」，說明保留狀況的是「保留曲線」（retention curve）。相對的是「遺忘曲線」（forgetting curve），採用統計的方法，表示停止練習後遺忘率會隨時間變化（時間愈久，遺忘愈多）而變化的曲線圖（張春興，1989a）。

貳、如何增進老人的注意力

　　老年人在集中注意力方面不如一般年輕人。在選擇性刺激的注意力方面，年長者要在兩項中選擇一項時所花的時間較長，但正確性卻較高。可是要在許多項選擇其一，難度又較為複雜時，老年人之反應就明顯較年輕人為慢。年齡愈大，老人與老人之間的差別也就愈大。老年人要在同一時間進行的許多項目中選擇一項時，所需要的時間也就愈多，尤其是所選擇的事項性質較為複雜時。

　　注意力本身就是相當複雜的過程，包括了不同層面的功能：敏捷的感覺、警覺、注意力的幅度、選擇歷程的信號、準備展開接受此一刺激的歷程。這些功能決定哪些資訊被接受及接受的程度。縱然老人從接受刺激到反應的時間因人而異，他們所花的時間通常比較多。

　　影響注意的因素極為複雜，其中有兩項最為重要：其一是個體的動機或需求：在有動機、有需求的情況，會對能產生滿足的目的物特別注意。其二是刺激本身的特徵：若刺激的強度較強、變化較大、獨特性較明顯，均將特別引人注意（陳皎眉等，2009）。

　　老年人的注意力受成就動機、求知動機與好奇動機的影響。如果在學習過程中有機會獲得成功的滿足，給予實際參與的機會，將有助於老年人注意力的引發與維持。

　　老年人在工作一段時間之後，容易疲勞，因而較長時間的學習，將使老年人因為疲倦而導致注意力渙散。老年人對其已有之學習內涵，容易感到興趣，注意力也容易引發。對已有之學習經驗，印象比較深刻，也容易對與舊經驗類似的刺激，有進一步的學習意願，注意力當然比較集中，持續關注的時間也較為長久。心理活動對一定事物的集中，是智力活動的基礎條件。集中注意力就是專心一致、心無雜念。人在真正集中精神去做某件事時，能夠發揮出平常情況下無法想像的潛力，即使年紀大了，依然會有不錯的表現。

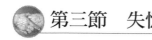

第三節　失憶

壹、失憶

失憶是記憶的遺失或損失，有如電腦記憶體資料消失，找不回來。失憶症的直接影響是無法設想未來，因為當一個正常的人想像未來時，會利用其過去的經驗建構一個可能發生的情況。例如，人們在想像將來一次聚會中出現的情況時，常利用過去的經驗來幫助建構未來那次聚會中的情景。

失憶症（amnesia，也可翻譯為「健忘症」）是一種記憶混亂的疾病。簡單來說，就是喪失記憶。原因有器官性或功能性之別。器官性包括大腦因創傷或疾病遭到損害，或使用某些（通常是鎮靜類）的藥物所造成。功能性的原因是心理因素，如心理防衛機制在運作。短暫性完全失憶症在中年老人較為常見，尤其是男性，而且通常持續不到二十四小時。健忘則是刻意回想時，過去的經驗不復記憶的現象（蕭淑貞等，2011）。

按病因來分，失憶症可分兩大類（張春興，2003；孫安迪，2006）：

1. 心因性失憶症（psychogenic amnesia）：指記憶力的喪失是心理的原因，是個人將過去痛苦的經驗予以壓抑，排除於意識之外，因而不復記憶。
2. 器質性失憶症（organic amnesia）：指大腦受傷或病變所引起的記憶力喪失。

失憶症候群（amnestic syndrome）則是包括多種症狀的失憶症，既不能學習新事物（無法形成短期記憶），也不能回憶以往的經驗（無法喚起長期記憶）。

按時間長短，失憶分為暫時失憶和永久失憶，亦可依遺忘類型分成兩種形式：順行性失憶症（anterograde amnesia）和逆行性失憶症

（retrograde amnesia）。逆行性失憶症是因意外忘卻過去特定的人事物，在小說、戲劇、電影裡是常見的題材。

解離性失憶症是由於心理原因而導致的，其種類又可包括（張春興，1989a）：

1. 心因性失憶症，屬於記憶壓抑。患者對一些造成極大壓力或創傷的事件，如暴力攻擊或性侵害，失去任何印象。事件資訊依然儲存在長時記憶裡，但卻被患者的心理防衛機制所阻擋，無法正常記憶。

2. 解離性迷遊症，由心理創傷所造成，也稱為分離性漫遊症。最常見的是對個人身分的失憶，但對一般資訊的記憶則是完整的。患者女性多於男性，年輕人多於年長的。這一類個案的失憶發作通常很突然，患者會無法回憶先前的生活或人格，主要是失去「過去的記憶」，特別是創傷性的生活事件。

3. 催眠後患者失去被催眠時的記憶。更值得注意的是「意向性遺忘」（intentional forgetting），因壓抑而產生的遺忘。因個人對不愉快或痛苦的經驗不願回想，常將之壓抑在潛意識內，因而造成遺忘。「意向」二字所指者並非意識，而是潛意識。另外「意向心態」（intentional state），指有明確意向的心理狀態，諸如信念、計畫、目的、憧憬等，均為意向心態。意向行為（intentional behavior）則是皮亞傑理論中的術語，指目標導向行為（goal-oriented behavior）。

貳、健忘與改進

健忘症的醫學用語是「暫時性記憶障礙」，是大腦的思考能力（檢索能力）暫時出現了障礙（吳靜美，2002；樓迎統等，2011）。此症狀隨著時間的發展會自然消失。與這種症狀相似的「癡呆」，則是整個記憶力出

現嚴重損傷所致。

　　健忘症屬於腦部疾患，主要由於生理和遺傳的原因，男性的發病率明顯高於女性，主要分為器質性健忘和功能性健忘兩大類。器質性健忘是由於大腦皮層記憶神經出了毛病，包括腦腫瘤、腦外傷、腦炎等，造成記憶力減退或喪失。內分泌功能障礙、營養不良、慢性中毒等也會造成健忘。功能性健忘是大腦皮層記憶功能出了問題。由於注意力不易集中，記憶在大腦皮層的特定部位常常紮得不深。

　　睡眠對於健忘有不可忽視的影響力。失眠是健忘的罪魁禍首之一，它使大腦長期處於弱興奮狀態，因此不容易接納外來資訊，無法將記憶固化，某些資訊也會因此丟失。當這種病症持續一段時間，會引發心理障礙，更難回憶起忘記的內容（馮觀富，2009）。老年人的睡眠品質不佳，也是使記憶力下降的主要原因。

　　老人如何強化記憶，避免健忘呢？具體的建議包括（彭駕騂，1999；黃富順，2002）：

1. 勤於用腦：「用進廢退」是生物界發展的普遍規律，大腦亦是如此。勤奮的工作和學習可以使人的記憶力保持良好的狀態，對新事物保持濃厚的興趣，敢於挑戰。老年人應經常看新聞、看電影、聽音樂、打電腦，特別是下象棋、圍棋，可以使大腦精力集中，腦細胞會處於活躍狀態，減緩衰老。有意識去記一些東西，如喜歡的歌詞，寫日記等，對記憶力也很有幫助。

2. 保持良好情緒：良好的情緒有利於神經系統與各器官、系統的協調，使生理代謝處於最佳狀態，從而回饋性地增強大腦細胞的活力，對提高記憶力有益。

3. 從事體育活動：運動能調節和改善大腦的興奮或抑制過程，促進腦細胞代謝，使大腦功能得以發揮，延緩老化。

4. 好的生活習慣：大腦存在著管理時間的神經中樞，有所謂的生物鐘，工作、學習、活動、娛樂以及飲食要有一定的規律，以免造

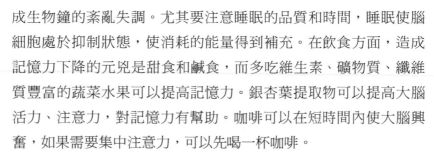

成生物鐘的紊亂失調。尤其要注意睡眠的品質和時間，睡眠使腦細胞處於抑制狀態，使消耗的能量得到補充。在飲食方面，造成記憶力下降的元兇是甜食和鹹食，而多吃維生素、礦物質、纖維質豐富的蔬菜水果可以提高記憶力。銀杏葉提取物可以提高大腦活力、注意力，對記憶力有幫助。咖啡可以在短時間內使大腦興奮，如果需要集中注意力，可以先喝一杯咖啡。

5. 摸索適合自己的記憶方法：對一定要記住的事情寫在筆記本上或手機裡，外出購物或出差時列一張單子，將必須處理的事情寫在日曆和記事本上等，都是可取的記憶方法；常聯想、有效歸類都是良好的記憶習慣。

6. 定期檢查血壓：許多高血壓患者早期並無明顯症狀，因此要及早發現，及時治療。因為長期高血壓會損害大腦細胞，甚至造成小中風，嚴重損害記憶力。

7. 吃低脂食品：日常膳食中，減少吃動物油等飽和脂肪，多吃蔬菜水果，有利於改善腦血管的機能。持續維持適量運動的習慣。肢體活動也與認知功能密切相關，可延緩腦力衰退。

8. 多進行腦力活動：如讀書看報、下棋、彈琴、學新語言、上網，均是很好的腦力鍛鍊。咀嚼也許能預防記憶力衰退。因此，常嚼口香糖是一種不增加進食量，又能刺激海馬區域的好方法。

以下問題可以檢驗你是否健忘：

1. 經常忘記電話號碼或人的姓名。
2. 已經發生的事情，短時間內就無法回憶起細節。
3. 幾天前聽到的提醒都忘了。
4. 很久以前曾經能熟練進行的工作，現在重新執行卻有困難。
5. 日常生活發生變化時，一時難以適應。
6. 總是忘記配偶生日、結婚紀念日等重要日子。

7. 對同一個人經常說重複相同的話。

8. 不管什麼事做過就忘了。

9. 忘記約會。

10. 說話時突然忘了說的是什麼。

11. 忘記吃藥時間。

12. 買東西時總是漏掉一、兩件沒買。

13. 忘記關瓦斯而把飯菜燒焦。

14. 反覆提相同的問題。

15. 記不清某件事情是否做過，例如鎖門、關電源。

16. 忘記應該帶走或帶來的東西。

17. 說話時突然不知如何表達。

18. 忘記把東西放在哪裡。

19. 曾經去過的地方再去卻找不到路。

20. 物品在經常被放置的地方找不到，卻在想不到的地方找到了。

回答了以上問題，可以大致知道自己的健忘程度。

1. 符合 0 至 5 個——正常。偶爾有些瑣事想不起來，這只是極輕微的記憶力減退，沒必要浪費時間來擔心這個問題。

2. 符合 6 至 14 個——輕微的健忘症。很多懷疑自己得了嚴重健忘症的人大多數處於這個階段。輕微的健忘症多數人都有，不必有太大的心理壓力，但應注意調整，戒菸酒，補充維生素。

3. 符合 15 個以上——嚴重的健忘症。應找醫生問診，尋找恰當方法治療。

治療健忘症須尋找發病原因，也須透過調整來減緩症狀。

電影故事

《昨日的記憶》（*When Yesterday Comes*）／台灣／2012

導演：姜秀瓊、陳芯宜、何蔚庭、沈可尚

主演：張震、隋棠、譚艾珍、顧寶明、丁強、馬
　　　之秦、郭采潔、郭尚潔、李烈

◎劇情簡介

　　由天主教失智老人社會福利基金會推動的四段式短片組成的電影。第一段是姜秀瓊執導的〈迷路〉，由主角張震的角度，訴說對失智的爺爺矛盾的心結。他想要照顧扶養他長大的爺爺，卻又無能為力。試著對「為什麼我不送失智家人去安養中心」提出某種角度的思考。張震說「幸好我有爺爺。」因為爺爺奶奶曾經「不自量力」決定要一肩擔下他這個小孫子，所以他說什麼都不會放下這個造就他的爺爺。

　　第二段〈阿霞的掛鐘〉（陳芯宜導演），則是將失智老人的「迷失」狀態與更新中的城市做一連結。老人（譚艾珍飾）記得的是三十年的都市、三十年前鄰居賣的饅頭、大樹下的歌仔戲、滿姨餐廳等等。但她的現實與三十年後的現在不同了，時間往前走，而她沒有跟上，有人可以等一等她嗎？劇末顧寶明說：「只有我記得，沒意思！」深刻點出陪伴失智老人旅途中的灰心與挫折。

　　第三段是何蔚庭導演的〈我愛恰恰〉，描述失智老人丁強，每日在公園遇見和他初戀女友同名的優雅女士，女士邀他喝咖啡並共舞恰恰。原來這女士不是別人，竟是丁強的太太。

　　第四段〈通電〉（沈可尚導演）是偏重失智症家屬的角度。李烈和郭采潔分別飾演女兒以及孫女。李烈是壓力很大的上班族，面對老化的媽媽不能只是溫柔，必須更現實的考量整體狀況，所以她沒在開玩笑地跟女兒說「如果我

以後跟婆婆一樣，妳不要客氣。」郭采潔身為孫女，還沒有那麼多社會壓力，反而可以用更多的關心和愛來包覆這一切。最後媽媽決定要送婆婆去安養中心，這段戲導演安排女兒主動要求開車，家庭權力的轉變相當明顯，也顯示老一輩終會老去。

◎啟示

　　四段短片，各自從失智者與家人的角度探究，都反映了親屬和失智者同樣需要關心，家人承受的壓力更大。如果說《被遺忘的時光》想要訴求的是「認識失智症」，那《昨日的記憶》的主題是「體諒失智症患者的家屬」。電影非常誠實而且坦白的，輕輕揭起尚未結痂的疤痕。對生命中的失去與逝去無常，《昨日的記憶》試圖以最平淡且不加偽裝的談論痛苦與矛盾，平凡但深刻。

◎討論題綱

1.這四段中哪一段最讓你／妳感動，給予最多的刺激？為什麼？

2.對於照顧失智家人，你／妳心中懷抱什麼樣的複雜情感？若必須將家人送到安養機構，可能面臨哪些挑戰與矛盾？

3.記憶停留在三十年前的阿霞，藉著掛鐘記起裝滿溫暖回憶的過去生活。試著討論懷舊治療對失智症患者的幫助與其限制。

資料來源：圖片檢索自開眼電影網（2012）。http://app.atmovies.com.tw/movie/movie.cfm?action=filmdata&film_id=fwtw51817541，檢索日期：2012年12月11日。

Chapter

8　心智——智力與失智

第一節　智力

壹、基本認識

　　智力（intelligence）究竟是什麼？是不是人到老了，腦筋就不太靈光？智力測驗對推估一個老人的效度與信度又如何？影響老人智力的因素有哪些呢？我們先看一個實例。

　　James T. Trotzer 與其夫人 Tony B. Trotzer 是美國威斯康辛大學瑞佛校區的一對夫妻，自 1980 年開始即投身於失智症的研究，並經常到附近兩三所老人教養院從事心理輔導研究。在 2003 年他們所發表名為《那一對雙胞胎姊妹》一書中，對所追蹤的一對同卵雙生女提出研究報告。他們首先在一所老人教養院中，發現 Mrs. Haman，阿茲海默症患者；繼而發現其姊姊 Mrs. Kim，不但活躍於社交場合，而且擁有兩家大賣場，聰明伶俐。

　　引起他們高度注意的是，為什麼秉持著天賦相似，而且童年所走過的腳步又幾乎完全一樣的同卵雙生女，55 歲時有這麼明顯的差異。

　　在密集訪問 Mrs. Kim 之後，才發現她們於 8 歲的時候，因父母車禍雙雙死亡，於是她們分別被送至兩個不同教育、不同職業的家庭領養。Mrs. Kim 的養父是一位非常有愛心的傳教士，是頗得信徒景仰的聖職人員；Mrs. Haman 則由一個工廠的大領班領養。姊妹 9 歲以後就展開了完全不同的命運。

　　Mrs. Haman 完成了八年級教育之後，就進到她養父的工廠工作，一晃到了 25 歲，嫁給 Mr. Haman 之後，連續生了四個小孩，而且也升為領班。工作是單調乏味的，加上 Mr. Haman 在一次工作意外死亡之後，她就完全負起單親媽媽的責任，日以繼夜的打工才勉強換來一家溫飽。好在孩子都很懂事，先後從社區大學畢業，也都先後嫁娶。他們在媽媽 50 歲

生日過後，就發現 Mrs. Haman 整天精神恍恍惚惚，老是丟三掉四，被工廠資遣後情形更糟。後經診斷為中度的阿茲海默症，之後就送入老人安養院。這樣好幾年過去了，經診斷可能已經是重度的阿茲海默症，使得四位子女整日憂憂悲悲。

相反的，Mrs. Kim 不但完成了大學教育，還在研究所以優異成績取得會計學碩士，隨即進入一所頗有名氣的會計師事務所工作，年年高升。接著在 Mr. Kim 的協助下，陸續經營兩個規模不小的大賣場，事業欣欣向榮。同樣是 55 歲的姊妹，一則形容枯槁，一則美艷華貴；一位重度失智，一位伶俐不減當年。同樣的基因，幾乎相似的童年往事（至少在 8 歲以前），為什麼有這麼大的差別？James Trotzer 指出了一個殘酷的事實：一個人所受教育程度愈低，職業愈缺乏挑戰性，智慧之發展愈差，生命之自我觀亦愈低，抱負層次（level of inspiration）愈低。Trotzer 夫婦同時指出，不少教養院裡的中老年人，教育水準偏低，所從事的幾乎是不需要什麼專業技巧的工作。

智力與適當刺激對人的影響之大，由此案例可知。張春興（2003）解釋：「智力是個體在推論、想像、創悟、判斷，以及生活適應等方面的能力。智力是個體自身之遺傳條件，在其生活環境中與人、事、物接觸而產生交互作用時，表現出善用以往經驗，隨時吸收新知，因時因地因應變局，迅速見及困難之關鍵，並經思考、推理、判斷以解決問題的綜合能力。」Perlmutter 和 Hall（1992）則將智力界定為個體心智的一切活動，從而增進面對環境的各種情況，有效地發揮其功能。

智力究竟是單一或複雜的能力表現？早在二十世紀 40 年代學者 L. Thurston 就指出，智力是建造在七個要素之上，也就是基本心智能力，包括語意的瞭解、數的觀念、空間的概念、感覺的速度、記憶、推理與語文表達等能力。這些要素各有其不同功能，因此每一個人發展出獨特的智能模式。

到了 1970 年代，J. P. Guilford 則以為智力應不限於七個要素，而

強調運作之過程。他將資料正確性的評價（evaluation）、邏輯的思考（convergent thinking）、差異的思考（divergent thinking）、認知與記憶列為其中最主要項目。同時認為所有訊息的資料應分為單元、組合、關係、系統、遷移與應用等六種型態。Cattell 則將智力分為液態智力（fluid intelligence，又譯為流體智力）與晶態智力（crystallized intelligence，又譯為晶體智力）兩種。前者指人們對圖形、物體、空間關係的認知、記憶等形象思維能力有關的智力；後者則指人們對語言、文字、觀念、邏輯思考等抽象思維有關的智力。Gardner 則提出多元智力的觀念，認為智力是包括語言、音樂、邏輯數學、空間、肌體運動、自知以及人際關係等七方面的綜合能力（張春興，2003；Cattell, 1971; Schaie & Carstensen, 2006）。

由以上各家之理論可以獲得一個結論，那就是智力的本質是由不同的心智能力所綜合而成。

正如個體其他的行為，智力也是發展而成的，個人的智力隨年齡的增長而增加。然而智力發展在什麼年齡達到高峰？又在什麼時候開始下降？一個老年人的智力一定比年輕人差得很多嗎？

說明長者某種智力下降，而某種智力保持不變的學說是 Perlmutter 和 Hall（1992）所提出的「三層次系統」。他們認為智力包括三個不同層次：訊息的進展、訊息的瞭解與思考的作用。第一層次（機械式技能）是液態智力之初步功能；第二層次（晶體技能）是各種知識，屬於晶態能力；第三層次（綜合技能）是邏輯思考，屬於高級心智功能。

智力三層次的理論有助於說明老年期智力的變化。年齡漸老，第一層次（也就是生物的層次）可能因為健康不佳或生物老化的現象而漸漸衰竭，但是第二、第三層次則屬於心理層次，相對地不易減少。由於認知系統仍然相對的活躍，因此功能仍然保持，儘管第一層次已出現了品質的下降。認知的基本運作過程中，液體智力的能力，在老年期已不如中年那麼重要。

第一層次訊息的進展，包括了注意力、反應的速度、記憶與思考，

在童年以後即已開始，除非遭遇到外傷或疾病，都將保持穩定的發展，一直到老年的晚期。第二層次是瞭解外在的訊息而將之儲存，做必要的各種運作準備，是不會隨年齡的老化而衰退的。第三層次也就是後設認知，從知其然，進而發展到知其所以然的地步，也就是說，個人對認知之認知，往往隨著年齡的增長而增長的。

貳、老人智力退化？

「腦力衰退論」曾經盛行。該理論的重點是人年過 30，腦部每天就會損失 10 萬個神經細胞，到了 70 多歲，腦的表面積會比在 20 歲時減少 10%。可是有不少科學家認為此數字並不正確，因為並未考慮諸如營養、疾病、生理及心智活動等可能改變腦部結構的眾多變項。正常健康的大腦未必會隨年齡而損失神經細胞，腦和腦神經雖然因損失細胞間的突觸而縮起其容量，但是在某些情況下，腦部仍能產生新的神經突觸，發揮其應有功能。就算在老年健康不良的情形下，損失了一些腦細胞，腦的可塑性還是能及時地加以彌補。腦細胞在某些限制的情形下，仍然可以重組及彌補腦部所受的傷害（洪蘭譯，2002；蔡承志譯，2005b）。

無法正確辨識的衡量就沒有辦法認定一個人的智力，因此智力測驗也就應運而生，最常見的是標準測驗。如果測驗的結果有很高的效度和信度，那麼個體在這一個測驗中所得到的分數，可以看出或預測他在類似情境中的智力表現。常用於瞭解老人智力測驗的是 WAIS（Wechsler Adult Intelligence Scale），中文翻譯為魏氏成人智力量表。

魏氏成人智力量表包括兩大部分：語文部分與運作部分。再分為若干分測驗，每一個分測驗均針對更特殊的語文或非語文的技能而命題。量表中的細目由淺顯，逐漸增加其難度。每一個量表都是不連續的，而中斷於受測者不能回答好幾個題目的時候。測驗之程序是先由語文部分開始，繼之以非語文部分。

　　魏氏成人智力量表不同於其他智力測驗者，其文字分測驗大部分是衡量其智慧能力，尤其在某些重要領域中的知識儲存量，特別著重於資料處理、理解力、數字與字彙，其他內容包括歷史的史實、文學的內涵、生物的事實、數學的瞭解、對環境的認識及字句的熟練。測驗的目的，一方面在瞭解受測者之理解力，另一方面在評量回答或實際操作的正確度與時間速度。結果的評量方式，是比較其成績與同一年齡其他受測者之分數。WAIS 受測者之年齡包括 20 歲以上至 75 歲之成人。測驗所得之分數，可按量表之常模，換算成智力商數（intelligence quotient, IQ）。

　　WAIS 受測之結果，經由美國 Duke 大學長達十年之檢測，發現受測者在非語文部分之成績是年齡愈高者愈低；在語文部分雖也有下降趨勢，但不像非語文測驗部分那樣明顯。為什麼從 WAIS 及其他類似的成人智力量表，老年人的智力都在下降，原因包括（彭駕騂，1999；Goldberg, 2005）：

1. 一般智力測驗之編製，大多考慮液體的智慧，出題多偏於圖形、物體、記憶等形象思維的能力，結果自然不利於老年人，因此顯現出老年人智力衰退的一面。實際上年長者可能有不同的心智能力。整體而言，無法顯示老人的情況惡化到非常嚴重的地步。

2. 年長者出生的環境與成長的歷程，大多傾向於保守而減少刺激，不利於複雜的學習、敏捷的反應、反覆的思考及主動求知。因此對須立即反應、爭取時效的測驗題目，往往力不從心。

3. 整體而言，老年人所受教育的年限，都比年輕人來得短；工作職場上所獲得的技能有些是屬於藍領階級的層次，因此缺少變化性的刺激，導致在各種智力測驗上表現不可能很好。

4. 老年人多數不喜歡腦筋急轉彎或嘗試錯誤的題目，而且對於一定要在某些時間中完成的解答，容易心慌意亂。卻可能在一些須充分思考的題目，比較感到興趣。

5. 很多測驗題目需要記憶才可作答。老年人的記憶力自然比不上年輕人，尤其是音節、字母的記憶方面特別差。

　　老年人的測驗結果不佳，一定是因為年齡的關係嗎？是不是由於腦細胞喪失、動脈硬化或者其他生理系統的變異，導致影響神經系統的正常運作？都有待進一步研究。

　　僅憑老人智力測驗所顯示的分數高低，來斷言其智力之退化，有未盡周妥之處。在編製有關老人的智力測驗時，更須斟酌考慮老人智力之多元性。

 第二節　失智症

壹、基本認識

　　很多人都認為，智力低沒關係，千萬不要失智。從前對智力較低、愚笨不太懂事的人，本地話叫做「戇呆」，主要在描述青少年人。到了老年，有些人對一些事情出現反覆、囉唆的行為或語無倫次，有人稱他們為「老番癲」，這是對失智症早期症狀的說法。在電影《被遺忘的時光》中，有幾個案例：

案例一

　　一位阿嬤到墓園祭拜亡夫，阿嬤卻像剛得知噩耗般震驚、悲傷，責怪旁人為何沒早告訴她。她一路哭泣，從找丈夫到找媽媽，再誤認女兒為姊姊，記憶不斷跳接⋯⋯

案例二

　　高齡 80、曾奉派暗殺毛澤東失敗的退休情治人員一直懷疑自己是被軟禁，認為身邊的人都是匪諜⋯⋯

案例三

　　阿嬤的多位姊妹來探視她，她起初能一一叫出名字，相互擁抱，傾

吐委屈，只見一群老人淚眼縱橫。沒想到一會兒後，她又翻臉不認人了，頻問「妳們是誰啊？」……

上述案例與失智有關，失智是「一度發展至顛峰狀態的精神機能，由於腦部器質性障礙而造成全面性的降低」；也就是說，精神機能沒有問題的成人，因為腦部疾病或因頭部外傷而引起相關的機能降低。失智症（Dementia）則專門指失智症狀引起的疾病，但也有學者認為失智並非疾病，而是一種描述漸進式功能退化症狀的名詞，特別會影響到記憶、注意力、語言與解題能力，嚴重時會無法分辨人、事、時、地、物。失智症可分為可逆或不可逆，視疾病成因而異，只有不到 10% 的失智症是可逆的（葉紋芳、蔡如婷譯，2006；Cox, 2007）。

失智症大致分為兩類：退化性、血管性。但患者有時會存在兩種或兩種以上的病因，最常見的則是阿茲海默症與血管性失智症並存（又稱為混合型）（易之新譯，2004；朱迺欣，2011；Shankle & Amen, 2004）。

一、退化性失智症

大部分患者都是屬於這類型，按照發生機率依序說明重點如下：

1. 阿茲海默症（Alzheimer's Disease）：1906 年由德國 Alois Alzheimer 醫師發現，因此以其名命名，是最常見的失智症。早期病徵最明顯的是記憶力衰退，對時間、地點和人物的辨認出現問題，為兩種以上認知功能障礙，屬進行性退化並具不可逆性。這是神經退化性疾病，其腦部神經細胞受到破壞，醫生可透過電腦斷層及核磁共振判斷，因為阿茲海默症初期以侵犯海馬迴為主。病患往生後進行腦解剖，可發現異常老年斑及神經纖維糾結。臨床病程約八至十年。

2. 路易氏體失智症（Dementia with Lewy Bodies）：為第二常見的退化性失智症，除認知功能障礙外，早期就可能伴隨著身體僵硬、

手抖、走路不穩、重複地無法解釋的跌倒現象。有比較明顯的精神症狀，例如：明顯的視或聽幻覺、情緒不穩或疑心妄想等症狀發生，平均好發年齡是 70 歲以後。

3. 額顳葉型失智症（Frontotemporal Lobe Degeneration）：腦部障礙以侵犯額葉及顳葉為主，特性為早期即出現人格變化和行為控制力的喪失，常常會出現不合常理的行為舉動，早期就出現語言障礙。例如表達困難、命名困難等漸進性退化現象。平均好發年齡是 50 歲以後。

二、血管性失智症

因腦中風或慢性腦血管病變，造成腦部血液循環不良，進而導致腦細胞死亡，因而智力減退，包括中風後血管性失智症和小血管性失智症。中風之病人若存活下來，約有 5% 的病人會立即出現失智症狀，五年內得失智症的機會約 25%。其特性是認知功能惡化且有起伏現象、呈階梯狀退化，常出現動作緩慢、反應遲緩、步態不穩與精神症狀。

三、其他因素導致之失智症

另有些失智症是由特定原因所造成，經過治療之後可能有機會可以恢復，這些失智症的病因有：

1. 營養失調：如缺乏維他命 B_{12}、葉酸等營養素。
2. 顱內病灶：如常壓性水腦症、腦部腫瘤、腦部創傷等。
3. 新陳代謝異常：如甲狀腺功能不足、電解質不平衡等。
4. 中樞神經系統感染：如梅毒、愛滋病等。
5. 中毒：因藥物、酗酒等。

可治療型失智症則有下列幾大類：

1. 腦瘤：大部分症狀都是慢慢被發現的。根據腦瘤生成的位置、種

類，而有不同的症狀。

2. 慢性硬腦膜下血腫：有些老人因跌倒導致頭部受到撞擊，兩、三個月後突然出現有如失智般的症狀，並發生意識障礙。

3. 常壓性腦積水症：從數日開始至數週之間，出現記憶喪失、行走困難、尿失禁等症狀。

4. 甲狀腺機能不足：無力、嗜睡，看似憂鬱。

5. 維他命缺乏症：如維他命 B 群、維他命 C 等。過度飲用酒精或胃切除之後等營養攝取出現障礙時。

6. 肝性腦病變、肺性腦病變、腎性腦病變：因肝功能障礙、腎功能障礙而引起血液中的化學組合產生變化；或因肺功能障礙引發血液中含氧量降低所致。

7. 不當使用藥物：服用安眠藥、抗焦慮藥、降壓劑、感冒藥、糖尿病用藥及其他等各種藥劑而呈現暫時失智的症狀。

　　另外是憂鬱症假性失智的問題，這是發生於憂鬱症老年人身上的暫時性失智症狀，只要憂鬱症痊癒，失智症狀也會自然消失。

貳、盛行率與人數

　　失智的比率與年齡有密切關係。依據行政院衛生署 93 年度委託台灣失智症協會進行「台灣失智症機構照顧需求之調查——長期照護機構失智症患者之盛行率調查」，參考失智症流行病學研究學者 Jorm 所發展以曲線估計所做的成長評估模式，再利用台灣四個不同地區調查所得的盛行率平均值，經回歸分析計算得出台灣社區失智症盛行率是：65 至 69 歲為 1.2%、70 至 74 歲為 2.2%、75 至 79 歲為 4.3%、80 至 84 歲為 8.4%、85 至 89 歲為 16.3%、90 歲以上為 30.9%。以「經建會 2010 至 2060 年臺灣人口推計報告」之全國總人口成長低推計報告為母數，再以各年齡層之失智症社區盛行率進行推計，得出人數大致如**表 8-1**。

表 8-1　台灣地區社區失智症人口推計數

西元年	2010	2011	2012	2016	2026	2036	2046	2056	2060
民國年	99	100	101	105	115	125	135	145	149
全國總人口（千人）	23,161	23,202	23,240	23,338	23,187	22,358	20,682	18,267	17,190
65歲以下（千人）	20,675	20,674	20,644	20,223	18,240	15,796	12,976	10,371	9,349
65-69歲（千人）	8,832	8,664	8,952	13,344	19,452	19,548	21,564	17,904	17,940
70-74歲（千人）	14,256	14,696	14,916	14,498	30,074	35,002	33,902	33,748	30,866
75-79歲（千人）	21,371	21,414	21,844	24,811	39,216	58,996	60,544	67,768	64,371
80-84歲（千人）	30,576	31,332	31,836	32,760	39,648	87,696	105,504	104,664	116,340
85-89歲（千人）	28,525	30,644	33,089	41,239	55,583	96,985	153,383	162,837	160,555
90歲以上（千人）	20,703	23,175	25,956	40,170	71,997	102,588	233,913	324,141	333,411
社區失智總人口	144,938	150,599	157,237	187,045	274,210	416,611	621,786	721,433	732,832
社區65歲以上失智人數	124,263	129,925	136,593	166,822	255,970	400,815	608,810	711,062	723,483
社區65歲以上失智占總人口比率	0.5%	0.6%	0.6%	0.7%	1.1%	1.8%	2.9%	3.9%	4.2%

資料來源：衛生署，2010；台灣失智症協會，2008。

說明：依據失智症流行病學研究學者 Jorm 所發展的成長評估模式，再利用台灣四個不同地區調查所得的盛行率平均值，經回歸分析計算得出。

我國老年人口由 2012 年 260 萬人持續增加，至 2060 年預計增加為 784.4 萬人；同期間，占總人口比率則由 10.7% 上升為 45.6%。我國於 1993 年老年人口占總人口比率超過 7%，已成為高齡化（aging）社會；預計於 2017 年此比率將超過 14%，成為高齡（aged）社會，2025 年此比率將再超過 20%，成為超高齡（super-aged）社會。推估到 2056 年失智人口將達 62 萬人。與 WHO 資料比較，台灣不到二十年失智人口即倍增，比全球之成長率更快。台灣的失智人口到 2060 年時將逼近 80 萬人。照顧失智老人的社會成本，將非常沉重。

在機構失智症盛行率方面，衛生署 93 年度委託台灣失智症協會「台灣失智症機構照顧需求之調查——長期照護機構失智症患者之盛行率調查」研究中，共隨機抽樣 60 家安養護機構及護理之家，隨機抽樣 1,525 位65 歲以上老人，其中 1,308 位完成二階段評估，共有 631 位老人被診斷為失智症。安養機構內失智症盛行率為 26.8%，安養護機構高達 61.8%，護理之家更高達 64.5%。整體狀況呈現在**表 8-2**。

表 8-2　機構內老人數及失智比率

機構別	入住人口數	65 歲以上比率	失智症機構盛行率	推估人口數
安養機構	6,388	97%	26.8%	1,661
養護機構	30,288	88%	61.8%	16,472
護理之家	21,208	93%	64.5%	12,722
總計	57,884	--	--	30,855

資料來源：內政部統計資訊服務網、行政院衛生署，截至 98 年 6 月。

說明：依據內政部 98 年 6 月底身心障礙人口統計，身心障礙手冊申請人口中只有 28,639 人為失智症患者，顯示仍有許多失智症患者尚未就醫。

參、危險因子

綜合彭駕騂（1999）、易之新譯（2004）、Cox（2007）等之理論，歸納出失智症的危險因子如下：

一、酒精中毒

美國中風患者中，5% 是酗酒者。每天濫醉的人，增加了中風、心臟病與血管性失智症的可能性。但滴酒不沾的人也不見得絕對不會有中風或心臟病。大量酒精會造成下列幾個嚴重效果：

1. 阻礙了將鈣質輸送至細胞，減低了神經元自然活動的能力。
2. 阻礙了將氧輸送，產生熱量的中心。
3. 干擾了神經元的輸送，影響學習與記憶。

二、高血壓

高血壓是失智症與老人病的最危險因了之一。超過 65 歲以上的人，有 60% 出現高血壓症狀。它是心臟病發作與中風的主要危險因子，也是造成失智症的主要因素之一。

依照世界衛生組織對高血壓的定義，高血壓指收縮壓高於 160 毫米汞柱，舒張壓高於 95 毫米汞柱。成人血壓正常定義是收縮壓低於 140 毫米汞柱，舒張壓低於 90 毫米汞柱。慢性及中度嚴重高血壓會大量減少流向心臟、眼睛及腦部等身體大部分器官的血流，使血管腔變窄，使流經血管中富有營養素的血液量受到限制，造成體內細胞的氧氣和營養素也變少。長久之後，如果情況沒有改變，細胞很容易就會為阿茲海默症所造成的傷害侵襲。

慢性高血壓會造成認知能力衰退。慢性高血壓最可能影響記憶，因為會讓血管變厚、硬化。高血壓如果一直不加治療，會導致晚年出現記憶喪失及阿茲海默症的症狀，還產生其他健康問題。糖尿病與心臟衰竭的老年人，失智的可能性更高。

三、高膽固醇

膽固醇過高是心臟病發作的危險因子，也會導致認知的衰退。膽固

醇過高會出現動脈粥樣化（atheroma）的症狀，是動脈硬化的一型。脂肪沉澱在動脈管壁上漸漸結硬，並且積聚起來，形成條狀的圓形斑塊，加上動脈硬化，使動脈變窄。動脈出現硬塊的地方，血液不能暢流，造成動脈栓塞。

動脈粥樣化，早期並無特殊症狀，等到動脈縮窄，開始影響血液循環，受影響部位運動後便會引起胸痛。腦部也受影響：短暫出現難以保持身體平衡、視覺模糊、言語不清、手腳活動欠靈活等毛病。

中年時膽固醇過高者（高於 250mg/deciliter），在晚年罹患阿茲海默症的機率，是中年時膽固醇指數正常者的 2.2 倍。如果膽固醇過高，加上血壓也較高者，罹患阿茲海默症的可能性是一般人的 2.8 倍。假如膽固醇過高，加上血壓高達 160 毫米汞柱，罹患阿茲海默症的機率更是一般人的 3.5 倍。膽固醇過高，會嚴重影響記憶力，造成認知能力受損與失智，同時也可能造成患者極端外向，經常有憤怒的情緒。

四、糖尿病

糖尿病是我國十大死因之一。隨著飲食豐富與生活型態的轉變，很多人吃得好、運動少、體重增加、精神壓力大，糖尿病患自然增多。有些人的胰腺不能產生足夠的胰島素，身體不能正常地利用食物中的糖和澱粉質（碳水化合物），因而在血液和器官組織中積聚糖，引發糖尿病。糖尿病幾乎傷害每一器官，包括頭腦，它使血管硬化、易碎，增加了中風、心臟病、高血壓，與血管性失智症的危險。如果糖尿病患者無法保持正常值的血糖，必然會損及記憶與認知的功能。如果治療不當，造成血糖過低，也會傷及記憶與認知功能。

糖尿病目前無法根治，只能適當治療與控制。良好的控制必須飲食、藥物、運動等多管齊下，控制不良則可能出現合併症。急性的合併症可能導致意識混亂、昏迷、休克的糖尿病酮酸中毒等；慢性的合併症包括冠狀動脈病、腎臟病、視網膜末梢血管病變，不僅造成生活不便，還有致

命的危險。不過，良好控制糖尿病的患者，只要時時注意自己的血糖，處理得當，還是可以過正常生活的。

五、腦損傷

在台灣十大死因中，歷年都以意外事故名列前茅，而意外事故中又以車禍與腦損傷最多。

腦傷害，不論肇因於車禍，或是運動傷害，乃至毆打成傷，都傷害認知的能力，尤其是因腦受傷而失去意識的時間愈久，愈有可能造成部分失智。

激烈運動可能是腦傷害的殺手，最麻煩的是當事人一時未能覺察其嚴重性，以為事出意外，等到若干年之後，另一傷害事故使舊疾復發，其危險性倍增。腦部受到壓力，不管是腦內出血，腦水溢流，還是腦骨受傷，都可能造成莫大的悲劇，應該從速延醫診治。

六、腦中風

中風是腦內某部分的血液供應中斷，以致身體某一部分突發失去機能的現象。中風有兩大類：

1. 完全性中風：身體機能嚴重喪失，恢復得很慢，而且只有部分機能可以恢復。
2. 短暫性腦部缺血：僅有輕微的機能喪失，幾分鐘即可恢復，但有復發的可能。

中風是失智症一個主要因素。中風患者演變為血管性失智症的機會是一般人的 6 至 10 倍。縱然輕微的中風，小至如一塊鉛筆頭橡皮，增加血管性失智症的機會仍有 4 倍以上。如果一位間斷性中風的患者，不論有無明顯症狀，演變為失智症患者之機會更高於常人 20%。多次的小中風更會加快輕度阿茲海默患者症狀惡化的速度。

影響大血管的中風，是腦部一大塊區域缺乏氧氣與營養素所造成。小中風則由於小血管受到影響，因為每一條小血管只負責供給一小區域的腦部（約米粒大小）養分，因此病人可能不會注意到某些突然發生的問題。但是當小中風累積起來，會導致病人思考及解決問題的能力變得遲鈍，可能出現記憶喪失的現象。然而，光是幾次小中風，不足使人們的心智狀態急遽退化。至於大中風發作時，就可能出現精神混亂、睏倦、小便失禁等症狀。如果病情更嚴重，甚至會不省人事。

七、藥物濫用

濫用藥物必然傷及大腦，嚴重的話影響心智能力的正常運作。不論是古柯鹼、大麻、安非他命，或其他含有高度咖啡因的藥物，都嚴重損傷大腦的功能，傷害了神經元。扼要申述不同藥物對腦部之傷害如下：

1. 古柯鹼中毒性腦疾患（Cocaine Organic Mental Disorder）：使人覺得一時特別警覺清醒，高興喜悅、誇大好勇，但是卻出現瞳孔放大、血壓高、出汗、發冷、嘔吐及噁心、心跳加快等生理現象，嚴重時甚至致命。

2. 大麻中毒症（Cannabis Intoxican）：特點為出現神志不清、感覺敏銳、注意力不易集中的現象。生理上會出現角膜充血、嘴乾口裂，有時還附帶產生極端焦慮、懷疑、判斷不良等現象。

3. 安非他命類中毒症：症狀與古柯鹼中毒時情況相同。但妄想及幻想出現時間較長，而且經常出現妄想症的各樣症狀。

4. 嗎啡中毒症：出現瞳孔縮小、動作遲緩、冷漠無表情、注意力及記憶欠佳等神經系統症狀，病情嚴重時，還可能併發肺水腫。

綜合而言，個體在成長發展過程中，所受到的挑戰與啟發愈多，其心智能力的發展也愈為快速。正面的挑戰與啟發會刺激腦部結構與功能，以回應外在需求與刺激的不斷變化。持續學習就會不斷帶來神經網路的結

構性變化，每個神經元與其他神經元連結的方式也可以改變。學得愈多，腦內的連結就變得愈複雜緊密，為整體中樞神經帶來更豐富的彈性，產生的實際效果就良好，罹患阿茲海默症或任何認知功能衰退的機會與風險就愈小。

　　教育程度高的人就算不幸罹患任何退化性疾病，發病時間通常也會晚於教育程度較低，也就是說，心智不正常時間縮短，延遲了癡呆或者年老相關性知能退化病症出現的時間。

第三節　症狀與迷思

壹、症狀

一、初期症狀

　　失智症患者的早期症狀與其過去從事的工作及社會功能有密切關係。為增加醫師和民眾對失智症早期症狀的認知和警覺性，以增加早期診斷失智症的機會，可參考美國失智症協會提出了失智症十大警訊。如果發現自己或家裡長輩出現了下列所列十大警訊時，應該立即尋求專業的神經內科或精神科醫師進行完整的檢查和診斷，依據結果來決定治療的方向，可延緩部分症狀的惡化。不要以為這些是老化的必然現象而延誤治療時機。下列症狀都是重要的線索（許桂錦譯，2011；游紫玲、游紫萍譯，2011）：

1. 記憶減退影響到生活和工作：一般人偶爾會忘記開會時間、朋友電話，但過一會或經過提醒會再想起來。但失智症患者忘記的頻率較高，而且即使經過提醒也無法想起，患者常常重複發問。
2. 無法勝任原本熟悉的事務：患者對於原本熟悉的事務喪失既定的

步驟，而難以順利完成。例如數學老師對於加減算數常出錯、英文老師不知 "book" 是什麼、年輕即開車的司機伯伯現在卻經常開錯路、銀行行員數鈔票有困難、廚師不知如何炒菜等。

3. 言語表達出現問題：一般人偶爾會想不起某個字，但患者想不起來的次數頻繁，甚至會用其他的說法來替代簡單的用字。例如：「送信的人」（郵差）、「用來寫字的」（筆）等。

4. 喪失對時間、地點的概念：一般人偶爾會忘記今天是幾號，在不熟的地方可能會迷路。但患者會搞不清年月、白天或晚上，甚至會在自家周圍迷路而找不到回家的方向。

5. 判斷力變差、警覺性降低：患者常會有不適合氣候溫度的穿著，喪失正確判斷力的結果使得他們可能聽信成藥等推銷廣告而付出大量金錢、買不新鮮的食物、借錢給陌生人、開車易發生交通事故或出現驚險畫面、過馬路不看左右及紅綠燈等。

6. 抽象思考出現困難：在言談中對抽象意涵無法理解而有錯誤反應，在日常生活中對於微波爐、遙控器、提款機的操作指示說明無法理解。

7. 東西擺放錯亂：一般人偶爾會任意放置物品，但失智症患者卻更頻繁及誇張，將物品放在不合常理或不恰當的位置，例如水果放在衣櫥裡、拖鞋放在被子裡、到處塞衛生紙等。

8. 行為與情緒出現改變：一般人都有情緒的起伏，但失智症患者的情緒轉變較大，易怒，或亢奮或憂鬱；也可能出現異於平常的行為，例如隨地吐痰、拿店中物品卻未給錢、衣衫不整就外出等。

9. 個性改變：一般人年紀大了，性格也會有些許改變。但失智症患者更明顯，例如：疑心病重、口不擇言、過度外向、失去自我克制；相反地，也可能沉默寡言、特別畏懼或過於依賴某個家庭成員等。

10. 活動及開創力喪失：一般人偶爾會不想做家事、不想上班工作。

但失智症患者變得被動，常在電視機前坐好幾個小時，睡眠量比平常大，須他人一再催促才會參與，而原本的興趣嗜好也不想去做了。

二、核心症狀

引起老人失智症的原因很多，腦細胞損傷、由該細胞所擔任的機能損傷所造成的核心症狀，以及該核心症狀受到環境、心理狀況、先天素質等複雜的交錯關係，在相互影響下引發周邊症狀。失智症的核心症狀主要有以下幾種（易之新譯，2004；Cox, 2007）：

1. 記憶功能障礙：記憶是一種歷程，要先從龐大的訊息中選擇並捕捉需要的訊息，這是立即記憶及短期記憶；再從取得的訊息中篩選更重要的訊息儲存在腦海中以形成長期記憶，必要時還要從記憶系統中提取需要的部分，此時主要是在回憶。上了年紀記性會變得較不好，但阿茲海默症的患者，剛開始就是比較嚴重的健忘。若經過仔細觀察發現，這和隨著年齡增長而造成的健忘又是不一樣的記憶力減退。罹患失智症的老年人，對於近期發生的事情記憶能力較弱，甚至可能完全無法留住任何新的訊息，到最後連原本固定儲存在腦中的記憶也開始瓦解。記憶的瓦解會從近期的記憶開始，原來記得的舊記憶會依序從新到舊漸漸流失。

2. 理解／判斷功能障礙：失智症發病時，病患會愈來愈難把抽象的訊息和具體的行動連結在一起。例如：「糖尿病的熱量控制很重要」及「因此必須戒掉吃零食的習慣」，雖然病患能夠充分瞭解這兩句話，卻無法將不可吃冰淇淋的具體規範跟「不准吃零食」這種抽象的指示互相結合，這類的狀況就屬於抽象思考障礙。雖然失智老人在外觀上似乎理解對話中的抽象觀念，但無法將其應用在具體的行為判斷，就稱不上真正理解該訊息。如果病患對收到的訊息已經出現難以理解的情形，在進行正確的判斷時自然會出

現障礙。以阿茲海默症為主的失智症病患，在健忘症開始明顯之前，其理解、判斷力通常會先出現障礙。

3. 情緒表達的變化：一般人情緒表達的階段大致是：(1) 我耳朵聽到這件事；(2) 腦海想起這些話的意思；(3) 瞬間掌握是誰在何種狀況下說這些話，動員目前為止所經驗過的記憶與知識使大腦進行綜合的判斷；(4) 內心浮現某種情緒；(5) 情緒表達之前，再次動員記憶與知識，進而判斷出適合該場合的情緒表達；(6) 最後才把情緒表達出來。失智症惡化及發生語言理解障礙的特殊失智症患者，在 (2) 的階段就出現障礙，這時無論聽到什麼都不清楚，因此無法表現出原本應有的情緒反應。在 (3) 到 (5) 的階段出現障礙，同樣是因為對整個狀況的判斷不同所引起。由於無法判斷複雜的狀況，患者無法預測自己的情緒表達會帶給周圍多大的影響，也判斷不出自己行為的對錯，因此情緒表達一再出現差錯。失智症末期幾乎看不出情緒表達。(6) 的情緒表達機能出現障礙，也是血管性失智症常見的情緒失控症狀。

4. 個性的變化：失智症造成的個性變化，會根據不同的腦部障礙有不同的改變方向：一是與生俱來的個性傾向消失殆盡；二是後天習得的個性消失，逐漸露出原有的天性。整體而言，阿茲海默症屬於前者，而血管性失智症以後者為多。一旦阿茲海默症病程持續發展，每位病患的行為和表情看起來幾乎都很類似，並逐漸失去個人特徵，稱為「人格空洞化」。血管性失智症會使原本溫文有禮的人變得超乎想像的任性，甚至使用暴力，這種現象是「人格尖銳化」。

5. 行為機能障礙：指失智老人日常生活或社會生活的執行功能發生障礙。症狀稍輕微的失智症患者，會出現無法順利操作家電或提款機等須使用按鈕的行為，因為失智症引發的高層次腦機能障礙，無法將按鈕操作的動作和在機械中發生作用有效連結在腦海

中。另外，失智症中的方向認知障礙，是對於地點或空間辨識的
障礙。

貳、迷思與澄清

對於失智症的真相存在須進一步澄清的一面，對下列三點迷思特別
須加以闡明（蘇瑩文譯，2006，杉山弘道，2011）：

迷思一：老了，當然會退化

自古以來，人們對生命過程中的「老」這一階段，似乎就一直沒有
什麼好感。老與病也常常被聯想在一起，老了也好像就要準備報廢，因此
就有了「老朽」這一個詞，似乎說老了就應該「朽」；清末名著《老殘遊
記》，意味著老了，跟殘障只不過是一線之隔罷了。

因此一談到失智症，多數人馬上就聯想到老。當然年紀大可能有點
糊塗，人們認為 60 多歲的人變得衰老，或有一些失智的徵兆，視之為正
常現象，而欠缺正確判斷。因為人老了，腦中的細胞有減少跡象。

事實上，老年人並不會每天喪失數以千計的腦細胞，頭腦所以出現
部分萎縮，主要是有些腦細胞變薄所造成。腦細胞萎縮會使大腦處理問題
的能力變慢，而非老人就無法獲取新資訊或形成新的記憶。成年人的大腦
仍會繼續長出新細胞，腦部支配心智的部分並沒有完全退化。古今中外，
不少聖賢俊彥，都孜孜不倦地在其晚年，讓自己的智慧展現名垂千古的不
朽事功。

老與失智症並無直接關係。那些自覺老夫耄矣，無法再成長，可能
是推卸自己再進修成長之責任而已。

迷思二：失智症被認為是悲慘的

失智症的病人，大多數是因併發症而死亡，但是卻可經由有效的診
治看護而延長壽命。失智症初期各項症狀，常被患者或其家人所忽略，錯

過了及早診治的機會，等到病況相當明顯惡化時，往往已是太遲。

根據美國心理學家大衛 · 斯諾登博士（Dr. David Snowdown）針對 678 位修女所進行的「修女研究」顯示，縱使患有阿茲海默症若干年，其差異性相當明顯。許多老人透過後天的努力，使失智症延緩出現，甚或不再出現，而享受愉快的老年。

迷思三：失智症都是隨機而無從事先覺察

許多人相信失智症都是突然間發作，無從事先覺察，事實不然。多數疾病都有其病因，也必有其前兆，會逐漸的、慢慢的出現。失智症也不例外。失智症形成原因又存在著個別差異，其隱藏的時間可能長至十餘年，可能短至幾個月。因此當事人可能簡單歸因於壓力太大、事情太多、身體太累、心事太亂等等狀況，而輕易忽略初期之徵兆。家人就算是已經覺察，也視之為老化的一種現象而忽略了。

■■■■ 電影故事 ●●●●●●●●●●●●●●●●●●●●●●●●●●

《長路將盡》（*Iris*）／英國、美國／2001

導演：李察艾爾
主演：凱特溫絲蕾、吉姆布洛班特、茱蒂丹契

◎獲獎

茱蒂丹契獲2002年英國金像獎最佳女主角，吉姆布洛班特獲得2002年奧斯卡最佳男配角獎。

◎劇情簡介

改編自約翰貝禮所撰寫的《輓歌——寫給我的妻子艾瑞斯》。艾瑞絲·梅鐸是英國知名的哲

學家及文學家，寫過二十餘本小說，被許多人視為當代世界最偉大的作家之一，在1994年被診斷罹患阿茲海默症。電影描寫艾瑞絲與丈夫貝禮兩人相識的經過，以及兩個各有想法的人結合之後的婚姻生活，最後艾瑞絲被診斷出罹患阿茲海默症，兩人攜手共同走完艾瑞絲人生最後的一段路程。

對於艾瑞絲這樣一個小說家，文字與時間是她創作及理念最重要的依據。但是在她人生最後的一段路程裡，文字與時間對她已經不具任何意義。丈夫也日漸年邁，不得不送艾瑞絲去安養中心，衰老的貝禮再也抱不動艾瑞絲了。艾瑞絲在養老院沉靜安詳中去世。最後鏡頭是貝禮收拾妻子的衣物，有一顆石頭掉入蒼茫的河水中，好像一首音樂的休止符，結束了兩人一生的情愛，也呼應了電影一開始，兩人在水中彼此尋索的鏡頭。

◎啟示

本片導演以巧妙的運鏡手法表達了「愛與疾病」、「青春與衰老」的對比，展現兩人過去與現在內心世界的回顧。對照艾瑞絲年輕時的慧黠及美麗，有如黃鶯出谷般的歌聲，與老年失智之後的蒼老、呆滯與徬徨，使人感嘆青春是何等的美好，而衰老又是何等殘酷的現實！一向深具方向感與前衛、自信，一直讓貝禮大喊追趕不上的艾瑞絲，當她阿茲海默症的病情逐漸惡化，他們倆的位置互換了，她變成了一個無助的小女孩，總是緊黏著貝禮身後，使貝禮吃不消。即使家裡的大門打開，艾瑞絲仍惶恐又恐懼地問貝禮：「我該走哪一邊？」

衰老與退化的疾病一路傷害著艾瑞絲，在言語和時間對她皆失去意義之時，只有貝禮對她的「愛」是她唯一存在的意義。針對「愛與疾病」關係劇中有至理名言：「當愛消失了，生命也很快就會逝去。」因此當所愛的人病了之時，愛與接納才是他們存活的價值。縱使生命有脆弱的時候，「愛」仍可使生命顯出堅韌。貝禮透過回憶與對現在的描述，讓觀眾看到罹患阿茲海默症的艾瑞絲，儘管失去一切溝通的能力，貝禮仍舊盡一切可能嘗試瞭解她。

◎討論題綱

1. 艾瑞絲本是擅長思考又文采過人的才女，罹患阿茲海默症後卻逐漸喪失原本的能力，試著揣摩艾瑞絲的心情轉換。

2. 艾瑞絲的智力隨著阿茲海默症病程慢慢退化，貝禮不離不棄照顧，但也有情緒爆發的時刻。疾病的因素如何成為夫妻之愛的阻礙？又要如何化解？

3. 你是否曾設想過，你跟另一半生離死別的情景？你覺得那會是怎樣的一種情景？你覺得你的另一半是最瞭解你心靈深處的人嗎？

資料來源：圖片檢索自開眼電影網（2012）。http://app.atmovies.com.tw/movie/movie.cfm?action=filmdata&film_id=fIen00280778，檢索日期：2012年12月11日。

Part 5
情緒與壓力篇

Chapter

9

心情與心焦——
情緒與焦慮

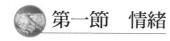 第一節　情緒

壹、案例

案例一

鄧先生，已婚。退休不久之後，他注意到自己偶爾會頭暈，起初並不在意，但有一回在家中與太太吃消夜、喝了一點酒後感到特別頭暈，便到隔壁西藥房量血壓，發覺血壓稍高。次日他看病拿藥吃，但頭暈的情形卻愈來愈讓他擔心會不會引起高血壓，甚至會中風。於是他到各大醫院接受各種不同的檢查，但都未找出頭暈的原因。

漸漸地，喜慶宴會等都不參加，與親友逐漸疏遠，假日大部分時間都待在家中。到後來，鄧先生常常向工作單位請病假休息，買了血壓計不時測量自己的血壓是否太高，變得整天緊張兮兮的，最後終於在太太堅持之下，聽從醫師的建議到精神科求助。

案例二

張老先生是一名政府機構退休的基層公務人員，一家四口，因為張太太勤儉治家，雖然兩個子女都在念私立大專院校，學雜費不便宜，但靠著退休金以及女兒在夜間兼了一份工作，一家經濟倒也過得溫飽無虞。只是張先生在最近情緒非常低落，一天到晚，既擔心張太太身體愈來愈差，又擔心女兒晚上打工回來太晚，更擔心兒子大學畢業就要服兵役，會不會被派到外島，吃得了苦嗎？

他看到國家經濟日走下坡，會不會有一天因為財政困難，發不出退休金，那日子又要怎麼過？張太太雖然經常告訴他，不要杞人憂天，可是，效果不大。最近半個月張先生感冒咳嗽，久治不癒，又擔心自己是否有肺癌或是其他重病，人更瘦了，心更亂了，一天到晚愁眉苦臉，害得全家氣氛都完全不對了。

案例三

　　王奶奶今年 70 歲，兒孫滿堂，不愁吃又不愁穿，兒女子孫都孝順。可說享盡晚福的她，根本就沒有什麼重要的事足以掛慮的，偏偏她就常心悸、心慌、手腳發冷，常常莫明其妙地感到害怕與焦慮。當恐懼感來襲時，她會自我安慰，並告訴自己，不要害怕。她心裡也知道，並沒有什麼好怕的，可是那股恐懼的心理就是無法消除。害怕的感覺一來時，整個人顯得匱乏無力，嚴重時，手腳冰冷，連說話都有氣無力。

　　她找過醫生求診，醫生開了一些類似鎮靜劑的藥物給她。服食藥物後，情況有所改善，恐懼的心理減少了，可是，她又擔心長期服食藥物會帶來副作用，又會造成自己長期依賴這些藥物。所以每當服食藥物時，心理還是會有壓力，不敢太放心吃藥。

案例四

　　陳老太太這一年多來，老是覺得滿身不舒服，走路感覺到頭暈、胸悶、氣喘、四肢乏力……。換過了五、六個醫生，都無法找出答案，連腦科專科醫生、腸胃專科醫生，她都試過了，掃描或 X 光，她也都做了，就是沒有一個答案。

　　最糟的是，當她找上一名醫生替她診斷時，醫生說的一句話，令她整個人失魂落魄，失眠了好幾個晚上，甚至還萌起自殺的念頭。

　　原來這名醫生給她的答案是：「可能患了癌症，需要更仔細的檢查。」醫生的話令她感到更加的焦慮。後來，她在朋友的鼓勵下，嘗試尋求心理醫生的治療。醫生透過談話，探詢及瞭解這婦人過去的背景、生活的狀況；婦人原本育有一男兩女，唯一的兒子是天生肌肉萎縮病患者，兒子不幸在去年逝世了，她就只剩下兩個女兒。

　　最近其中一個女兒，因為有了男朋友，索性與男朋友同居，不回家住，她因而非常擔心；另一名女兒則忙於工作，鮮少陪伴母親，而這個向來在兒女面前表現得堅強的母親，也從未把自己的情緒在女兒面前表露出來。

　　自從向來受她細心照顧的兒子逝世後，生活失去了重心，精神非常空虛，她常思念已逝的兒子，並沒有把自己的這股強烈失落感向女兒傾訴。因為常處在不順心的環境，已經養成了堅韌不拔的個性，習慣把眼淚往肚裡吞。即使兒子逝世時，她連一滴淚也沒掉下來。

　　可是這些積壓的情緒，卻讓她的心生了病。心理生病的她，因為沒有接受正確的診斷，自己誤以為患了嚴重的身體疾病。

貳、情緒劇烈起伏

　　每逢過完年，醫院的精神科總是擠滿了老人，許多人吃不下飯，睡不著覺，多是子女在外工作生活陷入空巢的老人顯現的抑鬱症狀：從春節前的翹首企盼，到春節期間的喜悅，再到節後兒女離家的孤獨失落，老人的情緒大起大落，患有腦心血管疾病的老人也容易在這個時期誘發。

　　認識自己的感覺、情緒與行為很重要，老人也不例外。 1995 年 Daniel Goleman 在他的書《情緒商數——為什麼它會比智力商數更重要》（*Emotional Intelligence — Why It Matters More than IQ*）強調每個人具有的天生情緒智力，智力表現在適應、感受、組織及學習四項功能。天生的本能會因為環境的影響而發揮或是損壞。「情緒商數」（ EQ ）（張美惠譯，1995）的觀念改變了心理學與管理學，影響無數人。人們隨時都有情緒，只是情緒變化的幅度不同。情緒是一個人面對外在刺激或內在身體狀況所引起的心理變化狀態，也指對於事件所表達的外顯情感反應。

　　與 EQ 特別有關的是自知與知人，自知的重點是「情緒管理」。情緒商數的重點有五（張美惠譯，1995；林仁和，2000）：

1. 認識自身情緒的能力：能認識自己的感覺、情緒、情感、動機、性格、慾望和基本的價值取向等，以此作為行動的依據。
2. 妥善管理自身情緒的能力：指對自己的快樂、憤怒、恐懼、愛、驚訝、厭惡、悲傷、焦慮等體驗能夠有所認識。比如，自我安

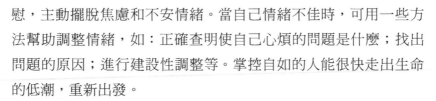

慰，主動擺脫焦慮和不安情緒。當自己情緒不佳時，可用一些方法幫助調整情緒，如：正確查明使自己心煩的問題是什麼；找出問題的原因；進行建設性調整等。掌控自如的人能很快走出生命的低潮，重新出發。

3. 自我激勵：面對自己想實現的目標，經常自我鞭策、自我說服，始終保持高度熱忱、專注和自治。保持高度熱忱是重要的動力，能自我激勵則做任何事效率都比較高

4. 認識他人的情緒：指對他人的各種感受，能設身處地瞭解他人的情緒、性情、動機、慾望等，並做出適度的反應。同理心是基本的人際技巧，在人際交往中，從對方的語言及其語調、語氣和表情、手勢、姿勢等來做判斷。真正透露情緒情感的是這些表達方式。捕捉人的真實性情緒及情感的常是這些關鍵線索，而不只是對方「說了什麼」。

5. 人際關係的管理：指管理他人情緒的能力。一個人的人緣、人際和諧程度都和這項能力有關。深刻瞭解人際關係者，容易認識人，而且善解人意，善於從別人的表情來判讀對方的內心感受，善於體察動機想法。

綜合而言，情緒的特性包括：

1. 有對象性：情緒是被某個人或是某件事所引發。
2. 有不同種類：包括氣憤、懼怕、喜樂、愛、難過、驚訝等。
3. 有文化普同性：不同文化的人都有類似的情緒類型。
4. 有文化規範性：文化規範了人們如何表達他們的情緒，譬如每種文化中的人都有氣憤的情緒，但是在不同文化中，應該用何種方式、在何種時機表達出氣憤，卻是不同的。

有些人說：「我今天心情不好。」心情（mood）是指沒有特定對象的

感受，而且程度上比情緒狀態來得輕微，可以區分為正向和負向兩類。正向的心情包括：興奮的、興致高昂的、熱切的等；負面的心情包括：鬱悶的、害怕的、緊張的等。有些時候，老人的心情不見得有強烈的正向或負向感受，而是一些比較不強烈的感受，例如：平靜的、輕鬆的、閒散的等（馮觀富，2005）。

分析情緒的重點包括：(1) 趨（正面的）、避（負面的）；(2) 動、靜；(3) 強、弱；(4) 持續時間。例如舒服快樂的感覺是正向的情緒，感覺悶就是負向的情緒；情緒也有強弱，例如中樂透屬於正向的強烈情緒。有些人情緒起伏不大，有些人情緒反應明顯。當年紀漸長，情緒已經被社會化了，剛開始只是不想讓別人知道自己真正的情緒，擔心說出內心真正的情緒會造成他人的不悅或引發衝突。壓抑一旦隱藏久了，可能連自己都分不清楚了。年紀長的人可能隱藏情緒久了，情緒難以辨認。

老人應多理解與應用《老子》，該書第六十七章說：「我有三寶，持而保之。一曰慈，二曰儉，三曰不敢為天下先。慈，故能勇；儉，故能廣；不敢為天下先，故能成器長。今舍慈且勇，舍儉且廣，舍後且先，死矣！夫慈，以戰則勝，以守則固，天將救之，以慈衛之。」慈，就是愛，有愛心就有勇氣；節儉則精神好，容易保護財富；多禮讓反而得到支持幫助。相對的，假如捨棄了重要的慈、儉與禮讓，生活就危險。愛與慈不同，愛比較強烈，不免帶給人一些壓力，難免有用自己的方法去衡量他人之嫌。慈則只是一份針對人的存在而有真實的感受，沒有批判，沒有要求。

性格轉變、情緒不穩及容易生氣都是失智症常見的症狀。有些老人對語言的理解力和運用逐漸退化，對別人的說話未能完全理解，並且因未能充分表達自己的意思或身體不適（如頭痛、便急等），所以容易發脾氣。

「災難性想法」常源自於過度擴散負面的想法。問題一旦被誇大，就容易走上無力解決的後果；當過度強調問題的嚴重性時，會帶來更多的

緊張與焦慮。若回歸原點，可能只來自一個小事件，而災難性想法所引發的過度擔心，會模糊原本的焦點，造成更大的壓力。調整之道是靠理性思考，運用理性情緒法，重點是 ABCD。遇到 A（activating event，引發事件）；瞭解自己的 B（believe system，信念系統），許多信念系統充斥著不理性的想法；導致情緒 C（consequence，結果）不好；因此要練習 D（debate，自我辯論）（何長珠、何真譯，1990）。

對付「理性」的想法：如果是可怕化（悲觀）：用「樂觀」去處理；如果是絕對化（極端、鑽牛角尖）：用「4f」— flexible（彈性）、fast（迅速）、friendly（友善）、focus（對焦）去處理。若是因為與人比較而感到挫折：最重要的是「少比較，少計較」，用「自我肯定」去化解（林苑珊譯，2006）。

參、逆境中的能量管理

老人面對許多難題，如健康問題，失去家人，常處於各種逆境之中，需要有對抗逆境（指在困境中突圍）的能力，超越困難、克服阻力、反敗為勝、發揮潛能。逆境商數（adversity quotient, AQ）低者容易放棄、退縮，總是有無助感和無力感，經常悲觀（莊安祺譯，1999）。adversity 表示逆境，另一個相近的字 adversary 表示對手；AQ 也可以解釋為與對手交戰的能力，AQ 高者都能從容以對。

《AQ，逆境商數》（莊安祺譯，1999）從認知心理學的角度建議：練習對抗學習而來的無力感覺；拒絕無能為力；對絕望免疫；避免扮演受害者；盡可能掌控情勢。最重要的是要高度樂觀，常以快樂的態度看待各種現象。《AQ，逆境商數》提到在逆境中能成功的要素有十：競爭、生產力、創造力、動機、冒險、進步、毅力、學習、應變和彈性。具備這些特質的人能夠在挫折時愈挫愈勇，絕不半途而廢。

每個人的身體都在面對壓力做出反應，並釋出荷爾蒙進入血液，目

的是讓人進入保護模式。腎上腺素是種壓力荷爾蒙，能提供力氣和能量，以便對付面臨的危險或逃走避開。這種生理反應是演化出現的遺傳既定程序，或許可以回溯自人類的穴居遠祖。若有另一位穴居人來偷你的食物，而你的體格比較壯碩，或許還有根棒子，說不定就會和他打鬥，設法把他趕跑。否則，你可能會逃之夭夭。

當壓力荷爾蒙腎上腺素進入血液系統，心跳就加速，血壓就提高，呼吸也會加快，更多血液和氧氣進入心臟、肌肉和大腦。肌肉緊繃準備採取行動，心理更為警覺，感官機能變得更敏銳，此時輸入皮膚、消化道、腎臟，還有肝臟的血液量也會減少。血液裡的糖分、脂肪、膽固醇含量都提高，以提供額外能量，同時血小板和凝血因子含量也提高。身體認定自己就要陷入嚴重處境，所有這些生理改變都為幫助自己因應考驗。

人類演化出的壓力反應是為了自保，因應形勢需要迅速反應，才可對付嚴重威脅。即使沒有面臨實際威脅，只是一再接觸到強烈心理反應刺激或壓力源的人，也會產生相同生理反應，無法迅速解除。狀況持續拖延鬱積，結果便產生慢性壓力症候群，表現出各種身心症狀，有時還會造成健康問題。許多老人身體方面的疾病是昔日情緒考驗所累積出來的結果，過去的「心痛」導致了今日的「身病」。

 ## 第二節　壓力

壹、基本概念

「壓力」原本是物理學及工程學領域的名詞，專指直接施壓在物體上的任何外力，這樣的壓力，用英文來看，是 pressure。研究壓力的先驅，加拿大醫生 Hans Selye 將其應用在社會科學的領域之中，並將壓力定義為「身體對於任何加諸其上的不特定反應」，這樣的壓力，用英文來

看，是 stress。壓力是在某種情境下，使個人覺得受到某種程度或種類的威脅，壓力使個人感到必須付出額外的精力以保持身心的平衡，也因為如此，它常讓人感到身心不適。

壓力為一種反應狀態，個體在面對外來威脅情境時，在生理及心理上所產生應對之反應，此反應受到個人特質和心理歷程所影響。壓力這種刺激或事件會使個人失去原有的平衡狀態，激發個體內在產生適應歷程以恢復原有的平衡狀態（陳靜惠譯，1991）。

壓力可能是情緒的緊張狀態，使人在情緒上產生不愉快，甚至痛苦的感受。壓力有時具有警示的功能，引起壓力的情境令身體釋出某些荷爾蒙，包括一種腎上腺素的荷爾蒙，它可以快速地提供氧氣與能量，使人面對壓力的來源，進而消除壓力的來源。消除壓力，此種壓力是好的，稱為良性壓力，用英文來看，是 eustress。但如果這種荷爾蒙一再增加，會讓身體無法恢復正常狀態。年長者由於身體機能的退化，通常恢復正常狀態的速度會減緩。長期承受壓力會造成胃潰瘍、高血壓或食慾不振；長期壓力還會造成偏頭痛、憂鬱症、成年型糖尿病及消化性疾病；長期壓力也會減弱免疫系統功能，使抵抗力變弱。這一類的壓力過大，稱為 overstress，更嚴重時可能使人「耗竭」（burnout）。

壓力的來源常存在於無法控制的痛苦情境。參考曾文星、徐靜（1985）的看法，以老人為例，構成的心理壓力可分為：

1. 處於一種狀態，必須選擇一個反應方式，而所選擇之任何方式都不能解決問題，使老人無能為力，不知如何是好。
2. 以老人過去的經驗，無法決定怎樣才是解決的最好方法，因此有不知所措的壓力。
3. 處於兩種慾望或衝動之間，而兩者互相矛盾而且衝突，使老人因左右為難而痛苦。
4. 老人被迫要做過度的努力。

5. 雖然挫折程度不大，但屢次面臨挫折，且長期處於此種挫折狀態。

對於心理壓力所產生之基本反應，大致上有一種是恐懼逃避，另有一種是憤怒攻擊，或者抑制悲傷。大致上看壓力源之大小，個體經驗不同而有不同之因應方式。

Lazarus（1976）是研究壓力的知名學者，他認為：「壓力是個人與環境中有關人、事、物的一種特別狀況，這種與環境中的人、事、物的關係，被評估為有心理負擔，超越其資源所能負擔的，可能危害心理健康及個體綜合福祉的概念。每個人在生命歷程中或多或少都曾面臨過壓力事件，適度的壓力能讓個人成長，而過度的壓力則會造成個人的適應問題。」壓力可歸納為刺激型、反應型、互動型三種定義取向，摘要如下：

一、刺激型取向

壓力被視為一種環境刺激，看重造成壓力的壓力因子，亦即壓力是產生於環境之中，外在壓力的反應是緊張。壓力是真實存在或想像的一種刺激或一個事件，會使個體失去原有的平穩狀態，並激發內在適應過程以恢復原有的平衡狀態。日常生活問題為重要壓力來源指標，創傷、生活事件、嫌惡的物理環境、各種的角色緊張及日常生活等，都是壓力來源。壓力是一種環境刺激，對個人會產生影響。

二、反應型取向

Seley（1956）將面對壓力所產生的一般性反應，稱為「一般性適應症候群」（general adaptation syndrome, GAS），此過程經歷三個階段：

1. 警覺反應階段（alarm reaction）：個體暴露在不適應或有害的刺激下所產生之生理反應，此階段又區分為：(1) 震驚期（shock phase）：對於有害刺激來源之最初與立即性反應，並會出現不同之傷害信號，例如：心悸、肌肉張力喪失、體溫與血壓降低等症

狀；(2) 反震驚期（counter-shock phase）：運用防衛力量以試圖復原，此時腎上腺皮質擴大，腎上腺皮質激素分泌增加。

2. 抗拒階段（stage of resistance）：對壓力因子適應，使症候改善或消失。

3. 耗竭階段（stage of exhaustion）：因適應力有限，當壓力因子非常強烈或持續時間過長時，若個體無法有效適應壓力，能量持續耗竭，將促使症候再度出現，若壓力沒有減弱，將導致有機體產生疾病。

三、交互作用或互動型取向

壓力不僅是刺激，也是一種反應，若只考慮外在的刺激事件則偏重環境因素，只考慮反應結果則偏重個人因素。但壓力是人與環境之間的一種特殊動態關係，彼此相互影響。

綜上所述，界定「壓力」的意義，必須兼顧刺激取向、反應取向與互動取向的觀點，因為個體與環境的交互作用中，個體所知覺到的壓力可能是一種刺激，一種反應方式，或兩者兼有之，要看個體當時所處情境和認知再加以評估而定。

貳、生活壓力與測量

上班族的壓力主要來自工作，老年人不工作者居多，壓力主要來自生活。「生活壓力」是指一種生活刺激或一個事件，使個體失去原有平衡的狀態，並激發個體內在的適應歷程以恢復原有的平衡狀態。生活壓力是每日生活瑣事或重大生活事件改變所帶來的挑戰。Holmes 和 Rahe（1967）是研究壓力並加以量化最知名的學者，他們編制「社會再適應評量表」（social readjustment rating scale, SRRS），將各種製造壓力的事件客觀呈現，廣泛被引述。他們認為某個人所經歷的壓力事件如果累積到一

定程度，就會產生嚴重的負面影響。

Holms 和 Rahe 先整理各重要生命事件的壓力分數，以 100（配偶過世）為最高，其他事件的嚴重性是與 100 相比的程度。以一位老人來說，可能遇到的壓力事件及其分數是：

配偶過世	100
親人過世	63
自己受傷或生病	53
退休	45
家中成員健康的轉變	44
親密朋友的死亡	37
工作責任的改變	29
兒子或女兒離開家庭	29
配偶開始或停止工作	26
居住的改變	20
睡眠習慣的改變	16
飲食習慣的改變	15

把一個人各項事件的壓力分數都加起來，若壓力總數在 150 之下，較少受壓力累積的影響。假如總數在 150 至 300 之間，一定會受壓力的影響，關鍵是他如何看待和應付。假如指數超過 300，他已經在承受那些累積壓力所產生的有害影響。假如一位剛退休的人（壓力分數 45），兒女又在此時離家（壓力分數 29），他因此換了居住的地方（壓力分數 20），如此大致能應付。但是如果剛退休（壓力分數 45）時又遇到配偶過世（壓力分數 100），常常睡不好（壓力分數 16），則已經受到嚴重的影響。

壓力是威脅身體健康的因子。Aldwin 認為，個體與環境互動導致生

理或心理痛苦的經驗，形成壓力。壓力的形成來源有兩種：其一是「壓力因子」（stressor），其二是「壓力反應」（stress reactivity），而壓力因子就是會引起壓力反應的各種刺激。壓力也是任何引起身體或情緒不愉快反應的事件。張春興（1991）提出壓力因子主要來自生活改變（生活秩序不同）、生活瑣事及心理因素（挫折、衝突）等方面。

老年人若因重症隔離治療、藥癮酒癮戒斷、營養缺乏等，特別容易在環境壓力下出現急性精神混亂。當老年人承受壓力時會有各種反應出現，大致可分為四類：

1. 生理：如出現血壓上升、心跳加速、食慾不振等症狀。
2. 心理：包括焦慮、疲勞、憂鬱、緊張、冷漠、挫折、情感壓抑、注意力不集中等心理狀態。
3. 行為：包括抽菸量增多、飲食習慣改變、酗酒、使用藥物、發生意外等。
4. 認知：如無法下決策、健忘、對批評過度敏感等。

有關外在壓力對記憶力的影響，有一些研究呈現（藍采風，2003；呂美女譯，2010），如史丹福大學的薩波斯基（Robert Sapolsky）博士研究壓力對腦部和認知歷程的影響，顯示若實驗室動物的海馬記憶中樞長期暴露在壓力荷爾蒙下，會有萎縮等負面效應。海馬是腦部的海馬狀構造，位於太陽穴底層腦部區域，其功能和記憶與學習密切相關。

少量皮質醇有助記憶，但過量皮質醇激化腦中另一種受體會減弱記憶。所以，一點壓力能增強記憶，但長期壓力會減弱記憶。加大爾灣分校的邁克高夫（James McGaugh）博士證明，皮質醇是重度壓力、焦慮，或重擊身體時釋出的荷爾蒙，會妨礙人們取出儲存在長期記憶裡的資訊。他的研究團隊拿實驗室老鼠做研究，發現微弱電擊會提高皮質醇含量，嚴重影響動物尋路回到指定目標區的能力。老鼠在遭受電擊後的最初一段時間，皮質醇含量攀到最高，間隔最長可達一個小時，這時記憶受損也最嚴

重。儘管這次實驗只會造成暫時性記憶喪失，這也令人不禁要提出一個問題：倘若腦部反覆承受壓力，是否會造成長期影響？

聖路易華盛頓大學醫學院的紐科默（John Newcomer）博士也觀察到壓力對人類記憶的類似影響。他的團隊證明，若是連續幾天暴露於高含量皮質醇就可能損害記憶，出現只有接受高劑量治療的人（相當於重大疾病或手術病患會接受的劑量）才會出現的記憶損害現象。不過一週之後，他們的記憶表現就會恢復正常。但承受了重大醫療、生理，或心理創傷的人，會經歷和壓力有關的記憶障礙。長期暴露於低壓力程度的人，腦部老化作用也可能會加速。

老人若感受到比較強大的外在壓力，對長輩的建議是：

1. 找幾位朋友談談心。
2. 多多走出自己狹小的生活圈，多多接觸大自然。
3. 出去散散步，看看街景，到附近的商場逛逛。
4. 學一些放鬆自己的技巧，像是伸展運動、瑜珈、打坐。

對老人而言，多調整氣息，具體的方法可以合成一個順口溜：「行如風、立如松、坐如鐘、臥如弓、營養豐、運動充、精神膨、情緒鬆、菸酒空、大便通。」（梅可望，1997）種花、拔雜草也都是好的紓解壓力方法，因為：(1) 不用花錢；(2) 滿足某種破壞性的慾望，又可幫助植物的生物多樣性；(3) 不用同伴，一個人即可，白天晚上都可以進行；(4) 下雨天後也可以做，而且更好拔；(5) 可自我安慰，感覺到「好心會有好報」；(6) 可以讓眼睛休息；(7) 拔草時也許可以發現一些被掩蓋其中的植物，有意外之喜。也有許多學者建議老人養狗，有狗作伴，也可紓解壓力。

第三節　焦慮與慮病

壹、基本概念

　　成年人口中約有 2 至 5% 是焦慮症患者，女性患者比男性患者高出 1 倍，更年期和老年期焦慮症患者不少。焦慮症可能很輕微，也可能嚴重到失去一切的活力與興趣。按其性質，焦慮可分為特質性焦慮與情境性焦慮兩種。前者為人格特質的一部分，具持久性；後者指焦慮反應因情境而異，具暫時性（楊延光、黃介良，2010）。

　　焦慮症患者當身體出現不適而前往求醫時，由於是心理因素造成，往往不易被診斷出來。焦慮症患者通常在生理方面所出現的症狀是四肢乏力、頭暈、心跳加速、呼吸困難、出汗、發冷、發熱、多尿、易疲倦、頭部感到沉重、注意力不集中。廣泛性焦慮症是沒有特別原因而長時間憂慮、緊張、沮喪、脾氣暴躁等，症狀有：(1) 無法放鬆、睡不好、注意力不集中；(2) 容易疲倦、胃口經常欠佳；(3) 經常沒理由地頭痛；(4) 容易緊張、發抖，甚至抽筋；(5) 經常沒理由地感到驚嚇；(6) 容易流汗、燥熱、口乾。

　　焦慮症也會因為狀況不同而有明顯的不同表現（柯永河，1993；Kurstak, 1991）。以下針對老人較常出現的情況加以整理：

1. 病理上焦慮情緒：持續性出現莫明其妙的恐懼、害怕、緊張和不安。有「期待性的危險感」，感到某種災難降臨，甚至有死亡的感受。患者擔心自己會失去控制，可能突然昏倒或「發瘋」。急性焦慮症又稱為「驚恐發作」，患者數分鐘內不敢動，驚恐的情緒反應會持續且反覆發作，陷入惶恐不安狀態，心有餘悸。持續性狀態則終日憂心忡忡、坐立不安、緊張焦慮。對外界事物非常敏感，區區小事就草木皆兵，提心吊膽又惶惶不安，經常處於高警覺狀

態。許多患者同時患有憂鬱症，對生活缺乏信心和樂趣。有時情緒激動，失去平衡，經常無故地發怒、與家人爭吵，對什麼事都看不慣，都不滿意。

2. 生物性神經系統紊亂為主的軀體症狀：常是早期症狀，在疾病的進展期通常伴有身體症狀，如心悸、心慌、胸悶、氣短、心臟不適或疼痛、心跳及呼吸次數加快，全身疲乏感等。生活和工作能力下降，簡單的日常家務工作變成無法勝任，如此又加重了患者的擔憂及焦慮。出現失眠、早醒、夢魘等睡眠障礙，同時可能出現消化功能失常等。

3. 精神運動性不安（簡稱精神不安）：典型焦慮症患者，特別是慢性焦慮症患者，多數有坐立不安、心神不定、搓手頓足、踱來走去、小動作增多、注意力無法集中等症狀，但自己也不知道為什麼如此惶恐不安。

貳、老年人的焦慮

老年人的焦慮，除了對自己的身體健康所引起之擔心外，通常與失落感有關。最常見的焦慮有下列三種（林信男、林憲，1987）：

1. 擔心親人的健康狀況，尤其是擔心一旦多少年相依為命的老伴如果比自己早逝，將如何活下去。

2. 退休後，失去以往的社會資源與人際關係，角色轉換後，又將如何自處？

3. 擔心晚年生活的各種不如意，包括老病、經濟拮据、子女不孝、行動不便、居所條件不佳等等問題。

最嚴重的是連自己為什麼焦慮也不知道，整天六神無主、擔心這個、煩惱那個，甚至覺得有了恐懼症或強迫症。腦袋總是想著不愉快的

事，甚至不斷地洗手、數東西、移動物件、做些重複性的動作，偶爾還有暴力傾向與攻擊性的情緒與行為。有時又毫無理由地退縮，對什麼都失去興趣。

遺傳加上不愉快的生活遭遇，是造成焦慮的原因。其他原因還有：從兒時或其他創傷學得的反應、體內某些化學物質的變化、缺乏安全感等。造成老人有焦慮的情緒，可能因為心理上常感到孤單寂寞。由於兒女都忙於工作，沒有時間陪伴老人，又忽略了老人的心理感受。性情孤獨的人，特別容易患焦慮症。環境也是造成老人產生焦慮的因素，因此老人在晚年時，精神上的慰藉非常重要。所以，兒女不應忽略對老人的關懷。此外，兒女未成婚或事業不穩定，經濟出現困難，都足以讓老年人焦慮，時時為兒女牽腸掛肚（彭駕騂，2006）。

老人的個人健康以及配偶的健康或喪偶，也成為促使老人罹患焦慮症的因素之一。老伴體弱多病，需要照顧，或老伴過世，在更年期或老年期遇到的不愉快事件造成的情緒干擾，若處理不妥當，容易引發焦慮症。廣泛性焦慮症在晚年生活很常見，老年人焦慮與身體殘疾、記憶困難、生活品質下降、使用服務增加、死亡率和憂鬱症等有關。另有一種「妄想型焦慮」（paranoid anxiety），屬精神分析論中的術語，意指個體焦慮之所以產生，是由於過分疑心別人預謀加害於他的妄想（delusion）所致（張春興，1989a）。

參、治療

對於焦慮症患者的治療，可從以下幾方面著手（曾華源、郭靜晃譯，1998；王純娟等，2011）：

1. 藥物治療：焦慮症常是因為長期緊張焦慮促成，儘管醫生提醒病人不必緊張、不要擔心，可是病人依然很難在短時間內有效調整自己的心情，希望靠藥物來幫助。通常醫生給的抗焦慮藥物份量

都不會太重，病人在服食藥物兩、三個星期後，可望逐漸好轉。此時病人可以將自己的情況諮詢醫生，漸漸減少藥的份量，最後可以不再服藥。失眠是焦慮症常見的症狀，過去單純使用安眠劑效果不佳，可能造成依賴性或其他副作用。已經有新一代的抗焦慮劑，副作用低。

2. 心理輔導：專業人士透過心理輔導的方式，來幫助患者走出焦慮。多與患者交談，透過交談，引發患者講出心中所擔心、所憂慮的事。心理輔導可以減少焦慮感，傾訴心中的感受，祛除不安全感；建議找一些朋友聊聊心中的焦慮；提醒別把自己弄得太忙；參加一些宗教活動，多做一些戶外活動。

3. 行為治療：需要家人的配合。兒女要多陪患者，帶患者去散步、逛街，給予老人精神上的鼓勵及安慰。

4. 認知行為治療：重點是改變一個人的思維方式，進而改變行為或情緒。認知行為治療的重點包括：提高動機、放鬆訓練、認知澄清、解決問題的技能訓練，以及睡眠訓練等。

焦慮症患者多希望能得到別人的接納、關心與照顧，醫生在醫治病人時，語氣、態度及談吐用語都很重要，不宜說出未經確定的病因。更應對病人深表關懷，傾聽病人訴說，讓病人說出內心的焦慮和痛苦。

患有焦慮症的病人會因為過度擔心自己身體的症狀而到處求醫，會試圖去尋找很多醫生。有些醫生替病人檢查後，發現病人沒事，會對病人說「你的身體沒事」、「你要放輕鬆、多休息、不要亂想」。但焦慮症患者被醫生告知沒事時反而特別憤怒，這是因為當醫生告訴他「沒病」時，就等於剝奪了他「心理防禦的工具」。可是，若醫生說「你有病」，又會令病人更加擔心，並擔心自己患上了不治之症。

採用適當的治療，約 80% 的焦慮症病患者可有顯著進步，生活質量及社會功能都恢復良好，並無後遺症，難治及需長期用藥者並不多。

肆、慮病

一個人對身體的病痛或變化適切的關注是維持健康平衡所需要的，但過於強烈的反應則未必合宜。例如出現胸悶、胸痛及心跳不規則的症狀，因此去做血壓、心臟方面的檢查，結果得知罹患冠狀動脈狹窄硬化的疾病，於是注意遵從醫囑服藥、攝食及安排日常活動，如此得以消除症狀、延長壽命。反之，若沒有適時關注身體，及早檢查預防，有可能會因為心肌梗塞突然發作而猝死。

但是有些人在做過一系列身體檢查，證實自己並無器官病變或生理疾病，經過專科醫師說明後，卻仍然不相信，還認為自己一定有毛病，怪罪醫師沒有安排更精密的檢查，或認為只有一、兩次的檢查還不夠，或檢查的時候剛好症狀沒發作，或醫師故意安慰他不告訴他真正的結果，或認定這位醫師的能力不足夠。因而不斷要求多做檢查，甚至一再換醫師做重複、不必要的檢查，服藥或手術，這就是典型的慮病症了。

形成「慮病症」的因素主要有（朱侃如譯，2004）：

1. 對身體感覺的知覺有放大及錯誤的解釋，包含對疾病本質及症狀的誤解或一知半解。
2. 強烈不安全感、懼怕疾病等。
3. 特殊生活事件或壓力引發焦慮或憂鬱，進而出現生理症狀。
4. 生病的行為可能帶來附帶的利益，如老人可以獲得子女的格外關心。
5. 醫療處置或解釋的錯誤。
6. 內心未能解決的癥結，如強烈的罪惡感、自卑感、矛盾，產生懲罰自己的想法。
7. 個人的體質、過去病史、個人生活體驗、家人對疾病的態度、個人與家人的衝突、社會文化對疾病的看法等。

　　社會學大師派森思（Parsons）分析病人的角色，發現「因病獲益」（advantage by illness）的現象十分普遍，指患有身體的或心理的疾病者受到優待的情形，例如免於承擔原有責任。由於因病獲益的經驗，難免產生假裝生病（flight into illness）的不良適應。年長者也可能藉此來操弄配偶、子女、照顧他的人（Ebrahim & Kalache, 1995）。

　　慮病症可能成為一種精神疾病，是自我過度防禦的表現，包含了感官知覺放大作用及認知判斷的錯誤，也是一種經由社會學習過程而有的病態性求醫行為。慮病患者對於自己身心障礙的擔心已經超過了應有的程度，在反覆的擔心下，將全神貫注於自己的健康狀況而失去了對其他事物的關心，是對某些疾病的一種神經性擔憂。

　　病患認為自己身體上有某種特定疾病，縱然醫師給予說明，仍然強烈害怕自己身體有病。病患四處造訪名醫，做各種身體檢查，在一連串的求醫過程中，內心的疑慮一直未能化解，恐懼的程度卻更嚴重。慮病階段有兩種常見狀況：一種是對於很小的生理症狀加以誇大；另一種是對於實際存在的小毛病或小缺陷發生過度的反應，認為已經罹患了某種嚴重的疾病；這兩種狀況都可能包含某種「自戀」的表現。

　　在罹患精神官能症的病患中，焦慮、憂鬱、強迫或慮病等症狀可能會混合出現，因此不易將病患歸類。醫生在做臨床診斷時，主要是根據哪一種症狀特別強烈與明顯來做分類的。換句話說，在焦慮症、憂鬱症或強迫症中，都可能看到程度不等的慮病傾向或症狀（何瑞麟、葉翠蘋譯，1987）。

　　當病患接受精神科醫師診治時，常懷疑精神科醫師能給自己什麼幫助。有些人是被家人勉強帶來精神科診治的，病患本人在面對精神科醫師時，更是畏懼。病患不只因為擔心自己身體有檢查不出的疾病而感到焦慮不安，同時因為要面對精神醫療，而更加害怕、不安。這種焦慮、緊張與不安會使病患的慮病病情因而加劇，甚至引發憂鬱與絕望的情緒。

　　如果病患能安心接受精神科醫師的治療，是最好的，但萬一因為其

焦慮、不安的程度太高，以致干擾到正常的醫療時，醫生可能會給適量的抗焦慮劑，以降低其不安、緊張，以利治療的進行。慮病的內容如果是自律神經系統功能相同的器官，則可能給予適量的抗焦慮劑，使病患不易察覺其功能上的變化，如此或可降低病患對自己身體的過度關注，進而降低其慮病的程度。

有些慮病症，可能是續發性的，病患先患有精神分裂症、憂鬱症、焦慮症、恐慌症、強迫症或身體硬化症，後來才續發而為慮病症或帶有慮病的傾向。藥物治療除了要減輕慮病狀態所引起的焦慮、不安情緒以外，尚須考慮對原來疾病的藥物治療，例如對精神分裂症患者使用抗精神病劑，對憂鬱症患者使用抗憂鬱劑等（蕭淑貞等，2011）。

 ## 第四節　睡眠障礙與改進

壹、瞭解睡眠

比起其他年齡，老年的睡眠通常比較不理想。許多老人無法熟睡，甚至無法入睡。睡眠是生理的基本需求，但有個別的差異。睡眠失常與失眠（sleep disorder）常被認為是一樣的。狹義言之，睡眠失常一詞僅指失眠而言。廣義言之，睡眠失常指有關睡眠的四類失常現象（馮觀富，2009）。

1. 失眠：指入睡困難或睡中易醒的現象。
2. 時差失眠（disorder of the sleep-wake schedule）：指遠程飛行時，因當地時間與個人作息時間節奏不符時所引起的短暫性睡眠失常的現象，此即通常所說的「時差適應問題」。
3. 睡眠窒息（sleep apnea）：指睡眠中突然呼吸困難，因而導致驚醒不能入睡。

4. 突發性睡眠症（narcolepsy）：指在清醒中突然陷入昏睡的現象；患有突發性睡眠症者駕車易肇車禍。此病與工作中因疲勞而致瞌睡情形不同。上課時學生在座位上打瞌睡是正常的，但如講台上的教授突然睡著了，就可能是患了突發性睡眠症。

　　失眠症（Insomnia）指睡眠習慣障礙經常不能睡眠的現象。失眠有多種不同形式：有的是就寢時久久不能入睡；有的是睡後極易醒來，醒後就很難入睡；也有的是天未亮提前醒來不能再行入睡。在一般成年人中，男性有失眠困擾者約占 6%，女性有失眠困擾者約占 14%。失眠原因很多，與身體狀況、心情以及日常生活方式等都有關係。睡眠障礙是許多身心疾病的症狀之一，但也可能是原發性的，屬不明原因。若依型態來分，包括：(1) 入睡及維持睡眠的障礙；(2) 過度睡眠障礙；(3) 睡與醒週期障礙；(4) 異眠障礙（如夢遊、夢魘）（張春興，1989a；林仁和、黃永明，2009）。

　　入睡困難及維持睡眠障礙是失眠門診最常見的睡眠問題，程度有輕重之別，病程也有暫時、短期、慢性之分。若有入睡困難，每週至少三次且超過一個月，每晚擔心無法睡眠且白天精神差、影響到生活，應考慮至醫院失眠門診掛號，評估是否已達失眠的診斷，瞭解引致失眠的因素及是否需要治療。

　　輕微的失眠並不會對生活造成立即明顯的影響，但睡眠時間若低於基本的五、六小時連續達三天以上，會使注意力變差，導致失誤增加，學習操作能力下降，創造思考力減退的現象。

　　影響睡眠的因素主要有下列幾項（馮觀富，2009）：

1. 個別差異：每個人的睡眠需要量不一樣，不同的體質及生活習慣常是造成此類個別差異的主要原因。

2. 年齡的增加：睡眠的生理需求相對地減少，容易導致老年人睡眠障礙。

3. 生活壓力：如為子女煩心。

4. 睡眠環境改變。

5. 生活作息或時差的改變。

6. 身體的疾病：如疼痛、呼吸系統障礙。

7. 精神的疾病：如躁鬱症、焦慮症。

8. 藥物或物質作用：如服用部分高血壓藥物，飲用咖啡、茶等。

貳、改善睡眠

　　無數人都努力到失眠，卻沒法使心想事成，連期待常常有好心情都不可得。什麼樣的狀況會使人有好心情呢？2005 年《科學》週刊發表一項由普林斯頓大學心理系教授卡曼尼所主持的研究計畫，他請 900 多位職業婦女先以記日記的方式鉅細靡遺地登錄一天的生活事件，然後第二天再把所有活動加以評分，區分為各種心情狀態。研究發現，多數人剛起床時多少都有點脾氣，然後漸入佳境，中間偶爾會出現焦慮、挫敗和生氣的情緒。最快樂的前三名活動是：性、與朋友聯誼、休息放鬆；最挫折的是：通勤上下班、做家事、與老闆周旋。

　　該研究歸納出影響心情的兩大變數，分別是「晚上是否睡得安穩」及「工作是否得限期完成」。如果睡眠的品質差，就算放輕鬆看電視或購物也無法樂在其中。該研究證實，金錢對心情的影響有限，只要生活還過得去，無須與貧窮作戰，就能保有基本的幸福。

　　老年人比年輕人睡眠時間要短，也常睡得淺，屬正常的生理變化，不須過分擔心。失眠是許多人都有的共同經驗，偶爾失眠並不需要治療。若有長期睡眠障礙且影響到生活時，要診治檢查以便正確的診斷與適當的治療。失眠的治療，依照類別而有不同，最重要的是要分辨失眠是否由其他因素所引起。

　　如果是與心理、身體疾病有關的失眠，輔助性的使用短效安眠藥來

幫助睡眠是合理的選擇，不過還是要針對疾病本身做特定的治療。傳統的安眠藥（benzodiazepine）依藥效有短效、中效及長效之分。對於入睡困難者，可考慮用短效或中效安眠藥。對於早醒或維持睡眠困難者，可考慮用較長效的安眠藥。但因每個人體質的差異，對藥物的反應及副作用差別很大，需一段時間的調整與適應。

養成良好的睡眠習慣很重要。具體建議包括：

1. 睡眠時間只要讓隔天覺得有精神就夠了，不要賴床，因為太長的睡眠時間反而睡不好，對老人尤其如此。
2. 睡前不喝咖啡、茶、酒，不抽菸。
3. 養成規律性的睡眠，即使退休後也應像上班時一樣安排規律生活。
4. 布置適當的室溫、燈光及舒適的床墊，盡量減少被干擾，不要躺在床上看電視、打電話、討論事情等。
5. 白天要規律的運動，多安排有興趣的活動，不要午休過久或時常小睡片刻、打瞌睡，晚上睡前則避免做劇烈運動。
6. 睡前避免吃太飽或喝太多，因肚子太脹或夜間頻尿會影響睡眠，但如有胃疾或胃部不適而影響睡眠者，睡前之小點心可能有助睡眠。
7. 喝一杯牛奶，吃些點心或洗個溫水澡，可幫助入睡。
8. 不要強迫自己入睡，如果躺在床上超過三十分鐘仍然睡不著，就起床做些溫和的活動直到想睡時再睡。

睡眠是每天的調整，基督教裡有個專有名詞 retreat，指避靜、靜修、閉關修行，也可以翻譯成「避退」。這個概念來自耶穌，祂在世工作時，經常在忙碌中「退」到安靜的地方禱告、沉思，然後再充滿活力地打拚。retreat 可以拆成「re」和「treat」，也就是「重新對待」。在人生旅途中，我們需要常常對自己「重新對待」，甚至「重新治療、重新處遇（treatment）」。如此，我們便可以日復一日的不斷更新。

電影故事

《家傳秘方》（*La Graine et le Mulet*）／法國／2007

導演：阿布戴柯西胥

主演：Habib Boufares、阿芙皙雅艾吉、Farida
　　　Benkhetache、Abdelhamid Aktouche

◎獲獎

　　榮獲2007年威尼斯影展評審團大獎、費比西
獎；2008年凱薩獎最佳影片等四項大獎。

◎劇情簡介

　　在碼頭工作了三十五年的老人貝吉，因為經
濟蕭條，不得不提前退休。更糟糕的是，早期工
作時並沒有正式記錄，因此他的退休金只可領取半數。已經61歲的他因長年的
辛苦工作導致背都駝了，又面對破碎的家庭和子女有心無力，他微薄的收入難
以挽救親人間的裂痕。

　　他向公司抗議，但沒有任何效果，也只好接受退休的結果。他決定孤注
一擲，做最後一次嘗試：用這筆退休金開一家船餐廳，賣北非的特色食物庫司
庫司。他有一大家子的人幫他：前妻是優秀的廚師、四個女兒可以兼廚房助手
與跑堂、兩個兒子幫忙做船餐廳的整頓與食物運送，另外，他還有現任情人與
她的女兒來幫他到各機關完成申請手續。雖然眼前困難重重，沒錢又沒經驗，
但都沒有嚇退他的理想，尤其是親人和家庭，都為這理想而團結。

　　漸漸的，日子過得好起來，似乎離成功僅僅一步之遙。偏偏在開幕之
夜，招牌菜庫司庫司始終沒有上桌。這個關係複雜的家庭，長久醞釀的風暴即
將爆發……

◎啟示

　　電影描述的主角有很龐大的家族，許多台灣人可以找到共鳴點，談到的
種族、移民，也不是離我們太遙遠的話題，劇情是以開一間新店、提供一道道

佳餚來串起整個故事。老爸爸有兩個家庭，在不同的親人身上，看到過去與現在的自己，最後找到那股自我堅持的勇氣上。堅持的勇氣，才是真正的家傳秘方。

　　電影中的詞彙充分顯示各種社會語言，包括祖父母、父母、青少年、孩子、男人、女人、碼頭上的小包工頭、銀行女負責人、市政府負責人、法國工人、移民工人，每個人獨特的表達方式，包括詞彙、句法和節奏均有所不同。語言不僅僅是交流的工具，也成為行動方式，推動情節的發展。

◎討論題綱

1.貝吉所面臨的壓力與困境有哪些？貝吉因應的方式是什麼？宣洩壓力的管道為何？

2.電影中有很長的時間呈現餐桌對話，在餐桌上大家透露內心的想法，這種方式有助於家人彼此瞭解嗎？您的看法是？

3.你／妳面對壓力時，會向家人透露嗎？家中的長輩透露自己的壓力時，你／妳又是如何反應的？

資料來源：圖片檢索自cinéma passion（2012）。http://www.cinemapassion.com/covers_temp/covers3/La_graine_et_le_mulet-14220207012009.jpg，檢索日期：2012年12月11日。

Chapter

10 心病——心憂與心死

第一節　防衛機轉

壹、基本認識

案例一：充滿失落感的林先生

　　林先生與林太太，去年剛在許多親友的祝福下，度過他們的金婚。3月的一個黃昏，林先生突然想到要寄幾本書給在美國的大兒子，林太太冒雨到郵局，不幸在回家的路上發生了車禍，從此天人永隔。林先生對相依為命五十年的老伴之死，除了嚴重的失落感之外，還有更多的內疚與自責，老是怪自己為什麼要寄那幾本書？為什麼不自己去寄？一天到晚唉聲嘆氣，整夜更是無法入睡。不過幾個月，已經瘦到形容枯槁，看在子女及親人眼中，真是不知如何排解他的痛苦心結。

案例二：自尊心受打擊的黃先生

　　黃先生退休前，在仕途上一帆風順，不敢說是呼風喚雨，但的確趾高氣揚，走路有風。退休後，門前車馬稀，已經教人備感世態之炎涼，整天就是怨老天爺為什麼要他屆齡退休（申請延退也未蒙核准）。最氣的是，有一天他到原來服務的機關要一張以前的在職證明書，只因為門口的警衛要檢查出入證和身分證，大大傷害了黃先生的自尊心，回家後更落落寡歡，整日罵人。

　　這兩個案例都顯示了心病的傷害性。心病常來自藉口，人生充滿藉口，有些說給別人聽，有時說給自己聽。年紀愈大，歷練愈多，看到各種現象，想要找藉口就容易多了。在中國的成語中有好些例子，例如：文過飾非、欲蓋彌彰、自圓其說、言之鑿鑿、言之成理等；又如不想幫忙而找理由稱為「推三阻四」，以各種藉口拒絕。

　　心理學家對這些藉口十分好奇，研究這些心理防衛機制（self-defense mechanism/defense mechanism，也稱自我自衛機制、防衛機制、防衛機

轉），簡稱心理防衛。自我的心理防衛是用來應付挫折與不安的適應機轉，主要是自我對本我的壓抑，是自我的防禦功能。人們為了避免精神上的痛苦、緊張焦慮、尷尬、罪惡感等，有意無意使用各種心理上的調整。心理防衛機制是對自我具有保護作用，可以防止因各種打擊而引起的生理疾病或心理障礙，但過分或錯誤採用心理防衛機制可能帶來心理疾病，也昧於現實（曾文星、徐靜，1985；柯永河，1990）。

這種心理防衛方法，大多是在潛意識中進行的。在不知不覺中，用自己的方式，把人與「現實」的關係稍微改變一下，使之比較容易接受，不至於引起情緒上太大的痛苦，解決煩惱，可減少內心的不安。

心理防衛機制有時是故意的，有時是無意的；有些符合社會道德標準，有些則不；對生活的影響各不相同，有正有負。按照心理成熟度由低到高，大致可分類為：

1. 自戀性質明顯：屬一級防衛機制，包括否定、歪曲、外射。
2. 不成熟：屬二級防衛機制，包括內向投射、退化、幻想等。
3. 比較成熟：屬三級防衛機制，包括壓抑、昇華、補償、幽默等。

貳、類型

按行為性質，其形式可分為幾個大類和許多小類，茲扼要說明重點並且配合老人狀況說明如下：

一、逃避性

1. 壓抑／潛抑（repression）：人們常常有不能被意識所接受的情感、念頭與衝動，在不知不覺中抑制到潛意識中去，是心理防衛機轉最基本的方法。當一個人的某種觀念、情感或衝動無法被超我接受時，下意識將極度痛苦的經驗或慾望潛抑到無意識中去，使個體不再因此產生焦慮或痛苦，是一種不自覺的主動性遺忘，有時

表現狀況為口誤筆誤。「抑制」則為有意識的進行同樣工作。壓抑在潛意識中的這些慾望還是有可能會無意識的影響人類的行為。例如有位婦女的丈夫猝逝於 5 月，她非常痛苦，她把這不堪忍受的情緒抑制，存放到潛意識中去，「遺忘」了。感情留在意識之中，而觀念卻被忽視了，但是每到 5 月均會出現自發抑鬱情緒，自己不知道為什麼，藥物治療也無明顯效果。

2. 幻想（fantasy）：當一個人遇到現實困難時，因為無法處理這些問題，就會利用幻想的方法，將自己從現實脫離，生活於幻想的境界中。利用幻想，任意想像去處理困難，使自己獲得心理平衡。幻想對一個人的安全感有幫助，但會釀成虛幻的自尊，因為幻想帶有濃厚的自我陶醉色彩。

3. 理想化（idealization）：是幻想的表現之一，指對某種性格特質或能力估計做過高的評價，以獲得安全感。

4. 否定（denial）：拒絕承認那些不愉快的現實以保護自我，是最原始也最簡單的心理防衛機制。對已發生的痛苦事情刻意「忘卻」，對已發生的不愉快事情「否定」，認為根本沒有發生過，以躲避心理上的痛苦。「眼不見為淨」是常見的心態，例如癌症病人否認自己患了癌症，或妻子否認丈夫意外死亡等。

5. 歪曲（distortion）：把外界事實加以曲解以符合內心的需要，用誇大的想法來保護受挫的自尊心，如頑固地認為已過世的配偶依然健在。與現實脫節，嚴重扭曲了現實。

6. 退化（regression）：也稱為倒退。當人感受到嚴重挫折時，放棄已學得的成人因應技巧，而退到困難較少、較安全的兒童時期，使用原先比較幼稚的方式去應付困難和滿足自己的慾望。放棄努力，讓自己刻意對別人的依賴，從而徹底地逃避成人的責任。許多老人，當遇到困難無法對付時，便宣稱自己身上的「病」加重了，需要休息，以此退回到兒童時期被人照顧的生活中去。

7. 壓制（suppression）：雖然出現想解決矛盾衝突的念頭，但在下意識中卻做出推遲的決定。把已經認識到的不舒服感受盡量縮小，設法加以推遲。他們常這麼說：「我明天再考慮這件事情。」其實並不想面對。

8. 補償（compensation）：因為在心理上或生理上有缺陷，不能達到某種目標時，有意識地採取其他能夠獲取成功的活動，以便補償某種能力缺陷而彌補自卑感。

9. 孤離作用（isolation）：按精神分析論，屬防衛方式之一；個人將以往痛苦經驗置諸內心深處，予以隔離，藉以避免想到時會引起焦慮。榮格（C. G. Jung）稱此種狀況為「心理孤離」（psychic isolation）。

二、自欺性

1. 反向（reaction formation）：矯枉過正，意識性地採取某種與潛意識完全相反的看法和行動。因為真實意識表現出來不符合社會道德規範或引起內心焦慮，朝相反的途徑刻意表現某種行動。

2. 合理化（rationalization）：又稱文飾，用一種似乎有理的解釋，但實際上站不住腳的理由來為難以接受的情感、行為或動機辯護，使其可以被接受。常見的狀況有三：一是酸葡萄心理，把得不到的東西說成是不好的；二是甜檸檬心理，當得不到葡萄而只有檸檬時，就說檸檬是甜的；三是推諉，將個人的缺點或失敗，推諉於其他理由，設法找人代為受過。三者均掩蓋其錯誤或失敗，以保持內心的寧靜。

3. 儀式與抵消（ritual and undoing）：用象徵性的事情抵消已經發生的不愉快事情，來彌補心理的不舒服，以消除其罪惡感、內疚感和維持人際關係。例如某個人因為曾經不慎說錯了話而出了紕漏，以後他每說一句話，就倒抽一口氣，表示已把剛才的話收回來

了，不算數；或用手蒙住嘴，表示我沒有說。

4. 隔離（isolation）：將部分事實從意識中有所隔離，以免引起精神上的不愉快。例如不說某位長輩死了，而說仙逝或長眠等，這樣感覺上不會太悲哀或不祥。

5. 轉化（conversion）：指精神上的痛苦、焦慮轉化為身體症狀，從而避開了心理焦慮和痛苦，如歇斯底里病人的內心焦慮或心理衝突以身體化的症狀呈現，如癱瘓、失聲、抽搐，暈厥、痙攣性斜頸等等，患者自己對此並沒有知覺。轉化的動機是潛意識的，是病者意識不能承認的。

6. 解離（dissociation）：暫時而劇烈地改變自己的性格或某種感覺，以避免情緒苦惱，包括神遊或毫無根據的優越感，以漫不經心的態度，否認自己的行為或感情。如為了消除焦慮或苦惱而顯得忙忙碌碌，為了麻木自己的不愉快感情而短暫地濫用某種藥物或投入宗教活動。

三、移轉性

1. 轉移（displacement）：把危險的情感或行動轉移到另一個情境下釋放出來，通常是把對強者的情緒、慾望轉移到弱者身上。例如在醫院對醫生的憤怒轉移到護理人員身上或對親人發洩。

2. 投射（projection）：也稱外射。主觀地將屬於自身負面的思緒、動機、慾望或情感賦予到其他人身上，推卸責任來得到解脫。以自己的想法去推測別人的想法，如覺得因為我這麼想，所以認定他人也會如此想。投射常因為嚴重的偏見、因為猜疑而拒絕與人互動、對外界過分警覺。在許多老人身上有類似的心理作用。

3. 攝入（introjection）：或稱內向投射，與投射作用相反，指廣泛地、毫無選擇地吸收外界的事物將之變成自己人格的一部分。有時對外界社會和他人的不滿，內向投射變成恨自己，甚至因而自

殺。可能是自罪感的表現，也可能會模仿死者的一些性格特點來減輕對死者的內疚感。

四、建設性

1. 認同（identification）：指有選擇性地模仿，順從一個自己佩服對象的態度或行為，將對方之長處歸為己有，作為自己行為的一部分，以此吸收他人的優點以增強自己的能力、安全感及接納等方面的感受，掩飾自己的短處。認同有兩種：一種近似模仿，另一種是利用別人的長處來滿足自己的願望、慾望。老人較容易出現的是向往生者認同，一個人失去他（她）所愛的人時，會模仿所失去的人的特點，使該特點出現在自己身上，以減輕內心因喪失所愛而產生的痛苦。

2. 預期（anticipation）：為未來的內心不舒適感受做某種計畫，加以仔細準備。

3. 理智化（intellectualization）：在情感上讓自我脫離壓力事件，用有利於自己的理由來辯解，將面臨的窘境加以文飾，設法合理化自己的行為或處境，隱瞞自己的真實動機或境遇。包括為了避免與人發生感情而對動物、寫作等格外注意，為了避免表達出內心感情而特別注意外界現實。

4. 昇華（sublimation）：將不符合社會規範的衝動或慾望設法壓抑，另闢蹊徑，用符合社會認同的建設性方式表達出來，藉此得到滿足。

5. 幽默（humor）：以幽默的語言或行為來應付緊張的情境或表達潛意識的慾望。透過輕鬆的言詞來表達攻擊性或性慾望，以減輕自我或超我的抵制。在各種幽默（笑話、歇後語）中處處可見關於性愛、死亡、攻擊等話題，其中包含大量受壓抑的思想。

6. 利他（altruism）：替代性而建設性的為他人服務，使自己感到滿

足。包括良性的建設、慈善行為，對別人的報答及服務。利他與投射的區別，在於為別人提供的是真的而不是想像的利益。利他與反向的區別，則在於利他讓應用者得到滿足。

上述各種防禦機制可以單一地表達，也可多種機制同時使用。綜合而言，藉口是蓄意的，而自我防禦機制可能並非蓄意使用，有時是無意識的，或至少部分是無意識的。防禦機制是藉支持自尊或透過自我美化而保護自己以免於受傷害。防禦機制似有自我欺騙的性質，以掩飾或偽裝真正的動機，否認可能引起焦慮的衝動、動作或記憶。藉著歪曲知覺、記憶、動作、動機及思維，阻斷某一心理過程，使自我免於焦慮，也是一種心理上的自我保護。

防禦機制本身不是病，它們在維持正常心理健康狀態上有作用。但正常防禦功能作用改變的結果可引起病態的心理與行為。常見的恐懼症有以下幾種（張春興，1989a；楊延光、黃介良，2010）：

1. 懼失敗症／失敗恐懼（kakor-rhaphiophobia）：屬恐懼症之一。患者對失敗一事特別在意。
2. 懼恐懼症（phobophobia）：屬恐懼症中的一種特殊類型。患者所恐懼者非特定對象，而是對自己存在恐懼習慣感到恐懼；因恐懼而生恐懼，恐懼的結果更加重了恐懼的程度，甚至庸人自擾。
3. 懼死亡症／死亡恐懼症（thanatophobia）：患者對死亡一事特別敏感，不但深感人生無常，而且對死亡一事產生超乎常人的恐懼反應。患死亡恐懼症的人，不敢談論死亡的事，不敢參加親友的葬禮，對「人生自古誰無死」的自然現象，看得過分嚴重，經常抹不掉心理上死亡的陰影，惴惴終日，因而影響生活功能。
4. 懼藥物症／藥物恐懼症（pharmacophobia）：患者對藥物特別敏感，見到藥物或不得已服用藥物時，即表現出不能控制的恐懼反應。

5. 懼髒症（mysophobia）：患者對不清潔的東西特別敏感，遇見骯髒情境或垃圾等物，即感到不安與恐懼。有潔癖的人通常有此心理傾向。

第二節　精神分裂症狀

壹、基本認識

40% 以上的老年人罹患一種以上的慢性疾病，常見的有高血壓、糖尿病、缺血性心臟病、血管硬化等。這些慢性疾病可能影響腦部功能而造成神經精神症狀（衛生署，2004）。老年精神疾病包括失智症（過去稱為癡呆症）、憂鬱症、躁鬱症、焦慮症、物質濫用、器質性精神病（如中風後情緒或人格改變）、譫妄等，其中以失智症、憂鬱症、焦慮症與物質濫用等最常見。

貳、常見的症狀

本文說明精神分裂症（schizophrenia）常見的症狀（曾文星、徐靜，1985；林信男、林憲，1987；蕭淑貞等，2011；Stito, 2006）：

一、感官知覺的改變

感官知覺的改變在精神分裂症的早期階段特別明顯，約有三分之二的病人產生此變化，所有的感覺接收變得強烈或遲鈍。

1. 聽覺的變化：如病人所描述的：「我聽到所有天堂與地球上的聲音」、「有人把所有東西的音量都轉大聲了，我會注意到所有背景的聲音」、「我現在對你說話時，我可以聽到隔壁房間及走廊聲

音，我無法不注意他們，所以沒注意到你對我說什麼。」

2. 視覺的變化：「東西都變得更鮮豔了，彷彿是發光的圖畫般，而且看起來較扁平，好像只是一個平面，不只這些顏色吸引我的注意，所有小東西都讓我注視很久」、「每件東西看起來都很可怕，人們看起來像魔鬼──有黑色的輪廓及發亮的眼睛，所有的物體──椅子、房子、東西都有自己的生命」。

3. 觸覺的改變：「與人接觸是很可怕的，和人接觸讓我覺得像被電到般」、「我感覺喉嚨中似乎有一隻老鼠，而且牠的身體好像在我嘴巴中解體」。

因為知覺過度敏感化，病人會被外在的刺激所淹沒，他們看到、聽到的，正常人的腦會自然過濾影像及聲音，讓人們可以集中注意力在選擇的事物上。精神分裂症病人的過濾系統損壞，以致所有外界的感官刺激如洪水般同時在大腦中產生作用。

二、對瞭解訊息及反應發生異常

精神分裂症患者對於訊息的分類、瞭解及反應產生缺損，不僅思考發生問題，而且在視覺、聽覺刺激、情緒及行為反應上都受到影響，彷彿腦部的總機出了問題，無法將進入的訊息、思考、想法、記憶、情緒做適當分類，而混合在一起。例如正常人可以將聽到的句子自動轉換成想法，無須集中在個別的字上，只要去想這整個句子的意思就好，但是對病人來講，並不如此。如他們所描述的：「每一件事情彷彿都裂成碎片，要努力組合起來，我看到手錶時，看到的是一個錶帶、錶面、針，必須努力去想，才能確認這是一隻手錶。」

某個病人描述他看精神科醫師的經驗，他看到是牙齒、鼻子、下巴、眼睛及各個部位，讓他感覺非常害怕，他無法認得這是完整的人。視覺認識上的缺損，會把人認錯。常無法同時處理兩種以上的訊息，譬如病人說：「我沒辦法看電視，因為我沒辦法一面看螢幕，又同時聽電視上的

聲音。」

　　精神分裂症病患在與人的相處上也會發生問題，很多病人寧可獨處、態度退縮，儘量少與其他人交談，因為這些過程對他們來講是困難而且痛苦的，他們會加以避免。精神分裂症患者在語言表達上的問題包括音韻連結，例如病人只注意到聲音的部分，忽略了字的意義。

　　這方面常見的障礙還有：

1. 抽象思考障礙：當問病人某個成語時，病人只注意到字，無法去辨認整個成語的意思。
2. 新語症：想說的無法表達，「我的腦筋好像發生了障礙，無法正確地說出我想表達的，有時候隨便創造新的字來代替。」
3. 語言沙拉：所表達出來的是無意義而不連貫的字。
4. 思考中斷：好像腦子裡面的總機突然斷電，停了好幾秒鐘，然後又再繼續運作，如病人描述：「當我思考到一半，會突然停在一個字或想法上，沒有辦法運轉下去，整個腦袋很難再想到任何的事情。」
5. 矛盾：病人無法處理同時出現的兩種不同思考、感覺，如病人所述：「對各種事情我的腦子都出現兩種對立的想法，之後整個腦筋彷彿成了碎片，整個人被解體了。」

　　這些對刺激分類、瞭解及反應的問題，在正常人看來便是語無倫次、無法瞭解、沒有邏輯性、思考障礙（thought disorder）及退縮等，顯示病人的判斷力受到損傷。在疾病早期，這些症狀是模糊的，但是隨著疾病程度變得嚴重，這些缺失變得逐漸明顯。

三、幻聽和妄想

　　是精神分裂症最常見也是容易辨識的症狀，大部分的幻聽（hallucination）和妄想（delusion）是因為病人對外界事物的感覺發生扭

曲所造成的。而妄想是病人出現錯誤想法，不符合所處的風俗習慣、文化。妄想來自於病人對所接受到的感覺有了錯誤的解釋，把周邊各不相關的事情聯想成與自己有關。譬如當你走在街上，對街有一個人咳嗽，你可能不會注意到他。但是對患有精神分裂症的病人來講，他不只聽到咳嗽，而且馬上聯想到這個咳嗽是針對他，對他有某種特別的含意，然後又聯想到這個咳嗽是在警告另一個人「病人來了！」

由於病人對一些感官知覺過度敏感，對邏輯推理的能力下降，這些原因綜合起來造成病人的妄想。被害、被監控、被攻擊的妄想十分常見，一些病人可能因為防衛的理由而攻擊他人，但在所有精神分裂症的病人來講，還是占少數。

依照張春興（1989a）及蕭淑貞等（2011）的說法，妄想狂（paranoia）屬於一種以妄想為主要症狀的的精神病。妄想症患者，雖然在感覺器官上沒有障礙，但在知覺經驗上與常人不同：對事件的因果關係不按常理判斷，妄加推理，自以為是，在別人看來荒謬至極，而其本人則深信不疑。妄想的形式很多，其中主要者有：(1) 迫害妄想（delusion of persecution）；(2) 誇大妄想（delusion of grandeur）；(3) 支配妄想（delusion of influence）；(4) 否定妄想（delusion of negation）；(5) 關聯妄想（delusion of reference）；(6) 嫉妒妄想（delusion of jealousy）；(7) 多情妄想（erotic delusion）等。

妄想型人格異常（paranoid personality disorder），簡稱妄想型人格（paranoid personality），屬人格異常之一。患者對人不信任，疑心病重，嫉妒，凡有錯誤皆歸咎於人，處處防衛，無法與人建立良好的情感關係。妄想型精神分裂症（paranoid schizophrenia）屬精神分裂症之一，其主要症狀為思想荒誕；思想之內容脫離現實，純憑幻覺與錯覺而構成妄想。

妄想的方式主要有兩類：一為迫害妄想（delusion of persecution），另一為誇大妄想（delusion of grandeur）。前者指患者認定別人正在有計畫地傷害他，因而疑神疑鬼，凡是見人私語即起疑心，惶惶不安。誇大妄

想，則是患者妄自誇大個人的地位、身分、才能等以炫耀自己，希望能引起別人的重視。此症患者多為中年以上者，老年也很多。病發緩慢，是多年累積的結果，例如病人覺得有力量去控制天氣，可以控制太陽或其他星球的運動，或認為自己是耶穌基督。誇大妄想有時候會造成危險，如病人覺得他可以飛，便可能造成意外。

另外的典型症狀是「思考傳播」，病人覺得他腦中的想法會被傳播出去。妄想有時是固定的，有時起伏不定，譬如有位病人認為某甲要殺他，在第一天他可能與某甲保持距離，敬而遠之，卻在第二天又與某甲愉快地交談，在第三天又對某甲刻意保持距離。

這些經驗對病人來說是真實的。會看到病人自言自語，對著他所聽到的聲音說話。幻聽是最常見的幻覺，可能是簡單的聲音，或重複的一句話，甚至聽到很多人在交談。

幻聽的機制不明，腦部有很多部分與聽覺功能有關，可能是在靠近顳葉及額葉的聽覺功能因血流量增加而造成，或是大腦皮質的語言區出了問題。有些天生耳聾的病人也會出現幻聽。

在評估妄想與幻覺時，要考慮病人的文化背景。如某些宗教團體容易出現視幻覺的情形，且常常是具有指示性、引導性，且較愉悅的。

四、對自我的感覺改變

正常人對自己的身體有清楚的概念，知道自己的手腳在那裡，一定與其他外界事物分別，而精神分裂症患者常常覺得自己的身體起了變化。例如覺得身體的骨架扭曲，特別引人注意；或覺得自己的眼睛空洞，深陷在頭骨中；或四肢顯得形狀非常怪異，變得比較小或比較細長或放錯位置；或自己的臉看起來似乎有好幾倍長；或覺得自己身體的每一部分有自己的生命，變得解離。也常見自己與他人的界線混淆，例如某位病人覺得媽媽已經喝了一杯茶，他便不必再喝茶。

五、情緒的劇烈改變

　　精神分裂症早期的病人可能變得憂鬱、害怕及情緒劇烈起伏，但到了疾病末期，情感會變得鈍化，沒有辦法感覺到情緒。憂鬱的情緒在疾病的早期是常見的，病人常覺得在妄想及幻聽之前先經歷到憂鬱的感覺。這些憂鬱主要是生理性的，有些也可能來自於病人生病所造成的次發性憂鬱。

　　病人可能經歷到各種情緒都變得非常強烈，而且轉變得非常快，好像宗教的狂喜一般，病人覺得他所有的問題都沒有了，所有的願望都將被滿足；有時會覺得身體被一種溫暖所包圍。有時病人覺得自責或感到害怕，但這種害怕既沒有原因，又欠缺確切目標。

　　除了對自己的情緒感覺控制出了問題，病人也無法正確評估他人的情緒，無法對別人的情緒做出適當的反應，因此造成病人的社交活動有困難。這些情緒異常可能與腦中的總機發生問題有關，病人經驗到錯誤的訊息，表現出來的是錯誤的情緒。病人情緒也可能變得冷淡，無法對別人有同理心，而且冷淡狀況隨著疾病進程逐漸明顯。

六、動作的變化

　　患者動作常常會變得緩慢，有點笨拙，不一定是藥物的副作用，疾病的本身就可能造成這種變化。在行走時手部的自然擺動會明顯減少，有時眨眼的情形也會減少。最嚴重的情況是「僵直型（catatonic）精神分裂症」，病人可保持數個小時維持同一個姿勢。

七、行為的改變

　　病人行為的改變通常來自其他症狀的影響，如對外在刺激過度敏感化，無法統合各種刺激，病人會退縮在角落，身體保持不動。有時候退縮

是因為病人深陷在自己的思考世界中，為了減緩外界刺激進入腦中的速度。

造成行動遲緩的原因是，發生了病人無法預期的感官刺激，如病人所描述的：「我突然好像被催眠了，因為發生了很可怕的經驗，突然有一個很大的聲音，好像有人把一個巨大的收音機突然轉開了，震耳欲聾的聲音使我停下所有的活動。」病人有時會重複繞圈走，或不斷地進出同一個門。有些特殊的行為在別人看來很怪異，但對病人特別重要。例如病人由左向右有韻律地搖頭，表示這樣可以將某些思考由他腦中搖晃出去，幫他清掉不想要的想法。有時這種行為會被錯認為強迫性行為（compulsion）。

「語言模仿」也可能出現病人像隻鸚鵡般重複別人的話，有些人認為病人重複這些話是為了弄清楚這些話的意思。病人模仿他人的動作是行為模仿，可能是用這個方法來分辨自己與他人的界線。病人的行為對本身來說可能是合乎邏輯的，只是在外人看來卻是瘋狂的。

八、病識感

指病人是否瞭解自己出了問題。有些病人在疾病初期會告訴周圍的人，他的腦筋似乎怪怪的。但病識感（sense of insight）逐漸減少，因為腦部功能的缺損愈來愈嚴重，病人已經沒有辦法合理去思考。仍有不少病人具有病識感。如一位患者說：「我寧願失去我的手臂來換回我以前的頭腦。」他的感覺發生改變，沒有辦法瞭解訊息的意義，有妄想和幻聽出現，身體的界線也出了問題，情緒和行為都沒有辦法控制。

第三節　憂鬱症

壹、基本概念

一、定義及原因

Depression 可以翻譯為抑鬱、憂鬱或沮喪，是憂愁、悲傷、頹喪、消沉等多種不愉快情緒所綜合而成的心理狀態，在精神疾病的分類上，通稱「憂鬱症」。按症狀的差異，有輕重之分。輕度憂鬱多數人都有此經驗，諸如悲觀、沉悶、生活缺乏情趣、做事無精打采等低潮情緒，正常人也會遇到。因此，短暫的憂鬱並非病態。但憂鬱情況嚴重時，患者行為異於常人，不僅在心理上悲傷、絕望、自責以及思想錯亂，而且在生理上也出現食慾不振、頭痛、心悸、兩眼無神、嘴角下陷等症狀。憂鬱按形成原因分為兩類：

1. 反應性憂鬱（reactive depression）：因為外在情境遽變，如家庭變故或親人死亡等。
2. 內因性憂鬱（endogenous depression）：因為個體對痛苦經驗壓抑的後果。

有些年老者投閒置散，剩餘的精力無處發揮，英雄無用武之地，變得鬱鬱寡歡、孤立、冷漠、怪僻，因而產生憂鬱。《張氏心理學辭典》將憂鬱症與極度沮喪並列，憂鬱幾乎成為所有精神疾病的共同特徵。

憂鬱症之徵候與症狀如下（黃堅厚譯，1989；賴惠欣譯，1996；Solomon & Patch, 1978）：

1. 持續地感到悲哀與沒理由的感傷。
2. 常常覺得沒有價值、沒有用、充滿絕望和罪惡感。
3. 缺乏對工作、人際關係、飲食及性生活的興趣。

4. 常失眠，有時又睡得過多。

5. 健忘、注意力沒有辦法集中，無法做決定，連簡易的任務都沒有辦法達成。

6. 體重不正常的減輕或增加。

7. 經常想到死，常有自殺的念頭。

8. 經常頭痛、胃痛，亂吃成藥。

9. 經常感到空虛。

10. 覺得一切都很冷酷、無助。

11. 容易亂發脾氣。

憂鬱症的老人也可能會有記憶喪失、社交退縮、思想混亂，甚至出現妄想和錯覺。

重鬱症是持續超過兩個禮拜的情緒混亂，症狀包括無法抑制的悲傷，昔日帶來快樂的日常活動突然感到枯燥乏味，如果不加以治療，症狀可能延續到半年一年，甚至更長的時間。早期治療對防止病情的惡化和避免自殺非常重要，輕鬱症雖然是一種較不嚴重的憂鬱症，雖然它的症狀引發的失能程度較低，但老年人患有此症者，仍有較高的危險性，會惡化成重鬱症。

二、產生原因

憂鬱症和遺傳因子、環境、腦部的化學物質和生活中的某一些不如意經驗都可能有關係。對於憂鬱症之病理，曾文星、徐靜（1985）的解釋是：

1. 遺傳因素的影響：情感性疾病的患者家族中，多有親友罹患此症。此種疾病一般罹患機會為 0.4%，異卵雙胞胎之罹病率為 26.3%，而同卵雙胞胎之罹病率更高達 95.7%，顯示此病受遺傳因素的影響很大。同卵雙胞胎罹患率在 66% 至 96% 之間。

2. 生化學之探討：躁鬱症患者之碳水化合物新陳代謝可能有障礙。躁鬱症患者對血內糖之取用速度的確較慢，但其葡萄糖之耐受力卻無降低現象。

3. 在生物化學、神經生理學及症狀學上的研究顯示，內因性憂鬱症患者可能有腦內下視丘—邊緣腦系統（hypothalamic-limbic system）功能之障礙，以致引起腦下垂體前葉功能異常。

4. 過敏症患者，罹患憂鬱症的比率是一般人的 2 倍，尤其是嚴重到常得去看醫生的過敏患者，罹患憂鬱症的比率更高。

引起憂鬱的心理因素很多，歸納起來，主要有失去所熱愛的人或物、自尊心受到嚴重打擊，將原應向外的攻擊轉向自己等。按形成原因可分為以下幾類（趙順文譯，1990；李明濱，1999）：

1. 反應性憂鬱（reactive depression）：由外在情境遽變（如家庭變故等）造成的，包含失去親友，長期處於失落的情緒壓抑反應之中。

2. 內因性憂鬱（endogenous depression）：因個體對痛苦經驗壓抑的後果，是因為壓力、情緒壓抑或其他因素所造成。

3. 一般性憂鬱（major depression）：因患者有明顯的憂鬱症狀，干擾了工作、睡眠、飲食及生活步調。

4. 季節性情緒障礙（seasonal affective disorders，簡稱 SAD）：是一種冬天來臨、白晝變短時，困擾人的憂鬱症。原因是冬季接觸的日光量較少，會影響腦部血清素（serotonin，一種控制情緒的荷爾蒙）之濃度。伴隨著明顯的能量降低、睡眠增加、需求大量的醣類。可採取光線治療，多曬太陽有益穩定情緒。

非典型的憂鬱症（atypical depression）並非正式的醫療分類，患者通常會突然的食慾大增、睡眠增加，無故陷入喜悅中，但實際上並無值得喜悅的事情發生。

焦慮症很容易合併產生憂鬱症。精神壓力常常會影響神經傳導物質

的正常運作,如腎上腺素(norepinephrine)、血清素(serotonin)等的分泌發生變化,導致情緒低落、憂鬱不安、極度倦怠等。

貳、憂鬱與躁症

根據病程可將憂鬱症分成單極(unipolar)和雙極(bipolar)。單極指在病程中僅出現憂鬱症,雙極則是指在病程中都曾出現過躁症(mania)及憂鬱症。躁鬱症是雙向性的情感疾病,憂鬱和躁症(過分興奮)兩種症狀會以一定的週期交替循環。患此症的病人可能導致無法進行對人、事、物做正確判斷,產生行為問題,譬如大量購買一些不必要的衣物,喜歡亂花錢,喜怒無常等。躁鬱症不像憂鬱症如此普遍,情緒轉換是戲劇化、快速的。當處於鬱期可能會有憂鬱的症狀,另一邊換處於躁期時,可能會產生狂躁的症狀。狂躁會影響判斷、思考及社交行為的異常,有時引起嚴重的問題,如不當的財務處理(曾文星、徐靜,1985)。

憂鬱性精神官能症是指患者表現出憂鬱症狀,雖不如重鬱症嚴重,但症狀經常是慢性化,常持續兩年以上,造成工作表現、人際關係、家庭生活的障礙。患者除了情緒低落的核心症狀之外,也經常合併有身體的不舒服,包括:胸悶、呼吸困難或窒息感、無力、噁心、腸胃不適、頭暈、昏沉、體重減輕或增加等。懂得尋求精神醫療幫助的老年人只占少數,多數長輩總是默默忍受不舒服,親戚朋友也多認為患者只是個性上愛鑽牛角尖或想不開。

精神官能症的說法雖已過時,但對老人的心病探究仍有意義。精神官能症成因有多方面,有可能是先天的腦細胞功能脆弱,也可能是後天生活經驗造成的。醫學上為了強調此症的心理因素,所以就把它劃分為「精神疾病」,病人找精神科診治。其實身與心是一體的兩面,不可能分割,精神疾病不是只有精神症狀,也會同時表現出生理上的病痛,例如頭痛、心悸、拉肚子等等。精神官能症只是個籠統又已過時稱法,依照病人的精神症狀表現,可細分為多種(胡海國、林信男,1995)。

參、盛行率及老年憂鬱

世界衛生組織（2000）的流行病學分析指出，憂鬱位居全球重大疾病第四位，預估在 2020 年時，憂鬱症將會躍居所有年齡層中全球重大疾病的第二名（Chong, et al., 2001）。憂鬱症已經是 15 至 44 歲之男性及女性中全球位居第二名的重要疾病，全球有 11 億多人受影響。台灣老人憂鬱的盛行率約 15.3%，守寡、低教育程度及有疾病者更是高危險族群。女性罹患憂鬱症的機會是男性的 2 至 3 倍，女性終生的憂鬱症罹患率高達 20% 至 26%，也是男性的 2 倍。由於女性經常面臨生活壓力，容易比男性沮喪，加上伴隨更年期而來的心悸、熱潮紅、盜汗等不適症狀，是讓女性很「憂」的主因。有 40% 的憂鬱症患者有輕生或自殺的念頭，10% 的患者可能因自殺而死亡。憂鬱症是可以察覺的，如果能夠找到原因，更可經由專業協助和治療得到改善（衛生署，2004）。

沒有哪種職業、種族、性別或年齡可以對憂鬱症免疫。音樂家舒曼，文豪哥德、雨果、托爾斯泰、吳爾芙，宗教改革關鍵人物馬丁路德、林肯（美國第十六任總統）、羅斯福（美國第三十二任總統）、文生梵古（荷蘭後期印象派畫家）、邱吉爾（英國前首相）、瑪麗蓮夢露（美國影星）、海明威（美國作家）……都飽受憂鬱症的折磨。

《邱吉爾的黑狗》是討論憂鬱症的書籍（鄧伯宸譯，2005），一位精神科醫師寫下他對歷史上幾位知名人物——邱吉爾、卡夫卡、牛頓——罹患憂鬱症的研究，甚至憂鬱症與他們那偉大成就之間有無相關的分析。被拿來當成此書書名的英國首相邱吉爾，「黑狗」是他對自己憂鬱症的稱呼。邱吉爾曾經率領英軍打敗希特勒，解救了無數納粹政權下的受害者，是二次大戰的英雄，甚至是二十世紀最偉大的人物。他還拿過多少作家都渴望的諾貝爾文學獎，又被選為英國第一偉人，可是，憂鬱症發作時「絕望如縷不斷」，「每天都禱告，只求一死」，憂鬱症像個忠實的黑狗一般跟著他，使他臨老時認為自己「一事無成」。

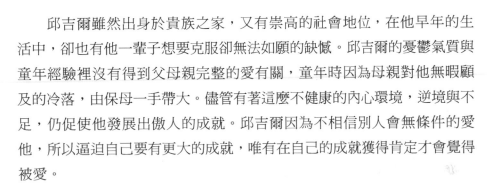

　　邱吉爾雖然出身於貴族之家，又有崇高的社會地位，在他早年的生活中，卻也有他一輩子想要克服卻無法如願的缺憾。邱吉爾的憂鬱氣質與童年經驗裡沒有得到父母親完整的愛有關，童年時因為母親對他無暇顧及的冷落，由保母一手帶大。儘管有著這麼不健康的內心環境，逆境與不足，仍促使他發展出傲人的成就。邱吉爾因為不相信別人會無條件的愛他，所以逼迫自己要有更大的成就，唯有在自己的成就獲得肯定才會覺得被愛。

　　邱吉爾長期罹患憂鬱症並不時發作。他稱憂鬱症為「黑狗」，而這也正是他自己的綽號，由此不難想像，他跟憂鬱症形影不離。如果沒有這些缺憾，他可能會快活些、平凡些、安定些，但也可能沒有那麼偉大！活到 92 歲的邱吉爾終其一生都在跟自己的絕望戰鬥，因此也才得以告訴世人：「絕望是可以戰勝的。」

　　正確對待憂鬱症是戰勝憂鬱症的先決條件，須瞭解四個重點：

1. 憂鬱症是一種真實的疾病，而並非意志薄弱。憂鬱症是每個人都可能得的心理疾病，與感冒一樣，都是一種普遍的疾病。
2. 憂鬱症不是自己的過錯，也並不表示個性懦弱和自我調節能力的缺陷。
3. 憂鬱症是可以治好的。所以，如果憂鬱了，就告訴自己：「我的情緒感冒了，我的情緒現在正在發燒，還會打噴嚏，現在很痛苦，但只要吃點藥就會好的。」
4. 憂鬱症對個人的發展很可能是一件好事。它讓自己反思和內省，治癒後可能會達到比以前更高的層次。所以，如果憂鬱了，不要認為自己是不幸的。塞翁失馬，焉知非福！

　　進入老年之後，隨著體力的衰退、子女的長大成人離家、退休及各種角色的退出，孤寂的感情將隨之產生，有時會造成憂鬱。產生情緒失調的疾病症候群，不僅使人情緒沮喪、悲傷、消沉及憂愁，嚴重者可能陷入

悲傷、絕望、自責及思想錯亂（張春興，2003）。憂鬱會傷害身體的免疫力，寂寞的老人主觀地認為自己不健康，求醫行為也增加。

憂鬱是晚年最常見的心理疾病，它不只引起痛苦及患病，亦導致生理、心理及社會功能的損傷，會增加自殺的風險，耗費許多健康照護資源（Malcolm, et al., 2005）。老年遭遇問題，例如心理失調、緊張、挫折感、鬱悶、悲觀等負面情緒或消極心態，過了一段時間若未化解，會影響身體狀況，導致罹患疾病，身體的衰退加速，與家人關係不佳、社會孤立等，形成惡性循環。

由於生活背景、年齡階段及心理狀態的改變，有些因素會使老人容易產生憂鬱或悲傷，這些因素與日常生活及環境有關。性別、教育程度、婚姻狀況、居住安排及社會經濟地位等，對老人憂鬱都有顯著的影響，而女性更年期、低教育程度及貧窮都可能是造成憂鬱的危險因子。性別、教育程度、職業類別、社經地位、認知地位及自述慢性病症狀等變項，都可能影響獨居老人的憂鬱傾向。在與身體疾病的關係方面，經常疼痛及日常生活失能等為憂鬱症狀的相關危險因子。罹患一種以上慢性疾病、沒有參與休閒活動或參與次數較低者，有較高的憂鬱傾向。年齡愈高、教育程度愈低及近期喪偶者，較有可能憂鬱（沙依仁，1996）。

喪偶或失去家人與憂鬱具有強烈的相關性，若配偶死亡，第一年的憂鬱程度相當高；而配偶的死亡也會使憂鬱程度上升。喪偶是特殊而令人傷痛的生活事件，而這個事件可能導致其他事件發生，例如：財務危機或社會孤獨等。即使受到照顧或關心的老人，若配偶死亡，也會呈現緊張並增加憂鬱的症狀。

沙依仁（1996）指出，老人若沒有和子女同住，生活起居與經濟負擔必須自行挑起，更會影響到老人的生活情緒，甚至導致憂鬱。獨居者自由自在的生活，不必勉強自己迎合別人而使情緒受到影響，也有其優點。倘若老人無法自己獨立生活，必須依靠他人照顧才能生存時，在生活環境的轉換中，更會造成老人的孤寂，刺激憂鬱的發生，最嚴重的是長年孤寂

而影響到情緒及身心的健康。與子女同住的老人雖有家人陪伴，但卻也可能導致衝突的增加，而產生憂鬱。老年人的居住形式由與人同住變為獨居者、個人收入及經濟滿意度較低者、健康情形較差者及受社會支持減少者，憂鬱傾向發生機率較高。

退休導致日常生活的重大改變，如失去重要的社會關係。退休且停止工作後，造成一連串的喪失，失去工作也失去接觸某些朋友的機會。退休代表著結束了在工作上共同享有的興趣和經驗，包括：權力、金錢、地位、人際關係及外出時間減少。老人若身體多病痛，有時覺得自己一無是處，期待他人陪伴的需求增加，負面情緒容易產生，也影響身體健康。如果好好安排，退休對老年人憂鬱狀況的影響也可以不大，退休亦表示老人有更多自由的時間從事有興趣的事，也可能不憂鬱。

造成老人憂鬱的主要因素，以疾病纏身為主，其次是孤單及經濟問題。若社經地位較高，則憂鬱狀況較低，兩者呈現負相關。經濟狀況的好壞對於老人的身體及心理健康狀況有直接的影響。若經濟來源有保障、經濟狀況良好，容易獲得保障，則營養狀況良好、醫療有保障、精神愉快、心理健康及人際關係和諧；反之則否，且會造成惡性循環，進一步造成早衰、早亡（黃富順，2002）。

老化的生理和心理是有相關的，生理的老化會影響到心理的老化，而生理的老化是一種無可避免的自然現象。老年生理上的變化會帶來心理上的變化，由於身體機能的退化會造成日常生活的不便，因此生理方面的衰老必然會影響到老年人的情緒。

流行病學長期追蹤研究中發現，老年人有生理疾病者，其憂鬱的狀況在一年內有增加3倍的危險性。在控制了過去的憂鬱史、親人死亡、人口學變項及其他潛在的心理社會因子後，有生理疾病者，憂鬱的危險性還是會隨著時間的增加而持續。失能及身體健康對於憂鬱的預測力也很強，若失能較為嚴重或身體較不健康者，也較容易產生憂鬱（李明濱，1999；王仁潔、李湘雄譯，2001）。

失能狀況及健康功能降低容易導致憂鬱，由於身體健康狀況經常影響心理健康狀況，身體狀況愈差的老人，心理健康狀況也會隨之降低。憂鬱在年輕老人階段影響死亡較為顯著，到了 85 歲以上時，憂鬱的影響反而下降。在探討影響台灣地區老人存活因素的研究中發現，在控制相關人口變項（包括五個不同年齡層）下，憂鬱情況對老人存活的影響不顯著，主要原因是健康自評、失能狀況、體能狀況與憂鬱程度有密切關係所致（林正祥、林惠生，2006）。張慧伶（2007）指出，配偶的有無、工作的有無、慢性疾病的有無、體能障礙的有無及其變化狀況，皆為影響台灣地區 65 歲以上老人憂鬱之危險因子。

憂鬱症如同感冒，是可以治療的，也可以透過一些方式減輕症狀。在**表 10-1** 中整理了憂鬱症的治療方式及效果。

表 10-1　憂鬱症治療四面向

治療方式	效果
藥物	用來改變腦部神經化學物質的不平衡，包括抗憂鬱劑、鎮靜劑、安眠藥、抗焦慮藥物等，但需須由精神專科醫師決定。
心理	改變不適當的認知或思考習慣，或行為習慣。可求助於專業心理治療人員及臨床心理師。
陽光及運動	「光照療法」，陽光中的紫外線可改善一個人的心情，多活動活動身體，可使心情得到放鬆。
良好的生活習慣	好的規律與安定的生活是躁鬱症患者最需要的，保持心情愉快，可以避免陷入自設想像的心理漩渦中。

資料提供：台北市立萬芳醫院。

肆、自殺

自殺（suicide）死亡的人口中，有七成生前曾患有憂鬱症，預測憂鬱症的指標包括：情緒低落、快樂不起來、食慾減少、失眠或嗜睡、動作遲滯、疲累或失去活力、無價值感、思考能力或專注能力減退、反覆想到死

亡。患有重大傷病，年齡愈大者，自殺機率愈高。自殺身亡的老人中有七成五罹患重病。

「久病厭世」這句成語並不假。有自殺意念者，「疾病因素」隨著年齡增加而更加顯著。根據台灣自殺防治學會調查指出，自殺未遂的人當中，「疾病」占自殺原因第六位，但在 65 歲以上老年人當中，高居自殺原因的首位（36.7%）；有 58.7% 的自殺死亡者，其生前合併有重大傷病診斷，比率隨年齡增長而增加。

在性別方面，民國 69 年，台灣有 1,759 人自殺身亡，男性 1,011 人，女性 748 人，男性比女性多出 35%。民國 99 年的死亡原因，男性自殺死亡達 2,639 人，女性 1,250 人，男性為女性的 2 倍多，比女性多出 111%。

一天因自殺而死亡者超過 10 人，已經不是新鮮事。民國 91 年，台灣因自殺自傷而死亡的人數已經有 3,053 人，平均每天 8.36 人。這數字是民國 81 年時僅 1,381 人自殺的 2.11 倍，那時每天因自殺而死者為 3.87 人，主要死因中排名第十二名，其中有幾年高居第九位，曾是上升比率極快的死亡類型。

民國 99 年，男性死亡人數只比女性多出 60%，可是自殺死亡卻多出 111% 以上。很顯然的，男性自殺率快速增加，遠超過女性。因此在主要死亡原因中，自殺是男性的第九位，女性則是第十二位。

關於自殺的統計都是低估的，因為很多家屬認為自殺不名譽，所以希望醫院能以別的理由來登記，而很多意外事故其實是有意自殺者刻意造成的。因此實際上自殺而死的人數遠高於統計數字。

衛生署（2012a）特別提醒：65 歲以上的男性是自殺的高危險群，其他年齡層的自殺率增加幅度都不明顯，唯獨「老男人」增加最快。

在劇烈的社會變遷中，中老年男性的失落感特別強烈。以往，中老年男性從原生家庭得到遺產，如今憂鬱與壓力是普遍的遺產；以往，中老年人在自己開展的家庭中地位最高，如今地位可能比貓狗等寵物還低；以往，中老年人的經驗是工作單位的資產，如今卻可能被視為老賊；以往，

中老年人是社會中堅，如今的命運卻是被後浪淘汰的殘渣……。再加上忙了幾十年，許多身體、心理、人際的問題纏身，沒有好好診斷治療，自殺的念頭在脆弱者身上，任意肆虐。

政府重視自殺這影響廣泛的問題，近年來推動不少的方案，但是針對中老年男性的少之又少。更何況，男性普遍不願也不習慣求助，即使心事重重、心結待解、意志消沉、精神渙散，依然鮮少打電話到自殺防治熱線或心理衛生中心。

像陀螺般打轉了幾十年的男人，一旦遇到重大挫折，就像失去動能的陀螺搖搖欲墜。處處是傷口的男人，平日通常是偽裝，利用大吃大喝、酒精、藥物來逃避，其實早就脆弱到不堪一擊了。希臘神話中有個偉大的英雄阿基里斯，他曾被浸在冥河，所以刀槍不入，但他的腳踝未被浸泡是致命的弱點。十年的特洛伊戰爭即將結束時，對手一箭射入阿基里斯的腳踝，他因此抱憾而終。這一代的中老年男性，處處是弱點，來自四面八方的箭不斷射過來，常感覺筋疲力竭，力不能勝。

人總是矛盾的，渴望求生，期待長壽。但是人心中也常有尋死的想法，求生與求死的本能不斷衝突和爭戰。當挫折強烈到向內攻擊時，求死的本能高過求生的本能，激發死亡的衝動。自殺者與社會狀況也有密切關係，在社會價值紊亂、經濟情勢惡劣、道德紀律鬆弛、人際疏離冷漠的狀況中，自殺率都可能因而上升。自殺反映出社會解離的困境，也是社會病態的結果，老年人的自殺率上升，既是社會問題，又是心理問題。

電影故事

《女人‧四十》（*Summer Snow*）／香港／1995

導演：許鞍華
主演：蕭芳芳、喬宏、羅家英、羅冠蘭

◎獲獎

　　榮獲第15屆香港電影金像獎最佳電影、最佳導演、最佳編劇和最佳男、女主角五項大獎。奪得第32屆金馬獎最佳劇情片等五個獎。還在柏林影展中獲得最佳女演員銀熊獎（蕭芳芳）和基督教評審團獎。

◎劇情簡介

　　主軸是香港一位職業婦女阿娥，在婆婆意外過世後和罹患阿茲海默症的公公相處過程。阿娥是一家衛生紙公司的資深員工，和先生（擔任駕照考試的監考官）及獨子居住在老屋內。婆婆不幸往生，公公在婆婆的喪禮上竟然不認得自己的太太和親生子女，唯獨只認得阿娥。阿娥陪公公到醫院檢查，證實公公得了失智症，雖然公公有兩子一女，但次子一家和女兒拒絕接患病的父親到家中，結果公公便只好繼續在長子家中居住。

　　在長子家中，公公時常到處遊走，不斷大喊大叫，甚至拿著撐開的黑雨傘當作降落傘自天台一躍而下，令長子和阿娥大感煩惱，於是開始物色老人院讓公公得以被照顧。最初兩人為公公找到有日間託管服務的老人院，但因公公自行離開老人院，被該院主管主任以不接受慣性出走老人加入為由要求退院。他們又找到另一間安養機構，但公公入院不久，阿娥前往探視時，發現公公臉部受傷瘀青，阿娥立即接公公回家。

　　劇終時，公公與長子一家和女兒一起到野外農場體驗耕種之樂。最初公公只認得阿娥一人，但在農場，他不但摘花給阿娥，更認得女兒也摘了花給她。可惜當公公再摘花時，胸口突然狡痛，暈倒去世。

◎啟示

　　如同這部戲的英文名稱《Summer Snow》（夏天的雪），夏天怎麼會下雪？下得可能是燦爛卻逐漸凋謝的花。女主角與她的先生都正值人生的夏天，卻面對照顧老人家，面對有如冬天的考驗。但是悲與喜、付出與收穫都是同時來的。

　　每個失智老人都衝擊著家庭系統，使每個家人都受到影響。有些家人承擔比較重的責任，但也獲得較多的回饋。例如這部戲中的長子、長媳與孫子，他們付出了極大的愛心，給罹患阿茲海默症的老人一個比較快樂、幸福、有生活品質的晚年。

　　戲中也描述了日間托老中心及安養院的運作，在機構化的照顧中，每位老人勢必無法像家庭般得到親人的愛，但機構照顧也有存在的必要性，所提供的人際互動機會，也是待在家裡所欠缺的。

　　媳婦是第一主角，她如同蠟燭多頭燒，非常辛苦。但是她的付出使每個身邊的人都愛她。這非常不容易！罹病的公公是第二主角，老邁的他曾有輝煌的戰功，讓部屬尊敬佩服，如今疾病纏身，生命怎麼走下去？

◎討論題綱

1.喬宏所飾演的老人顯示了哪些老化的症狀？失智的過程如何？

2.托老中心工作人員、安養機構工作者對老人的溝通有什麼特殊之處，工作者與家人溝通的情況好嗎？

3.一個老人病了，家庭系統如何動員因應？每個成員應如何付出以支撐照顧的需求？

資料來源：圖片檢索自Mtime・時光網（2012）。電影・社區・你和我，http://movie.mtime.com/16636/，檢索日期：2012年12月11日。

Part 6
家庭與人際篇

Chapter

11 心愛——家人心理

第一節　家庭功能與系統

壹、基本認識

家庭對老人的心理，是最重要的社會制度，家人關係更是最重要的關係。站在老人的角度，什麼是「家庭」？這要回到家庭制度的幾個基本問題去探究（彭懷真，2009）：

1. 老人的家庭是什麼？包含哪些人？（What is the family？）
2. 和誰有關聯？老人與哪些人有連帶，家人關係包括哪些？（To whom arc we related？）
3. 跟誰住？（Where do we live？）
4. 老年階段的家庭功能為何？（What is the function of family？）

對老年人的心智來說，家庭的特殊性表現在：

1. **最普遍**：無論古今中外，無分原始或現代，每個社會都有家庭的存在，老年人與家庭的連帶最強。
2. **最持續**：每個人從生到死，都離不開家庭。甚至有一天離世，墓碑或骨灰罐寫的主要是表明往生者的家庭連帶。
3. **最親密**：家庭成員相處時間最久，彼此的關係最密切。
4. **人數最少**：比起絕大多數的社會團體或社會制度，家庭是人數最少的。
5. **有足夠的韌性和適應性**：雖然家庭組織在現代社會中面臨了許多困難，但仍有堅強的生命性和重要性。

家是大部分老年人產生喜怒哀樂的地方，家庭的感情凝聚力無法被取代。

從功能的角度，家庭對老年的主要功能是：

1. 情感分享（affection and companionship）：家應是最溫暖和親密的地方，也最能使成員體會到滿足和安全。家也有責任照顧其成員，使每個人免於外在的威脅。家是唯一充滿愛的社會制度。

2. 經濟安全的提供（economic security）：有關生產、分配、消費等經濟活動，傳統社會主要在家庭中進行，每個人可以從家庭獲得食、衣、住、行等基本滿足。

3. 保護年長者（protection the aged）：人老了，更需要依賴他人，都需要家人的特別照顧。

老人是個體，處在家庭的系統中，其心智與精神深受家庭系統的影響。關於家庭系統理論，有七個核心概念不可不知（Goldenberg & Goldenberg, 1991）：

一、系統是按照高低層級組成的

由一個老人擴大來看，即是「老人→核心家庭→擴大家庭→家族→工作、朋友或鄰里團體→社區→社會→國家→世界」，由一個人縮小來看，則是「老人→器官系統→器官→細胞→分子→原子→粒子」。每個較低層次的要素是高一層的一環，依此類推，影響鏈（chain of influence）就形成了。系統中有高低層次（hierarchy），每一較高層次的系統都包含較低層次的系統，並提供低層次系統生存的環境。

二、家庭規則

家庭基本上是一個規則—管理（rule-governed）的系統。每個人均要學習什麼是被允許的，什麼是被期待的。家庭的規則（family rules）決定了成員行為的模式，提供互動模式的準則，也就是家庭傳統的基礎。人是規則的動物，人在群體中習慣依規則來行動；規則形成後有正當性，會約

束人們的生活；規則會趨中，不偏向極端，有保守性。在家庭中的規則也是如此。

三、家庭恆定作用

不管外在環境如何改變，家庭總是希望維持一個穩定、平衡的狀態。家庭恆定作用（homeostasis）指的是：發生在家庭中，協助內在平衡的持續和動力過程。只要家庭面臨威脅時，就會適應運作以回復它的均衡。家庭平衡是發生於家庭中，凡是內在、持續性的、支持性的、動態的互動過程，有利於內部的平衡。老人的健康狀態是影響家庭恆定的重要因素。

四、回饋

回饋（feedback）係指過去行為的結果再次進入系統，產生控制系統運作的一種情況。回饋圈（feedback loops）指一種環狀體制，目的在引進與系統結果有關的資訊，以改變、調整及管理系統。回饋可分為增加改變或減少改變的力量。老人對家人或家人對老人，都在提供回饋。

五、訊息

當新訊息（information）的接收者改變其對環境的知覺，並修正其行為時，這些差異回過頭來會影響原本的環境。家庭中、家庭間和外在世界之間或多或少的訊息交換，都有助於減少不確定性，避免失序。訊息的交換對每個進行中的系統都屬必須；當新的訊息輸入，再回饋，最後改變並輸出。

六、副系統

副系統（subsystems）是指在一整體的系統中具有執行特殊的功能或過程的部分。最主要有五方面：生活價值、關係組合、權力運作、生活規

則及家庭氣氛。家庭中有很多共存的副系統，由世代、性別、利益、功能等因素構成，如夫妻、父子、母女、祖孫的組合。每個家庭成員同時屬於數個副系統，彼此間具有互補性的關係。

七、領域

也稱為「界限」，指將系統、次級系統或個人與外界環境分離的一道隱而不見的界限，功能有如守門員，限制並保護系統的完整性。與領域（boundary）有關的最重要概念是其「滲透性」（permeable），依此可區分為：

1. 開放系統（open system）：高度容許訊息自由進出的系統，與外界界限不清楚。
2. 封閉系統（closed system）：指與外在環境沒有交換關係，少有訊息進出。

多數家庭是開放系統，少數家庭則是傾向封閉系統。愈是開放的家庭系統，則愈能適應和願意改變；此種家庭不僅易存活且昌盛，也願開放面對新經驗和改變，放棄不理想的互動模式。完全封閉的系統則可能承擔許多危險，必須面對適應不良、喪失功能等問題。

貳、老人家庭生命週期

家庭有生有始，也有死有終，大多數家庭也隨著大致的軌道演變。在時間的演變中，一個又一個家庭持續進行，代代相傳。以一個核心家庭（nuclear family）為例，家庭生命週期（family life cycle）可大致分為十個階段：

第一階段——剛結婚成家，新人各自扮演夫或妻的角色。
第二階段——第一個子女誕生，夫妻初為父母。

第三階段——第一個子女已在 2 至 6 歲之間。

第四階段——大的子女都上學了。

第五階段——大的子女都已達成年期。

第六階段——子女先後離家，各奔前程，父母不斷祝福。

第七階段——所有子女都離了家，家庭進入空巢期。

第八階段——夫妻一方退休或雙方都退休，職場的工作角色告一段落。

第九階段——夫妻雙方之中一個不幸病故，留給另一方是寡居的歲月。

第十階段——就也是曲終人散的時候，寡居的日子也告結束。

多數核心家庭在第七個階段以後，屬於老年階段（Butler, 1979; Carter & McGoldrick, 1988）。

由代間傳承的觀點來看，不同代的家庭成員都有一種大致相近的生命軌道。家庭所依照轉變的軌道，就是家庭生命週期（family life cycle），也可譯為家庭生命循環。以夫妻結婚開始，之後分幾個階段，最後以雙方均死亡為循環的終結。大部分的家庭在演變的過程中，會經歷一些可預測的事件或階段，例如：結婚、第一個孩子出生、孩子進入青少年階段、孩子離家、子女照顧年老雙親等等。當把家庭視為一個發展中的系統時，各家庭在每個階段都須去處理上述的「發展任務」；各家庭都是在一種持續發展的脈絡中，而一些轉變的關鍵點是普遍的，大多數家庭都會遇到。

對於老人或即將成為老人的人來說，孩子離家階段的考驗主要是：(1) 接受家庭系統中成員的離去與進入；(2) 婚姻關係的再協調；(3) 與日漸成長的孩子發展出成人對成人的關係；(4) 與姻親和孫子輩之間的關係；(5) 面對上一代的老邁與死亡。

至於晚年生活方面的主要考驗是：(1) 接受代間關係的改變；(2) 面對生理的衰弱，維持自己和配偶的功能；(3) 對其他家族成員的支持；(4) 在系統中提供智慧與經驗；(5) 應付配偶、手足或同儕死亡的失落感；

(6) 生命的回顧與統整；(7) 對自己死亡的準備（Goldenberg & Goldenberg, 1991）。

生命都要有固定軌跡嗎？當然不是！家庭生命也不一定要有固定的軌跡。有人用「生命旅程」（life journey）來形容包含求學、成家和生老病死的人生。人生不一定要有一樣的走法，隨著社會的多元化，人的生命不一定要依固定的先後順序，幾件人生大事都要經過，但旅程不盡相同。更有人主張大膽一點，勇於突破，用「生命冒險」（life adventure）來經營。

第二節　婚姻

壹、婚姻方式

老年階段最常見的婚姻方式有以下五類（彭懷真，1987；Macionis, 2010）：

1. 感情至上的內在婚（intrinsic marriage）：「兩位一體」最能代表內在婚的意義，有發自內心的強烈委身，夫婦彼此有濃濃深情，視對方為自己生活中的核心人物。想擁有內在婚的夫婦，必須對婚姻關係主動，保持注意力，積極關心，也需要相當的精力和時間來持續婚姻。

2. 實用價值的功利婚（utilitarian marriage）：強調婚姻中有利的功能性效用，每對夫妻各有其自認為有利的著眼點，會謹慎的安排婚姻生活，維持表面和諧的婚姻關係。不會輕易離婚，因為一旦離婚，各種利益也往往隨之動搖。

3. 彈性協調的開放婚（open marriage）：主張夫妻雙方都應該改變，可從日常生活中逐漸調整改變，也可從衝突中改變。彼此接納自

己應有的責任，也期望配偶執行應有的責任。不必期待配偶要滿足自己所有的需求，也不應要求對方做原本該自己做的事。彼此有不同的需要、能力、價值和期望，因為雙方是不同的人，而不僅因為是丈夫或是妻子。雙方共同的目標是「關係」，而不是房子或子女。開放型婚姻關係具有獨特的親密平衡、人際默契及彈性協調等特質，著重適度的改變與成長。它是個人主義和現實主義色彩濃厚的一種婚姻表現，夫婦可以各自發展自己的興趣，關心自己的目標，從而自我發展。

4. 丈夫為中心的傳統婚（traditional marriage）：妻子不一定三從四德，但依照社會對夫妻的嚴謹角色定義與丈夫互動，夫妻均接受婚姻生活所需要的合作要求。夫妻在生活互動關係中漸漸養成了慣例，看電視、整理房子、看報紙等日常事務占據了許多時間，雙方都確認如此的生活會繼續到老，也不必去變動什麼。如此穩定不變，凡事依照慣例是這種婚姻關係的典型。

5. 上帝意旨結合的基督教婚（Christian marriage）：以愛維持家庭，丈夫是一家之主，但丈夫並沒有絕對的權威。以家庭為生活的重心，除了教會活動，盡可能待在家裡。

貳、同居

老年同居的情形很普遍，也在快速增加。同居（cohabitation）指男女朋友居住在一起，但雙方未結婚，也稱之為「沒有婚約的婚姻」（Schaefer & Lamm, 2001）。

同居與正式結婚明顯不同。同居沒有正式的法律契約，其社會支持也弱。同居者對未來是不可知的，因為隨時可能有變化。在沒有正式法律承諾方面，他們給予對方隨時再選擇的機會，只肯定對方在眼前的重要性。對未來而言，各自保有繼續同居或分開的自由。雙方的承諾固然是基

於感情和情緒，可能是發自內心的，關係並不像夫妻有法律的支持（但是依《家庭暴力防治法》的規定，同居者若有虐待之行為也同樣違法）。

同居在一起的伴侶，或許能獲得少數人情緒的支持，至少獲得別人對他們行為的容忍，但他們身邊的人多半會認為這種關係是不值得讚許的。年輕人的同居常受到父母的反對，年長者的同居則常受到子女的反對。有些子女以降低情緒上的支持，對他們不理不睬，來表達無法贊同的意見。

如果老人已確定要以同居代替婚姻，而不打算以同居作為婚姻的準備，那麼有關金錢和法律的問題就得仔細考慮。除了家庭開支之外，社會中有很多制度是專為已婚者設計的，如扶養親屬寬減額、醫療保險、遺產處理等。一對正式結婚的夫婦，若一方有保險，另一方生病或遭遇意外時，可申請補助。但對同居者來說，通常不能比照辦理。

年長者同居的理由，主要是為了尋求一種與他人相處具有意義的生活，為了解決存在的空虛感、孤獨感，而希望有個枕邊人可以安慰自己、照顧自己，並得到情感上的滿足，但又希望避免陷入婚姻的約束。最簡單地說，他們覺得兩人在一起總比一個人強，但又不願受到「婚姻」的束縛。

參、離婚

老年階段的離婚稱為「黃昏散」。老年離婚案件數量快速上升，無法白頭偕老卻成為黃昏散的現象正在增加（葉紋芳譯，2008；楊明綺譯，2009）。根據內政部統計處（2011a）的資料，結婚二十五到二十九年的夫妻，自民國 83 至 93 年間，離婚成長率為 4.1 倍，而三十年以上的夫妻也高達 3.83 倍。另根據內政部（2009）老年生活狀況調查，65 歲以上離婚或分居的比率，由 2005 年的 2.48% 上升到 2009 年的 3.53%，總數達 8.6 萬人；在同時間中，55 至 64 歲也由 5.65% 上升到 5.82%，約 14 萬人。另外，2011 年台灣有五萬七千多對夫妻離婚，50 至 64 歲離異人數比

十年前多出 3.11 倍，成長幅度最高（內政部，2012）。

在美國，2009 年時，每四對離婚就有一對超過 50 歲，比二十年前增加 2.5 倍。在日本，2005 年時，結婚二十年以上離婚對數是 1985 年時的 2 倍，結婚三十年以上離婚對數更是 1985 年時的 4 倍。

在傳統的婚姻和家庭觀念根深柢固的國家，多為女性發起的黃昏散正在改變傳統婚姻模式。有些到法院辦理離婚的老人表示，夫妻感情其實早就出現了裂痕，只不過是因為當時經濟條件艱苦，還需要夫妻共同奮鬥，加上顧慮到孩子，才一直忍著沒離婚，等孩子成了家，夫妻間的矛盾才激化。

黃昏散的主要原因有（葉紋芳譯，2008；楊明綺、王俞惠譯，2009）：

1. 老年人退休後，重心從工作轉移到生活上，雙方無法協調，產生較多摩擦。
2. 雖然雙方結婚多年，因性格不合經常吵鬧，之前因子女尚小，擔心離婚對子女成長不利，因此一直忍耐。
3. 因生活習慣、家庭經濟因素或思想狀況等引發衝突。有的老人頻繁在外參加活動和交際，引起老伴不滿。
4. 外遇、欠債、婚姻暴力是要求離婚的三項主要原因。

黃昏散老人呈現「三高一遠」的特點，即高學歷，退休金相對較高，名下的存款、房產、證券等資產額較高，子女在國外或國內其他城市謀職，兩代的居住地距離較遠。離婚多由女方提出，許多女性渴望自我實現，上課、學習，想更瞭解自己。女方比男性更希望獨立生活，未必願意繼續照顧「老伴」。

肆、再婚

隨著人們壽命延長而愈來愈普遍的「再婚」，所面對的情緒轉變及發

展議題包括：

1. 進入新的關係，心情從第一次婚姻的結束中恢復。
2. 對婚姻重新有承諾，並願意面對新的複雜關係和心理上的矛盾。
3. 思考和計畫新的婚姻與家庭重整。
4. 承認自己對新伴侶及其子女可能有的恐懼。
5. 承認自己需要有時間、有耐心去適應，處理多重新角色，適應雙方有關時間、空間、權力和歸屬的界限。
6. 情緒常會受到過去的衝擊。
7. 在新關係中保持開放心靈，以避免虛假的、幻想的、封閉的關係。
8. 處理財務、子女的問題。
9. 幫助子女處理在兩個家庭系統中的矛盾、恐懼。
10. 重新安排與親人的關係，包括新伴侶及其子女。
11. 接受新的家庭形式；重建家庭界限，接納加入的成員；增進家庭中的整合及良好互動。

對於已有孩子而又再婚所組成的繼親家庭（stepfamilies）而言，須經歷兩方面的發展歷程：其一為一般家庭的生命週期，其二是與再婚歷程有關的發展（Santrock, 2008）。

 第三節　夫妻關係

壹、老伴之愛

對一個老年人來說，若擁有美滿的婚姻，朝夕有老伴相處該是人生最幸福的事。如何隨時充實老年夫妻之愛的內涵，將夫妻關係持續昇華，則是確保晚年生活更美滿的前提。夫妻相隨又兒孫相依，含飴之樂是多少

老年人最快樂的時刻。可惜的是社會變遷的腳步過於快速,現實的考驗與職場的需求,使得親子關係無法像過去世代那麼親密。老人須體恤子女因忙碌而無法多所照料他們的苦衷,而子女最好排除萬難,多多表現應該有的孝心。

夫妻兩人昔日的濃情蜜意,柔情萬千,依稀猶在眼前,卻已是結婚許久。看孩子不斷成長到各奔前程,才驀然覺醒,已進入老年,接近生命中的黃昏。與另一半同行這麼多年,婚姻的滿意度,從新婚燕爾,經過育兒、立業時期,又度過中年時期,到達了鶴髮時期也許逐漸升高。如何確保白首偕老,還需要一番調整。

老年夫妻婚姻關係調適有幾個重點,包括:

1. 維繫感情:老年時,父母不可能把一切希望完全寄託在兒女身上,也不可能終日待在家,等待孩子們奉養。在維繫、增進夫妻感情上,並沒有成規可循,每對夫妻的情況也完全不一樣,沒有某一個具體可行的辦法足以適合任何一對夫妻、任何一個家庭、任何一種情況。家庭的快樂和婚姻的美滿與否及婚姻生活是充實或枯燥,陷入低潮的夫妻關係能否走過幽谷,都需要夫妻雙方一同努力。

2. 重視對方的存在價值:可以放諸四海而皆準的,就是配偶重視自己的存在及價值,能適時彼此讚賞,多多留意並互相感謝對方為家庭所做的付出。假如讓對方覺得自己的存在有絕對的價值,那麼夫妻較容易感到自己的生命與存在有很高的意義。相對的,老年夫妻,如果不特別強調對方的價值及彼此相互依賴的意義,特別會感到人生了無情趣,生活少了意義。

3. 興趣、嗜好的交流:老年夫妻的關係,也許會因為彼此在同一屋簷下,已經共同生活了這麼多年,一舉一動乃至一響一笑,都缺少一些新鮮感。可是還得盡量適應,不要以為小善而不肯去做,雖然做不到百分百,但總應盡心盡力。

假如做妻子的多關心丈夫所做的事，多瞭解、多學習，必要時多
方參與，都將讓他感到更高的成就感，也更覺得生命中不能沒有
她。妻子多對丈夫表示由衷地以他為榮，隨時分享他的喜悅，就
會讓他快樂稱心，妻子自己也會愉快高興。因為妻子的關懷，將
使他更感到生命的意義與家庭的美好。丈夫也應多感謝與讚美妻
子，關心妻子的興趣，如果能陪伴妻子，與妻子一起從事有興趣
的事，也能增進夫妻之間的感情。

4. 避免緊張的生活：老年時更應避免生活過於緊張。不要讓自己或
   伴侶在體力和精神上過分透支，將有助於雙方壽命的延長。情緒
   緊張會導致高血壓、胃潰瘍等，而婦女們也因為壓力增大、情緒
   緊張，導致了心跳過快、血壓升高、消化不良、頭痛、便秘等等
   症狀，都應透過彼此照顧而獲得改進。

5. 加強溝通：加強雙方溝通，表達心中永恆的情愛，更有其必要。
   許多人一向含蓄，不願流露內心深處的真正感情，尤其覺得已經
   是老夫老妻之間。但這是很可惜的。愈是年華日增，子女不在身
   邊，而故舊好友多有不同際遇，各處一方，心靈的寂寞，也只有
   仰賴夫妻之間，從相敬如賓，進而謀求永恆之愛。

「笑一笑，少一少，愁一愁，白了頭。」老人應以快樂的心情，豁達
的人生觀，與配偶共勉，好讓老化的腳步因而遲緩下來。儘管知道如何調
適危機，老邁的日子還是會來。事實上，就算目前夫妻倆都很健康，也總
有一天不得不承認：「親愛的，我們都老了！」

老年夫妻的確非常幸福，尤其銀婚、金婚之後，身邊還有一個他
（她），比起許多「千回我獨行，長夜非與共」的人，該有很多理由感謝
身邊的另外一半。

貳、喪偶之慟

人生愁恨自難免，在那麼多最令人傷心欲絕的刺激之中，其一是喪偶之慟。如果說生離死別是人生最大的痛苦，那麼大半生相處的另外一半若死亡，該是痛苦中的最大痛苦。

銀髮夫妻都希望鶼鰈情深的日子如同天長地久，可是死亡之神遲早總會無情地拆散一對老鴛鴦。死者可能帶著餘恨，離開了與他（她）同行幾十年的老伴，讓配偶無限淒楚地獨向黃昏。

由於女性傾向於嫁給比自己大幾歲的男性，而男性平均壽命又比女性來得短，因此在喪偶人數中，寡婦遠比鰥夫為多。寡婦之所以遠多於鰥夫，還有以下幾個原因：

1. 老年女性雖然時有小病小痛，但卻常帶病延年。男人看起來很硬朗，卻往往不知道如何善待自己，小病不去求診，甚至諱疾忌醫，直到大病來臨才匆匆前去治療，錯過了診斷與醫治的最好時機。相反地，多數女性對身體狀況的注意程度較高，只要察覺身體不適，多數會盡快求治。
2. 由於男性女性體力的差異及身體條件的限制，男性從事危險性高的工作比率高於女性，因故死亡的機會也較女性多。
3. 初婚男女，夫大於妻較多。若不幸喪偶，再婚之機會男多於女。再娶之時，夫妻年齡之差距，更大於初婚。

每年重陽佳節，依俗所舉行之敬老會，扶杖而至者，壽婆遠多於壽公。根據美國大都會人壽公司之死亡統計，夫妻年齡相等之時，夫先去世之機會為 60%。夫大五歲，丈夫先去世的機會上升為 70%。夫大十歲則增為 78%，大十五歲是 85%，大二十歲是 90%，大二十五歲是 94%。只有夫小妻五歲時，其機會接近相等。

如果從男女在晚年時婚姻狀態加以分析，更可以看出兩性之差異。

由於婚姻狀態決定了居家的安排、生活條件與社會關係，尤以年長者為然。但是晚年以上老人中，男女所受婚姻影響情形，顯然有所不同。以英國為例，婚姻關係變遷的情況如下（Malcolm, et al., 2005）：

1. 男性結婚比率呈下降趨勢，女性結婚比率則上升。
2. 女性寡居人數遠高於男性鰥居（35% 比 13%）。
3. 從未結婚人數，女性亦高於男性（14% 比 7%）。

另外，Perlmutter 和 Hall（1992）整理美國鰥寡比率發現：(1) 65 至 74 歲之男性失偶與女性失偶之比率分別為 9% 比 39%；(2) 75 歲以上男女之比率則增為 23% 比 67%。85 歲以上之女性失偶者占 82%，而男性失偶者則為 43%。由中華民國歷年台閩地區人口統計資料也可以看出，年齡愈大，同一年齡之男性死亡人數遠比女性來得多，而且到了 80 歲以上，男女死亡人數之差距更大，寡婦人數遠大於鰥夫。

喪偶是一個人一生之中所面臨最嚴重的心理創傷及壓力。夫妻感情愈篤，相伴同行愈久，彼此之依賴愈深，喪偶之老人愈難承受此種刻骨銘心之痛。許多銀髮夫妻都認為配偶是自己的最愛，只有對方最瞭解、最親密。多年來朝夕與共，共歡笑，共惆悵，有難相扶持，閒來話滄桑，有無數的往事堪回味，有無數的夢鄉共徘徊，都希望白首偕老，卻無限遺憾眼看著另一半先走了！

對許多女性來說，失掉了丈夫，不但是失掉枕邊人、最好的伴侶，也同時失去了精神的支柱、社會的網絡、經濟的來源，所留下的只是無比的哀愁、憂傷，產生了「此身何屬，此生何寄」的不安全感。年邁的鰥夫，失了老妻，也感傷失去了生命意義。許多喪偶的丈夫，如果未能得到子女及其他家人大力的支持，又缺乏宗教信仰的力量，往往在其後幾個月或一兩年之中，就跟著離開這個世界，甚至以自殺結束自己的生命。

Harlen（2001）曾研究 464 位芝加哥城獨居鰥夫的心態，發現其中絕大多數會感到悲傷、嚴重的失落感與整日的無所事事。年齡愈大、婚齡愈

長、子女愈少的鰥夫，更有一種彷彿世界末日已至的感覺。愈到夜晚，夜闌人靜的時候，思念之情也就愈深。

Colin Parkes（1972）指出，喪偶者傷痛的正常反應歷程會經過下列四個階段：

1. 震驚與完全失落：欲哭無淚，神情麻木，腦海中一片空白，這一階段雖僅是短短一剎那，卻如永恆之久。
2. 痛苦與絕望：喪偶者忘形地緊握死者之手，或是一直繞著遺體怒吼，責備他（她）為何如此殘忍撒手西歸，更埋怨自己在他（她）生前的諸般不是，甚至遷怒醫生醫術之不精、護士照顧之不足，乃至醫院設備之不齊。
3. 極度憂傷之後：喪偶者經過了痛苦與絕望之後，慢慢接受了一直不肯接受的殘酷事實，終生伴侶真的走了。地下有知，對方一定不願看到自己如此憂傷，因此逐漸擦乾眼淚，學習如何收拾起痛苦的呻吟，勇敢地走向未來。
4. 重組自我：有的人可能一直不能擺脫那痛苦之捆綁，甚至終生陷於極度哀傷的深淵而不可自拔。最好能重組自我，恢復自我，然後再出發，恢復正常的生活模式。

喪偶者對於死亡者之悼念與悲傷情況，取決於自己的健康狀況、家中經濟狀況以及子女的接納度等等。如果自己健康本已欠佳，甚至還依賴另一半之常常照料，如今他（她）居然撒手人寰，內心格外悲痛。如果子女一向善盡孝心，對父母經常照顧體貼，充分表現應有職責，如果能對老母或老父承歡寬顏，多少能降低家中悲慟的氣氛。

一般來說，寡婦較鰥夫容易更早從痛苦深淵中跳脫，其理由是家中諸項事務一向由她張羅處理，痛失丈夫，也往往比較容易得到左鄰右舍和親朋好友的同情與支持。相對地，失去了老伴的男性，在適應上困難既多，悼念淒楚之心也較大。許多丈夫甚至連家事一向都很少過問，兩老雙

雙度日，相依為命，如今驟失支柱，其心情的痛苦可想而知。

喪偶之慟，需要時間來沖淡、克服。要盡早化悲痛為力量，有較佳的心理狀態，可考慮下列方式：

1. 尋覓友情與宗教的安慰。
2. 投身志工，發展過去的興趣。
3. 多方參與社會活動或社會服務。
4. 如果經濟力量還可以，不妨考慮參加旅行團所安排的各項旅遊活動，以排遣心中的煩憂。

子女、親友之鼓舞與支持，尤其能幫助他（她）們更早走出悲傷。

 第四節　親子關係

壹、親子互動

家庭對於一個人的影響，隨著年齡的不同而有所不同。童年時，子女對父母的依戀，是為人父母最大的喜樂源泉。子女們長大，與家庭的關係已漸漸疏遠，父母無時無刻都牽掛。子女若能與父母保持某種聯繫，是老年人莫大的安慰。即使父母本身年紀逐漸老邁，退出了工作世界又回到以往的家，靠近子女的住處，親子之情仍然濃厚，因為可以互動的時間比以前來得多。老年人與子女、家人的關係，影響著老年人心理是否健康及對生活的滿意度。

由於社會之急遽變遷，希望子女晨昏來請安問好的時代，早已隨風飄逝，代溝（generation gap，或稱「代間差距」）反而日益普遍，代與代之間在行為、態度、觀念上一定有所差距。此種代間差距，主要係因社會變遷兩代所經歷的社會環境不同所致。

　　今日的家庭型態大部分是雙薪家庭的結構，要子女、兒媳放下日常的工作與家務來經常陪伴父母，有實際的困難，身為老年人，應該多所體諒。但為人子女者，也應力求在可能情況下保持與父母的聯繫。

　　親子之情如何加強聯繫，與不同家庭型態有關。子女年齡在 35 歲以下與父母一起居住者之比率不斷增加，意味著子女年齡層在 35 歲以下者，由於第三代的年齡尚幼，夫妻都需要工作。因此由第一代的老人充當保母與管家角色，與年老父母同住的比率增加，親子之情應該不錯，第一代可享含飴弄孫之樂。子女年齡在 35 至 54 歲之間與父母居住之比率，則有逐年減少之趨勢。現代社會子女多須忙碌於事業，就算想常對父母晨昏定省，也常感心有餘而力不足。

　　美國曾進行一項全國性之研究，對象是 11,000 名 65 歲以上之老人，問他們多久時間見一次子女。其中 63% 每週與子女見一次面，16% 每月見一次面，另外 20% 是一個月見不到一次面。另一項全美國之研究主題是子女是否參與了父母家務的處理與財務的支援，從這項由美國家庭與家務調查委員會負責的研究中發現，在所訪問的 15,000 名 65 歲以上、至少有一名子女的老人中，52% 是經常有子女來幫忙家務，另有 21% 得到至少一名兒女之經濟支援。當這 15,000 名老人被問道，他們最開心的是什麼？其中 70% 提到自己很健康，20% 提到子女來拜訪時，8% 提到參加了親友所安排的活動（Benjamin, 1997）。

　　身體健康者尚可自得其樂，一旦病魔纏身，則淒涼可知，子女對年長父母應該表現更大孝心。同時建議年長父母，如果身體健康允許，經濟狀況還可以維持自己的生活，應該多到子女家中走動走動，必要時，先伸出親情之手，拉拔子女或子女之子女，增加更多的互動，才不至於老是只生活在自己的斗室之中。

貳、隔代教養

「我的媽媽是阿嬤，我的爸爸是阿公」，絕對不是一則笑話，而是今日台灣不少家庭，尤其是弱勢家庭中活生生的悲歌。《商業周刊》2004 年 5 月 31 日所發行的名為「阿祖的故事」專刊，就曾列出國內各縣市單親及隔代教養兒比較表，指出全台灣學童中有 11.07% 的學生是單親及隔代教養者，其中尤以花蓮之 22.34%、台東之 18.09% 及澎湖之 17.31% 比率最多。《商業周刊》以〈落跑父母激增〉一文，指出台灣新生兒二十七年間少了一半，被阿公、阿嬤養大的孩子，十年中卻增加 1 倍，因為愈來愈多的父母選擇落跑，造成失去家庭保護傘的兒童暴增。

該項調查也顯示，有 30.8% 的教師認為父母無心照顧，愛自己比愛小孩多。無力照顧的父母交由孩子的阿公、阿嬤來撫養者高達 70.4%。不願照顧孩子的情況不只發生在中下階層，在很多高成就者身上也都出現不願帶小孩的情形。主動選擇不想要孩子的女性逐漸增多，間接使單親男性比重上揚。不論是為了事業，或是不願繼續忍受失敗婚姻，而選擇放棄子女撫養權的女性日益增多。

單親男性因為面子問題，通常在遇到困難時，不如單親女性會主動向外求援，問題可能惡化到狀況百出才被發現。尤其是在經濟不景氣時，單親男性中酗酒、失業，甚至將孩子丟給祖父母的狀況十分普遍。未婚生子，更助長了隔代教養發展的趨勢。離婚的不斷增加也是單親家庭與隔代教養的主因。迎娶外籍配偶的弱勢家庭中，更不乏這些現象。

隔代教養所引發的議題，除了孩子的成長與發展問題，另外也得關注隔代教養對阿嬤、阿公處境的影響。隔代教養家庭大多經濟狀況不佳，祖父母年紀老邁、身體衰弱，甚至百病交集，要照顧好自己已屬不易，遑論教養孫子、孫女！儘管部分社會善心人士有時也會對這些阿公、阿嬤及隔代教養的孩子伸出援手，但是杯水車薪，不只解不了燃眉之急，更無法長期資助。如此對老人的心理，會造成莫大的影響。

■■■■ 電影故事 ■■■■■■■■■■■■■■■■■■■■■■■■■■■

《夏日時光》（*L'Heure d'été*）／法國／2008

導演：阿薩亞斯（Olivier Assayas）

主演：茱麗葉畢諾許、愛迪絲斯考博、查理斯貝
　　　爾林、傑瑞米雷

◎獲獎

　　榮獲2009年度溫哥華影評人協會獎、東南影
評人協會獎、紐約影評人協會獎、國家影評人協
會獎、洛杉磯影評人協會獎、波士頓影評人協會
獎等最佳外語片。

◎劇情簡介

　　三兄妹齊聚鄉下老家為母親海倫75歲慶生，一家三代子孫滿堂，其樂融
融。飯後母親卻對長子弗萊德力克提及自己死後如何處理遺產的事情。弗萊德
力克有點煩躁，不願母親提起這個話題。然而海倫堅持把所有物件的去處安排
好，她告訴兒子這間祖屋將會賣掉，她尊敬的叔叔畫家保羅之畫作該如何處理
等等，弗萊德力克則堅持這件屋子將會被保留下來。

　　沒多久，老太太驟然離世。當孩子回到母親曾經生活數十年的小屋時，
分離許久的三兄妹在聚首言談間，回憶起童年往事一幕幕。在祖屋出售的最後
一個月，弗萊德力克的孩子們在祖屋開了一個盛大的派對，青春在這裡上演，
對祖輩感情的傳承也許將以另一種方式延續下去。

◎啟示

　　導演、編劇與演員也是「情緒工作者」，在處理死亡、分離、割捨這方
面的電影之中，獨具意義。死亡是人人都得面對的艱難考驗，觀眾可以透過電
影去瞭解、去感覺、去準備，一旦親人或自己遇上了，比較知道怎麼從容地面
對。最好的回應或許是「從容與瀟灑」。

　　劇中，老僕人的演出十分深刻，她雖然不是家庭（family）中的成員，卻

是這棟房子（house）裡的靈魂人物。House可能從原來的家族交給別的家族，但是 "family" 是不會消失的，將在子女、孫子女的身上繼續綿延。家中的骨董及名畫可能被賣掉、被送進美術館，與家庭分開了，但是家庭對成員性格的塑造不曾從生命中脫離。

「房子」是電影裡最主要、最持續的主角，「骨董」也是，由奧塞美術館提供的藝術品，在電影中舉足輕重。房子與藝術品有可能是無價的回憶，具有金錢的價值，但也可能只是一件無關緊要的裝飾品。藝術品看起來是死的，但導演賦予了生命，讓它們靜靜看著小屋裡發生的變化。

導演說：「當一件物品被藝術家創造出來之後，他們就像一個生命一樣，會呼吸，有感覺。但是如果被送進博物館裡當成展示品，等於奪走了它們的生命。像桌子、衣櫃這種物品是被創造擺放在生活裡，與人一起呼吸的，如果只是被拿來展示，會失去它們存在的意義。」

電影最後，一群年輕的法國人在老房子開派對，主要的音樂與活動卻是美國的。導演想呈現的是目前法國社會普遍的情況，傳統的中老年人與年輕一代無法溝通，上一代不瞭解新一代的社會環境，下一代在快速變化中。全球化對「人」與「家庭」的影響，深刻又殘忍。導演說：「對我來說，最讓我感興趣的不是那些藝術品的價值，而是人的價值。」

◎討論題綱

1.在「全球化」與「老化」兩大浪潮中，我們該如何回應同時來的衝擊？

2.「家庭」與「房子」對老人各有什麼意義？當房子要變動時，家庭的意義有了哪些改變？

3.當年輕的子女在追求自己的事業與夢想時，應該如何看待自己長輩逐漸老化的事實？

資料來源：圖片檢索自Mtime‧時光網（2012）。電影‧社區‧你和我，http://movie.mtime.com/51922/，檢索日期：2012年12月11日。

Chapter

12　社心——人際心理

第一節　朋友與溝通

壹、朋友之誼

　　人活著一天，就不可能孤立地生活在這個世上。人人都需要先學習認識自己，並且跟他人做朋友，己立立人，己達達人。孔子勉勵我們要交益友而避損友，孔子說：「益者三友，友直、友諒、友多聞。」坦率直言的人，或許說話讓人覺得不舒服，但實在是好朋友。處處為人著想，能發揮最大同理心的人，容易交到好朋友。友多聞，可以精闢地分析事物，提供寶貴經驗與建言，當然值得深交。

　　老人更需要朋友，彼此分享，承擔愉悅與煩憂。一方面注意如何結交新朋友，一方面與老朋友更加融合相處，讓彼此的生活多一些彩虹。人是社會的動物，時時刻刻與家人、朋友、同事、同學發生某種互動，古人所謂五倫：夫妻、父母、親子、君臣、朋友等關係，編織了一串串的社交圈子。老人要想過得幸福與快樂，老伴、老友、健康的身體、美滿的親子關係，都特別值得用心經營。

　　要享受幸福老年生活，有兩個基本前提：一是積極地、不斷地參加各種活動；一是跟別人保持密切的關係，老年人也應廣結人緣，善於溝通。由於老年人的朋友，大多來自同輩或年齡相近的人士，而且是多年的深交，因此彼此之間的凝聚力，甚至比遠親近鄰都來得強。朋友的數目可能隨著年齡的增長而逐漸減少，但是某些朋友之誼，卻反而加深。

　　朋友之間的情誼，對於老年人生活滿意度的提升，自我價值的維繫，乃至寂寞的消除，都非常重要。尤其是對喪偶的老年人，或是獨居已久者，朋友之間心靈上的相互激勵，更是溫馨無比，因為友誼提供了家庭成員所無法給予的滿足。友誼的可貴在於同輩的分享，這是親子關係所無法替代的。友誼常常是僅次於配偶間最重要的人際支持。

　　建立並維持良好的友誼可讓退休族產生新的歸屬感，進而維持良好的社會關係。擁有真誠友誼的老人，身心都比較健康而且長壽。相反地，總是封閉自己心靈的老人則早逝機會大。

　　天下知音難求，退休前若不注意廣結善緣，也不太在乎擴充人脈，甚至一向自認清高，不苟言笑，從不放下身段，要想在退休後被人接納，找到歸屬感，就難之又難。許多老人耳根軟，總希望別人盡說好話，有時候還喜歡占一點小便宜，因此可能在所謂「社交場合」被騙，應該時加警惕。

　　好朋友是很難得的，尤其是知心的朋友。退休族不但要努力維護友誼，還要善於結交新知。常有人訴苦：「我好寂寞」、「我好孤獨」、「人家都不跟我做朋友」。應反思：「你有沒有先打開心門，伸出你的手，敞開胸懷，希望人家接納你？」或者說：「先請你走出固定的生活區，不要等著人家向你示好，你應該主動出擊。」對老人而言，最好找到新朋友的地方，應該是宗教組織、社區大學、演講場所，或是公益活動的地方。

　　許多年長人士無法維持長期友誼的原因包括下列幾點：

1. 個性的關係，有些年長人士一向自負，孤芳自賞，不肯放下身段。與人見面，總是談過去的勳功偉績，很少關心到別人的感受，自說自話，當然友誼不容易長久。

2. 有些人習於自我封閉，在社交場合上總是對人冷漠，甚至覺得人家和自己交往，一定有些什麼目的，勢必很難與對方開誠布公。

3. 有些老年人喜歡打聽隱私，譬如經濟狀況、婚姻情形、家人相處如何、兒媳女婿是否孝順等等，讓對方有了戒心。

4. 缺乏人際應有的互動，只想人家多關心他們，卻吝惜付出對他人應有的關懷；不接納善意的建言，卻對人加以諷刺批評；對人缺乏真誠，甚至口是心非，度量狹窄；凡事都漠不關心，只在有求於人的時候，才肯與人交往，如此在別人心中又怎麼會有良好的

評價，又如何建立更深一層的互動？

5. 有些老人體力不支，經濟情況也不是太好，也是他們逐漸走出以
往社交圈子的不得已理由，使他們成了凡事裹足不前的被動者，
久而久之，只好隱退斗室之中了。

貳、溝通

要化解欠缺友誼的困境，唯有擴大人脈、強化溝通，增加人與人的
有效互動。先看一些例子。

案例一是 2010 年 6 月嘉義一位老農寫網誌分享，有了「耕園茶業」
在無名網站開張。4 月時參加嘉義縣農會舉辦的農業技術交換經驗發表競
賽，這位老農以有機桑葉園經營管理得到了冠軍，5 月 13 日代表嘉義縣
參加全國創新農業經營管理競賽榮獲亞軍。他辛苦堅持有機理念，總算有
了一點成果，希望能有更好的成績表現，也期待能把桑葉園的心得在部落
格跟大家分享，得到大家鼓勵。2011 年 7 月，高雄六龜山城電腦課的老
農學員透過 Facebook 行銷農產品，也廣受肯定。

除了寫網誌，也可運用新科技產品擴展友誼。例如 iPad 的使用方法
簡單，用戶可以無師自通，因此許多老人都躍躍欲試，用 iPad 上網和發
電郵，趕上時代潮流，拉近和年輕一代的距離。在老年人口比率最高的日
本，95 歲的安田彥三郎就買了一台 iPad，加入擁有平板電腦的行列。他
說：「人一定要不斷嘗試新事物，這樣才不會落伍。我買 iPad 純粹是為了
閱讀電子書籍，因為全部的書籍都聚集在一個地方，包括許多我一直沒有
機會閱讀的經典之作。」78 歲的北村干郎則把 iPad 當作他與 2 歲孫子的
溝通工具，他的孫子喜歡用 iPad 玩遊戲，北村干郎則利用 iPad 來追蹤他
最喜歡的棒球隊消息，又與他人分享他的旅遊照片。他說：「我認為 iPad
能夠預防老人癡呆症，因為嘗試新的東西是很好的精神運動。」iPad 深受
歡迎，某些企業也推出適合老人的平板電腦。

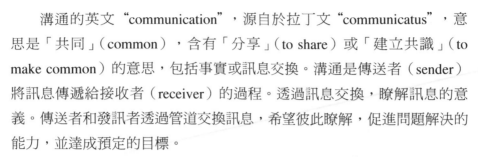

溝通的英文"communication"，源自於拉丁文"communicatus"，意思是「共同」（common），含有「分享」（to share）或「建立共識」（to make common）的意思，包括事實或訊息交換。溝通是傳送者（sender）將訊息傳遞給接收者（receiver）的過程。透過訊息交換，瞭解訊息的意義。傳送者和發訊者透過管道交換訊息，希望彼此瞭解，促進問題解決的能力，並達成預定的目標。

溝通是人與人之間、人與群體之間思想與感情的傳遞和反饋的過程，以達到思想交流和感情流通。人與人的溝通包括傳送者、接收者、訊息、管道等要素，透過溝通可以交流訊息和獲得感情與思想。人只要活著，都要透過交流、合作、達成協議來達到目的。在溝通過程中，分享、披露、接收訊息，根據溝通訊息的內容，可分為事實、情感、價值取向、意見觀點。溝通的目的可以分為交流、勸說、講授、談判、命令等。

溝通用到許多器官、系統，溝通不等於說話，不只是說，而是包含了看（觀察）、聽（傾聽）、問（澄清）和說（講話）等重要步驟的大事。會說話不等於會溝通，會溝通的未必是會說話的。溝通並非只要滿足說話的慾望，它是建立、維持、發展人際關係最重要的手段。

溝通的人為障礙有很多（曾端真等譯，1996），以老人常見的狀況進一步整理如下：

1. 個人在溝通方面說與聽的能力本來就不如年輕之時。
2. 只以自己的經驗來解釋周遭的環境，對不同的刺激產生選擇性注意，影響說話的內容及訊息的解釋。
3. 在彼此不信任的情況下較易曲解對方的訊息。
4. 刻板印象與偏見造成對人的曲解。
5. 自我意識過強，會引起爭辯。
6. 無法傾聽。
7. 批判他人所發送的訊息。
8. 無法瞭解所聽到的訊息。

　　溝通的重點是傾聽，傾聽時能否理解，指能不能「從他人的觀點瞭解對方所欲表達的觀念與態度、感受對方的感覺，或清楚對方所談的話題重點」。完全理解的傾聽可以減少防衛機制的產生，提高接收到的訊息之正確性（戚樹誠，2010）。

　　老人溝通有特別之處，參考 Harwood（2007），說明如下：

一、在溝通種類方面

1. 溝通符號有語言溝通和非語言溝通。語言溝通又包括書面溝通與口頭溝通。老年人以語言表達為主，多數是口頭溝通。有時為了鄭重表示自己的意見，也會以書面進行。有些老人喜歡寫信，正式表達自己的意見。
2. 根據結構和系統分為正式溝通和非正式溝通。正式溝通多數是配合組織的運作，老人少了工作角色，正式溝通的機會也減少。
3. 根據溝通中的互動性分為單向溝通與雙向溝通。單向溝通主要是有權威的一方對另一方表達意見。老人重視情感互動，希望多採取雙向溝通。
4. 年輕人常常用圖片或影像溝通，老年人較少採用。

二、在溝通特性方面

1. 溝通是持續的（continuous）：有些老人在人群中可能是沉默的，但仍在溝通，默默製造溝通的刺激，也不斷接受各種刺激。
2. 溝通是很個人化的（personal）：每種溝通都與傳訊者與收訊者的個性有關。同樣的訊息由不同的傳訊者表達，意思就不同。老人有豐富的人生閱歷，對相同的訊息可能給予不同的解釋。
3. 溝通是不可回復的（irreversible）：一言既出，駟馬難追！傳訊者傳達出的訊息和手勢、動作、表情，甚至是眼神的接觸，都沒有辦法追回，這也是溝通須謹慎的原因。有些長輩被晚輩認為「記

憶力超好」、「心機很深」，因為長輩牢記了一些來自晚輩的訊息。

三、在非語言溝通方面

溝通不只是文字或言語發送或接收的訊息，也包含時間與空間、人與人交談的距離、衣著、走路姿勢、站姿、座位安排、坐姿等非語言溝通（nonverbal communication）。進一步說明老人溝通的特性：

1. **肢體動作與姿勢**：肢體動作（如身體前傾或後斜）及姿勢（如指指點點）在溝通過程中都提供額外的訊息。適當的談話姿勢有助於對方瞭解訊息。老人由於聽力可能較差，希望與他溝通的人能靠近些，因此適合用開放的姿勢、熱忱、親切，表示願意進行溝通；而防衛型的姿勢，如雙手抱在胸前、兩手交叉或雙腿交叉，則不受歡迎。

2. **觸摸**：人們對喜歡的對象往往出現觸摸動作。許多老人喜歡摸著溝通對象的手，親切地交談。

3. **臉部表情**：表情含有豐富的訊息，如微笑通常表示親切、幸福，而皺眉頭代表憤怒。老人臉部的表情豐富，須仔細觀察。

4. **距離**：人與人之間的距離對溝通效能也有影響，相隔超過一定的距離，要瞭解老人說話的內容就不容易。

有些老人傳達複雜的訊息和感情，令人難以適從。多數的溝通都有兩個層次：一是表面的內容層次，一是實質的感受層次。後者往往較不明確，有些人言行不一、表裡不一，採用隱喻式溝通，使身邊的人無所適從。

許多成年人買老人專用的手機送給父母當禮物。這些銀髮族手機宣稱「超大按鍵」、「超大字體」、「超大鈴聲」，便利老人使用，支援單鍵快速撥號，高分貝呼叫鈴聲，還強調「掀蓋摺疊輕巧，不怕誤撥電話」。

這顯示老人在這個手機廣泛使用的年代多了方便的溝通工具。專門為老人開設的英語班，也廣受歡迎。資訊科技近年來雖然高度發展，但仍然有「數位落差」（digital divide）的現象。年輕人的數位能力強，但老年人未必能妥善使用。

為了弭平數位落差，實現「無障礙資訊社會」（barrier-free information society）的理想，政府也為老人辦理「縮短數位落差課程」。數位落差是因資訊通訊科技取用與否所產生的斷裂缺口。數位落差的現象在性別、年齡、教育程度、都市化程度、種族、職業、收入、區域、國別之間等因素皆存在著程度不一的狀況。例如老年人擁有電腦及網路的比率、上網率及應用能力都比較低。政府鼓勵各地民間社團或地方機關辦理強化老人數位能力的課程，提供民眾上網訓練，以提升民眾網路應用技能，課程內容以使用電腦、上網、收發電子郵件、電子化政府應用（例如 e 管家）等為主。

 ## 第二節　寂寞與孤獨感

壹、基本認識

老年與成年的最大差別是人際關係的改變。成年階段的主要任務是「成家立業」，忙於家庭與工作。進入老年，昔日所組成的家漸漸走入「空巢階段」，又退出工作崗位後，人際互動顯著減少，心境上重大的改變是寂寞多了。

Aloneness 可譯為寂寞、孤獨感或孤寂感，指遇到事情無力自己抉擇，感到無依無靠，得不到別人支持幫助的失落心態。寂寞或孤寂感是個人主觀的感受，是因為社會關係的缺乏而產生的負面情緒狀態，經驗到與他人分離的挫折。孤寂感是一種不愉快的狀況，主要是由於人際之間的親

密感未獲滿足。孤寂感是實際缺乏或自覺缺少有意義的社會關係，也可能出現心理困擾的症狀。當個人想要有人陪伴時卻無人能陪伴的痛苦感受，因為和重要及有意義的人、事分離而加重寂寞的特性可歸納出幾點（余德慧譯，1999；張滿玲譯，2006）：

1. 源自於社會關係的缺乏。
2. 是一種主觀的經驗，是個人感受評價社會關係之後認知到不滿意的狀態。
3. 是社會增強的不足，與外界隔離會有被剝奪的感覺，無法與外界連結使人感到挫折。
4. 與重要他人分開所感受到的負向情緒。

寂寞是一種主觀的、痛苦的情緒感受，因為缺少人際互動、失落感及親密感需求未獲滿足有關（李美枝，1982；莊耀嘉、王重鳴譯，2001）。整體而言，老人孤寂感是源自個人自覺和他人、寵物或事物之間缺乏親密關係，日常生活上對他人的依賴增加，產生強烈的失落感，導致悲傷、沮喪。

寂寞看似平常，實際上可能很嚴重，是許多心理疾病的前兆，如果沒有適當調適，可能引發憂鬱症、慮病症，甚至會自殺。在寂寞狀態下，生理上亦跟著改變，免疫球蛋白、天然殺手細胞、T 淋巴細胞會減少，免疫功能會下降，特別感覺到健康狀況不佳，抱怨增多。孤寂感被視為是一種病理狀態，導致的後果會對一個人的生活造成嚴重的影響，甚至會造成死亡（孫安迪，2006）。

在台灣，根據內政部統計處 2005 年老人狀況調查報告，有 21.8% 的社區老人覺得孤寂。造成孤寂感之原因，可分為個人及情境因素。在個人因素方面，包括以自我為中心、悲觀、害羞、內向和缺乏調適技巧；在情境因素方面，包括面臨各種的失落，如退休、失去健康、喪失原有的社會關係、喪偶及遷居等。

貳、人口群的差異

人的一生中都可能經歷孤寂感，綜合而言，未婚、女性、無宗教信仰、未受教育、自評健康狀況較差、罹患慢性病、青少年、老年、無子女及低收入者，其孤寂感程度明顯較高（余伯泉、李茂興譯，2003；陸洛等譯，2007）。

孤寂感發生的比率在一生中呈現曲線型，也就是說，在青少年及老年發生的比率較高。年齡愈高，所感到的孤寂感也愈高。Aronson, et al.（2003）指出，75 歲以上的老人，其孤寂感的程度較 65 至 74 歲的老人高。其他的差異，綜合多項社會心理學及婚姻家庭的研究發現：

1. 在婚姻與家人關係方面：未婚者較已婚者有較高的孤寂感，顯示婚姻的支持功能可減少孤寂感。無子女者孤寂感程度較高。喪偶是孤寂感最重要的影響因子，喪偶老人的孤寂感程度大於未喪偶的老人。但我國社會中，人們的生活以家族為中心，喪偶的老人可經由家族中其他成員獲得支持，孤寂感也許不會太強。

2. 在性別方面：老年女性孤寂感普遍大於老年男性，這可能是女性壽命較男性長，較易經歷喪偶及獨居。

3. 在宗教信仰方面：參加宗教活動，可認識更多的人，經由增加社會網絡而減少孤寂感。孤寂感量表得分因有無宗教信仰而呈顯著差異，無宗教信仰的孤寂感程度較高。宗教和心靈安適呈正相關，宗教的力量常會讓人相信生命是有目的及有意義的，也比較會關心別人和他人互動，並且參加宗教活動讓人有歸屬感，可增進心靈的安適狀態，有助於減少孤寂感。

4. 在教育程度方面：教育程度低者的孤寂感程度大於教育程度高的老人。

5. 在健康狀況方面：自評健康狀況較差者，孤寂感程度較高。慢性病患者，例如失能、身體活動障礙、罹患肺部疾病、關節炎、腦

血管疾病、視力及聽力障礙的老人，孤寂感程度較未罹患者高。

6. 在有無職業方面：過去有職業者，其孤寂感得分高於無職業者。老年期面臨自我分化相對於過度關注原有工作角色（ego differentiation versus work-role preoccupation）的調適問題。老人如以工作來作為自我價值感的唯一來源，一旦退休之後，失去了原來的職業角色，可能無法肯定自己，進而造成心理問題。

7. 在經濟狀況方面：低收入者孤寂感程度較高。老人經濟來源減少，其孤寂感提高。

住在安養機構的老人是否更寂寞呢？機構有更多的人，是否讓老人不孤獨呢？Wang（2001）指出，60.2% 的社區居家老人有「中至重度」孤寂感。當老人遷居到護理之家，其孤寂感程度又高於一般社區老人。Krohn 和 Bergman-Evans（2000）的研究指出，66% 的護理之家老人有孤寂感。在台灣方面，侯慧明（2004）探討榮民之家單身老榮民的孤寂感程度，結果發現，71.6% 的老人有中度孤寂感，2% 的老人有重度孤寂感。護理之家老人因面臨轉變環境、改變人際網等考驗，產生孤寂感的可能性也就較高。

在入住安養機構後，老人易喪失原有的人際關係及社會資源，導致社交隔離和孤寂感。若能和其他院友維持互動關係，可因此獲得社會支持，並可減少孤寂感，有助於適應機構的生活（Mosher-Ashley & Lemay, 2000）。

在社會支持滿意度方面，社會支持滿意度和孤寂感呈顯著負相關，表示對社會支持滿意度愈高者，孤寂感的程度愈低。孤寂感是對社會互動關係缺乏的主觀感受，社會支持滿意度代表對社會互動關係的一種主觀評價，因此當社會支持滿意度愈高，其孤寂感的程度愈少（侯慧明，2004）。

參、寂寞會縮短壽命

2011 年 5 月《張老師月刊》報導：日本生命保險基礎研究所估計，日本每年有超過 15,000 個老人在無人照料下孤獨死去，有老人已死去四天才被發現。美國《內科醫學文獻期刊》（*Archives of Internal Medicine*）在 2012 年 6 月發表兩篇研究的成果，主題是「寂寞會縮短壽命！會增加罹患心臟病的機率」。研究人員發現：寂寞經常造成老年人的痛苦，不僅會造成身體機能下降，還會使死亡率增高。寂寞除了會影響老年人外，還會影響中年人，獨居者的心臟相關疾病死亡率較其他人還高。

美國加州大學的學者發現，寂寞是造成年過 60 歲者憂傷的主要原因之一，會使生活品質下降，使死亡率增加 10%。加州大學的 Carla Perissinotto 博士指出，寂寞不僅會造成身體機能的下降，還可能造成死亡，寂寞也會造成身體上許多的負面問題。為了探討寂寞與身體機能下降的關係，研究團隊調查 1,604 位平均年齡 71 歲的參與者。當被問及是否感到寂寞時，43.2% 表示他們有時候會感到寂寞。在經過六年的追蹤研究發現，有寂寞感覺的人有 22.8% 的死亡，而一般人只有 14.2%。獨居者中有 24.8% 活動量會減少，其他人則是 12.5%。研究的結論是，寂寞即使對健康不會立即造成影響，仍是值得關切的負面情緒。

在同個期刊裡，美國的另一項研究顯示，「獨居會增加心臟病死亡的機率」。在調查的 44,573 名中年人中，有 8,594 名為獨居者。獨居者在四年後死亡的機率較其他人多 3%。獨居者因心臟相關疾病而死亡的機率會由 7% 增加至 8.6%。

寂寞與孤寂感也會牽動其他的心理反應，綜合《張氏心理學辭典》中的內容，相關的心理作用如：

1. 情緒性孤離（emotional insulation）：按精神分析論，情緒性孤離屬防衛方式之一，個體會以冷漠來應付挫折與失意。

2. 自懼症或稱孤獨恐懼症（autophobia）：屬恐懼症之一。患者不敢面
對自己，每想到有關自己的一切（如容貌、能力、命運等），或
是孤獨自處時，會感到莫明的恐懼，縱使自知不合理，仍無法克
制因自己引起的惶恐情緒。

3. 孤離作用（isolation）：個人將以往痛苦經驗置諸內心深處，予以
隔離，藉以避免想到時會引起焦慮。榮格稱之為「心理孤離」
（psychic isolation）。

 ## 第三節　社會認知

壹、基本認識

　　社會心理學是探討人們的想法、感覺及行為如何受到他人影響的科
學研究；「社會影響的現象」是核心主題，關心的是人們主觀上對社會環
境的詮釋或解讀。瞭解人們如何知覺、理解或解釋環境，並注意這些理解
的根源，是一門以個人行為與社會的相互影響為研究對象的科學。在內容
方面，注重個人在社會中的調適行為及社會情境的背景；在方法方面，注
重實際觀察與實驗；在應用方面，注重社會各部門實際問題的探討（陳皎
眉等編，2003；曾華源、劉曉春譯，2004；危芷芬譯，2011）。

　　與老人特別有關的社會心理學主題有（余伯泉、李茂興譯，2003；
Aronson, et al., 2003; Brehm, et al., 2005）：

1. 社會認知（social cognition）：主要研究老人對自己與他人的知覺，
以及對事情的歸因和態度，包括態度的形成和改變。

2. 社會影響（social influence）：著重老人的意見和表現是如何受到群
體所影響，又如何影響其他群體。

3. 群體過程（group processes）：探討群體中的一些現象，例如群體極

化、群體迷思等。

以下針對老人的社會認知進一步說明。

社會認知，是指個人對他人的心理狀態、行為動機和意向做出推測與判斷的過程。人們在人際互動中，根據交往對象的外在特徵，推測與判斷內在屬性，考察自己的心理特質、動機、態度和情態等，調整自己給他人印象的心理活動。

社會認知理論是探討影響健康行為的心理動態和促進行為改變的方法，主要是以個人（person）、行為（behavior）、環境（environment）三者之間交互影響作用的關係來解釋行為，運用「象徵」、「預知」、「行為模仿」、「自律」和「自我反應」等個人的五種基本能力來解釋。經由這些能力的運作，人們可以驅使、調節及維持行為。個人行為一定會被外在的環境控制或被內在的意向所影響，個人動機和個人態度，環境因素如社會壓力、整體社會環境，與行為之間也會互相影響（余伯泉、李茂興譯，2003）。

「個人特質」、「個人行為」和「行為存在的環境」處於動態狀況，三方面相互影響。行為不單純是環境與個人作用下的結果，環境也不是個人與行為造成的結果，而是三者互動之下的產物。任何一方面的改變可能涉及其他因素，改變原本的平衡。以老人心理來分析，須考慮以下重點（王慶福等譯，2006；陸洛等譯，2007）：

1. 環境與情境（environment and situation）：指所有影響老人行為的客觀因素，可分為社會環境與物質環境。社會環境是指家人、朋友、鄰居等，物質環境包括空間大小、溫度感覺和食物等。

2. 觀察學習（observational learning，又稱作替代經驗）；是老人在社會情境中觀察其他人的行為模式或行為後果而獲得的間接學習。學習的對象是「楷模」（model），學習的過程是「模仿」（modeling），因而獲得的增強是「替代性增強」（vicarious

reinforcement）。

3. 行為能力（behavioral capability）：如果一個老人要做某一行為，須知道要做什麼及怎麼做，對此種對於行為的瞭解稱作行為能力。學習與技能最大的不同在於學習不表示可以把事情完成；把事情完成的技能需經過學習方可獲得的。

4. 強化作用（reinforcement）：強化是在條件作用下提高了該行為以後發生的可能性。強化物即為條件，是引起強化作用的事件或刺激，提高反應發生的機率。強化可分為：(1) 正向強化和負向強化：正向強化是給予老人獎勵或處罰，來鼓勵他繼續或減少某一行為；負向強化是指從老人拿走一些獎勵或處罰，使老人減少或增加某一行為。(2) 直接強化為操作性條件反射；替代強化如同替代學習；自我強化基於自己支配的積極強化物，如良心、收穫感或責任感對於行為的加強作用。(3) 外部強化和內部強化：外部強化取決於事件或行為發生的機率；內部強化則取決於個人的經驗或看法造成的強化作用。

5. 結果預期（outcome expectations）：預期是行為之前的因素，老人從事件中學習某一種行為可能發生的反應，進而預期當相同的情境發生時結果發生的可能性。

6. 結果期望（outcome expectancies）：也可簡單稱之為「動機」，指在特定情境要求下，個人對自己執行能力的判斷。例如一個老人認為規律的運動有助於獲得健康。

7. 自我效能（self-efficacy）：指做完某件事情的「把握」，也就是老人對於自己執行某項行動用以完成某項工作的可能性判斷，這項判斷會影響老人對行動的選擇、努力於該行動的程度，以及持續該行動的時間長度。

8. 自我控制（self-control of performance）：即「自律」。是老人對自身心理與行為的主動掌握，調整自己的動機與行動，以達到所預

定的目標。

9. 情緒反應（emotional arousal）：指對於某一事件的情緒負載。過多的情緒會抑制學習與表現，如太過緊張而無法順利完成。某些刺激會產生情緒高亢與防衛行為，但只有防衛行為在可以有效處理刺激之時，才可減少如害怕、緊張、敵視等負面情緒。

10. 交互決定（reciprocal determinism）：當個人特質、環境或行為改變時，必須重新評估行為、環境與個人的關係。如某個老人長期都是久坐而且不喜歡運動，他會避免到健身房或運動場等這些預期要運動的地方。若這時候他的兄長突然因為心臟病發作而去世，他因此獲得「久坐不運動的生活可能會引發心臟病」的訊息，決定改變生活習慣，開始去運動。他的改變有可能會刺激其他習慣久坐的朋友開始去運動，也改變朋友的運動習慣，又主動認識對運動有興趣的新朋友。

貳、社會認知的特性

每個人在社會生活中形成了自己的認知結構。同樣的社會刺激，由於各人的認知結構不同，使其社會認知不同，這顯示了認知的幾個特性，簡述如下：

1. 認知的選擇性：由於社會刺激物本身的強度等原因，人們對於外在給予自身的社會刺激，可能認知也可能不予認知。每個人基於本身的意義及價值，從自己的認知結構及生活經驗出發，對各種社會刺激做出反應。如果估計該社會刺激將帶來益處，就會選擇它作為認知對象；如果估計該刺激將給自己帶來不利，會置之不理或逃避。

2. 認知反應的顯著性：是指在一定的社會刺激下個人心理狀態所發生的某些變化，這種變化會隨著個人對社會刺激所理解的程度而

轉移。認知總是伴隨著一定的情緒,當理解該社會刺激與自身有利害關係時,認知反應十分明顯,情感等心理狀態反應強烈。如果認為該社會刺激與自己無關,則心情少有變化。

3. 認知行為的自我控制:是自我意識發揮作用的結果,使老人的認知體驗不被他人所覺察,從而使老人與外界環境保持平衡。比如人們常常為了安慰老人或為了某種避諱,說一些善意的謊言,以避免老人的消極反應。

老人社會認知的內容或範圍主要包括三個方面,說明如下(Harwood, 2007):

1. 對他人外部特徵的認知:主要是儀表認知(如體型容貌、衣著打扮及氣質風度)、表情認知(指對認知對象的面部、眼神、視線、言語等方面)。

2. 對他人人格的認知:人格是表現在人的態度和行為較穩定的心理狀態。憑對方的外在特徵而去推斷對方的人格,容易發生認知偏差。必須進一步瞭解對方對現實事物所採取的態度,以及與此相應的習慣性行為方式。

3. 對人際關係的認知:包括認識自己與他人的關係以及他人與他人的關係。

第四節　社會心理學的議題

壹、健康

老人特別關注「健康」(health),健康不僅是個人面的,更是社會面的。以影響健康的壓力來看,壓力主要是主觀壓力而不是客觀產生問題

的，源自於一個人覺得無法應付環境中的要求時所產生的負面感受和負面信念。人們希望自己可以控制事件的發生，有相信結果超出所能控制的傾向，因此會影響對壓力的認知。高度自覺控制與良好的身心健康有關：相信自己可以用各種方式來影響周遭的環境；至於後果是好是壞，則取決於自己所採取的方式。

從社會的角度，人們普遍有因應壓力的韌性：通常會對壓力採取溫和、暫時的反應，之後迅速回到正常的健康狀態。例如對於九一一恐怖攻擊或九二一大地震的反應，只有少數人對上述悲劇出現長期的負面反應。

老人的心理與其他人密切相關。Rodin 和 Langer（1977）發現，激勵自覺控制對身心健康確實有影響，在安養院中，如果接受激勵的老人，十八個月以後，只有 15 % 死亡，相較之下，沒有接受鼓勵的則高達 30 % 死亡。亞裔自認為自覺控制的重要性低於白種美國人，而且自覺控制與心理沮喪之間的關聯在亞裔身上較弱。維持控制感則較可能改善個人心理健康。知道自己辦得到，具有「自我效能」的心理，自我效能顯示是否相信自己有能力執行特定的行為來達成自己的目標。自我效能的高低可以預測若干健康行為，例如戒菸、減肥、減少膽固醇攝取，以及規律運動的可能性等。自我效能也會影響一個人做事的毅力和努力程度（黃富順，2004；陳昌文等，2004）。

自我效能會影響人們在追求目標時的身體反應。對負面事件的詮釋可能養成了「學得無助感」（learned helplessness），而將負面事件解釋為起因於穩定、內在與全面性因素所帶來的悲觀狀態。人們在詮釋負面事件時有三種常見的歸因方式（張春興，1989a；梁家瑜譯，2009）：

1. 穩定式歸因：不會隨時間而改變。
2. 內在式歸因：事件起因於自己（例如自己的能力或努力），而非外在的因素。
3. 全面式歸因：事件的起因屬於某些廣泛適用於不同情境的因素。

樂觀是往好的一面看，樂觀的人能夠對壓力做出較佳的反應，而且也比悲觀的人來得健康。對壓力的反應主要有攻擊壓力來源或逃離它，正確選擇顯示健康心態。壓力因應呈現性別差異，如照料及友善反應。女性看似柔弱，卻常出現「為母則剛」的現象，積極保護自己與照顧子女；女性也多半選擇對抗壓力，免於威脅。女性普遍長壽也與許多女性積極對抗病痛有關。相對的，很多男性得知罹患重病後，無助地放棄。

社會支持是個人的需求獲得了他人回應和接納的感覺，對壓力的處理有助益。感受到社會支持，獲得他人回應和接納的感覺他人支持的老人存活更久。女性往往主動尋求社會支持，男性在這方面比較消極。當事情變得棘手時，社會支持非常重要。敞開心胸，傾吐心事也有助於化解壓力。刻意壓抑或遺忘創傷事件會耗費大量的心理能量和生理能量，因此製造了更強大的壓力。將創傷事件寫下來或者告知他人，或許能夠幫助他更瞭解這個事件以便釋懷。

「情緒二因論」（two-factor theory of emotion）說明情緒的產生是由於兩個相關卻各自獨立的認知因素所造成。公式為：「情緒＝生理反應＋情境的認知」。其中情境的認知是決定情緒的主要因素，純粹的生理反應並不會直接引發情緒。情緒主要取決於一個人詮釋或解釋此事件的方式，其中有兩項評價尤其重要：

1. 你覺得這個事件對你而言是好是壞？
2. 你覺得是什麼原因導致這個事件？

培養成長的心態有助於面對考驗。瞭解自己的能力，如果認為自己只擁有一些固定無法改變的能力，稱為「固定心態」；抱持固定心態者，遇到失敗較容易放棄。相對的，認為自己的能力是可以鍛鍊和成長的性質，擁有「成長心態」，比較能化解危機。有些老年人生病了，並不積極治病，反而自我設下一些障礙，如此便降低了改善症狀的機率。常見的障礙包括酗酒、吸菸，不依照規定服用藥物，疏於復健。家人或醫護人員提

醒時，編出一些理由來解釋可能的失敗，包括埋怨、抱怨等。

該如何處理憤怒？首先，應控制自己的情緒，積極地化解怒氣，進行另一項活動來分散注意力（下棋、聽聽可以舒緩情緒的音樂或是做一件善事），這些都有助於化解怒氣。其次，強化自我的作用主要有：

1. 自我認識：藉此組織與形成對自己的認識。
2. 自我控制：藉此策劃與執行決策。
3. 自我呈現：藉此嘗試在他人面前維持較好的一面。
4. 自我辯護：嘗試維持較好的一面。

貳、幫助他人的利社會行為

為什麼有些長輩樂於從事志工或大方地捐款呢？社會心理學也探究「任何以他人利益為目的的利社會行為（prosocial behavior）」。助人者單純地想幫助他人，而不想對自身有所助益，並且常常付出關懷與愛心。相關的解釋有（余伯泉、李茂興譯，2003）：

1. 互利規範：人們在幫助別人時，會預期到這樣的行為在未來會有所回報。他們喜歡被感激，當一個人得到他人的協助所導致的正向感受是為了互利。助人所獲得的回饋方式有很多種，從互利觀點來看，有些人認為應該彼此幫助，幫助別人是對未來的投資。看見別人受苦時，心情會受到波動與影響，因此伸出援手相助，有一部分是為了減輕自己的心理壓力，例如天災後捐款。
2. 交換理論：追求個人利益是人性的基本特性，在人際關係中會努力擴大社會利益和社會成本間的比率。助人是必須付出代價的，當代價太高時，例如助人有可能遭受身體上的傷害，或遭致痛苦，或使自己被開玩笑，或花太多的時間，助人的行為就會減少。
3. 同理心理論：站在他人立場，以他人觀點去體驗事件和情緒（如

快樂或悲傷）的能力是存在的。最初為何產生同理心，與當時所感受的安全依附程度如何相關，人們會考慮到是否被自己所關心的團體接受或排除。

整體來說，利社會行為是雙方，即助人者與受助者兩方均獲利。人們出於善心而助人，單純的利他主義是人們對於需要幫助的人產生同理心。同理心與利他人格會促成個人在各種情境中幫助他人。情緒的力量也有影響，正向情緒促成助人行動。心情好更容易做好事，好心情使人們朝人生的光明面看。「做好事」的原因之一是它能延長好心情。

分析利社會行為的產生是基於雙方的關係狀況。在共有關係中，人們比較不在乎助人而獲得的回饋，而比較在乎滿足對方的需求。多數人比較願意幫助朋友而非陌生人，卻不一定願意被朋友所幫助。有許多長輩抗拒被幫助，當別人表示要提供幫助時，不見得會獲得老人正面的反應，例如在車上被讓座。因為大部分人都不想表現出自己沒有能力，因此常常沉默以對，甚至拒絕他人的協助。

許多老人樂於捐款，「善行」會持續維持一陣子的好心情。當人們滿足基本生活需求之後，擁有更多金錢並無法讓人增加快樂。如果人們用金錢來換取能夠增加快樂的物品，像是高品質的社會關係、追求有意義的目標和幫助他人——他們就會更快樂。重點在於沒有很多錢的人也能擁有這些事物。人們通常致力於追求較不可能讓他們快樂的事物（例如賺很多錢），而且忽略了讓他們感到更快樂的事物。

老人應多參與自己喜歡的活動，人們在努力從事自己喜歡的活動而且有所進展時比較快樂。當人們努力達到目標時，他們通常處於高度令人喜愛的狀態，稱為「心流」，是處於一種愉悅和吸引人的狀態。

參、偏見與歧視

老人是否比較容易有偏見（prejudice）？其他人對老人是否也容易有

偏見？老人常是偏見的受害者，對老人的歧視（discrimination），甚至是敵意（hostility）都很普遍。這些現象可以從社會心理學有所瞭解。

偏見是對特定團體內成員所抱持的敵對負面態度，只因為他們屬於那個團體。許多人對老人有刻板印象，對老人「一概而論」，將相同的性格援用在每位老人身上，無視老人之間的實際差異。很可惜的，刻板印象（stereotype）一旦形成，很難因為新資訊而改變。

刻板印象可能是「最不費力的規則」。由於世界太複雜了，人們很難對每件事都有差異的態度，反而為了減少認知的時間與精力，因此對某些事發展出細微準確的態度，而對其他事情則採簡單概括的信念。偏見的第一步常常是製造團體意識，以某些特徵將某些人歸類為一個團體。如內團體偏見，是以正面情緒和特別待遇去對待內團體成員，又以負面情緒和差別待遇去對待外團體成員。人們藉由對特定社會團體的認同，以提高個人自尊；自尊的提高總是會認為自己所認同的團體比其他團體優秀時發生（李美枝，1987；黃安邦譯，1991）。

年長者聚在一起時，常聊到昔日的背景與經驗。即使以前不認識，因為有某種「同」，例如同鄉、同行、同袍，就認為對方比較好相處。回想往事時，那些和自己觀點一致的資訊，比起不一致的資訊，會受到較多的注意、較常被複誦（或回想起）。認知處理有兩階段，第一階段是自動化處理引發刻板印象，接著控制處理能夠駁倒或忽視刻板印象。當人們遇到一個外團體成員，刻板印象會自動地被激發，刻板印象又經由意識處理而被忽視。

態度的情感面是對偏見人物如此難以說服的主要原因。僅因一個人是某個團體的成員，便對其做出不公正、負面或傷害性的行為，稱之為「歧視」。大多數人會在「表達偏見的衝動」和「維持正向自我概念」（我不是心胸狹窄的人）之間掙扎。人們總是尋求某些訊息來說服自己，認為自己對特定外團體抱持的負面態度是正當的。「錯覺相關」現象十分普遍，將實際上不相關的事視為互有相關的傾向。類似的獨特性會導致錯

覺相關，也就是說，特定標的人物和他的行為產生了關係，然後這個錯覺相關被引用到某個團體的所有成員身上。

責怪老人的心態也不時出現，將個人的受苦受難責怪到他們自己身上的傾向（也就是對他們做性情歸因）。在資本主義社會中，媒體總是歌頌年輕、美麗、纖細等老年人多半不具備的特質，產生了「資訊式社會影響」的機制。大眾學到所處文化媒體傳送的訊息常暗示：纖瘦就是美麗的身材，也對老人有了各種「年齡歧視」（王晶譯，2000；徐學庸譯，2008）。社會衝擊理論發現，一個人屈服於別人施加之社會影響的可能性，決定於強度、接近度和團體的人數。

為了支持自己的公平世界信念，許多人都精通於以重組情境的方式來解釋現象。對某人產生某種的期待；這樣的期待又會影響他們對那個人的行為表現；又會導致那個人表現出與人們最初期待的一致行為。這樣的現象稱之為「自證預言」。

近年來，各國經濟情勢日益險峻，同時老年的人數快速增加，因此有些責怪老人的聲音出現。此種現象可透過「現實衝突理論」來解釋：資源有限會導致團體之間產生衝突，造成偏見和歧視。當時局困難、資源稀少時，外團體成員讓內團體成員感受到更多的威脅，進而有了更多的偏見、歧視與暴力（黃煜文譯，2011）。

代罪羔羊（scapegoat）理論也可以解釋何以人們在遭遇挫折或不快樂時，將攻擊轉向被厭惡的、相對弱勢的團體。年輕人就業不易時可能怪罪老人，通常這樣的偏見以一種含蓄、間接的典型方式表露，但對老人確實不友善。

偏見與歧視更進一步可能產生攻擊，是以引起他人身體或心理痛苦為目的之故意行為，主要包含：

1. 敵對性攻擊：一種源於憤怒感，目的在將痛苦加諸於他人的攻擊行為。

2. 工具性攻擊：以攻擊為手段來達成某種目的。

人類的攻擊行為與大腦中央一個稱為杏仁核的區域有關：腦核心部位一個與攻擊行為有關的區域。男性荷爾蒙睪固酮過多時，會增加攻擊行為。動物若被注射睪固酮，變得更具攻擊性。另外，某些化學物質與攻擊行為有關，例如悶熱、潮濕、空氣污染和討厭的氣味，都可能降低攻擊行為出現的門檻（余伯泉、李茂興譯，2003）。

「挫折－攻擊理論」認為，當一個人意識到自己受到阻礙，無法達致目標，做出攻擊的可能性將會提高。當遇到挫折時，也會提高攻擊行為。如果環境中有某些事情助長攻擊行為，挫折會造成憤怒或苦惱，使人準備展現攻擊行為。如果挫折是可以理解、合理的，並且是無意的，就比較不會導致攻擊。

媒體有時大篇幅報導老人間的兇殺案，年長者間發生激烈衝突導致人員傷亡，例如在老人機構裡發生的集體鬥毆。這是由於真實或想像的影響，進而改變許多人的態度。一旦處在強大的社會壓力之下，當事人順應團體的行為，平日脾氣可能是很好的人，也可能動怒，甚至攻擊，造成了瘋狂的悲劇。

在老人群居的機構裡，老人的情緒和行為如何在群眾間迅速散播。當面對曖昧不明的情境時，人們可能會依賴他人對情境的解釋。當情境曖昧不明時，模糊性是最主要的因素，愈感到不確定，愈會依賴別人的判斷。在危急情境中，通常沒有時間停下來好好想想應該做什麼。不幸地，所仿效的人可能和自己同樣感到害怕和惶恐，而他們的行為不見得合乎理性。

人們會順從團體的社會規範，也就是關於可接受的行為、價值觀和信念之規則。異常分子可能會遭到其他成員的嘲笑、懲罰，甚至排斥。規範式社會影響是人們為了獲得他人的喜愛和接納而從眾，此類從眾導致個人公開順從團體的信念和行為，但私下不見得會認同。人們有時會為了獲得他人的喜愛和接納而從眾。

　　能夠改變人們的刻板信念進而減少敵意嗎？社會心理學發現，確實可能改變刻板印象；主要因素在於駁斥訊息是如何呈現的。當參與者被眾多不符合刻板印象的例子連續影響時，他們就會逐漸修正自己的信念（莊耀嘉、王重鳴譯，2001；梁家瑜譯，2009）。

　　接觸能減少偏見，須具備的六個條件（余伯泉、李茂興譯，2003）：

1. 處於相互依賴的情境中：兩個或兩個以上的團體為了達成對他們都重要的目標而必須相互需要、相互依賴的情境。
2. 追求共同目標。
3. 地位的平等。
4. 接觸必須發生在「友善」與「非正式」的環境中。
5. 經由友善與老人團體不同成員非正式的接觸，人們能夠學習到他對外團體成員的信念是錯誤的。
6. 提倡社會規範並且支持平等。

　　人們應該多與老人接觸，老人也應多與不同人口群接觸，如此對增進老人的心理健康有正面的意義。

《請來參加我的告別式》（*Get Low*）／美國／2009

導演：艾倫史耐德
主演：勞勃杜瓦、西西史派克、比爾墨瑞、魯卡
　　　斯布萊克

◎獲獎

　　愛丁堡影展觀眾票選獎，美國獨立精神獎最
佳電影，日舞影展、多倫多國際影展、紐約翠貝
卡電影節、美國西雅圖影展、西班牙聖沙巴士提
安影展、美國舊金山影展等最佳影片入圍，義大
利都靈影展最佳男主角入圍。

◎劇情簡介

　　老人菲力克斯獨自隱居在田納西州的森林
裡，小鎮上關於他的各種傳言滿天飛，有人說他是殺人魔，有人說他會吃小
孩，很多人提到他的名字，都忍不住皺起眉頭、退避三舍。有一天，菲力克
斯突然心血來潮，要為自己辦一場葬禮，但他這個心願卻被鎮上的牧師給拒
絕了，這件事情在小鎮上立刻引起騷動。生意頭腦超級靈活的葬儀社老闆法蘭
克，發現菲力克斯雖然性情古怪，但手中握有大把鈔票，於是法蘭克費盡心
思，爭取到了菲力克斯的信任，開始進行關於葬禮派對的一切準備，包括：遺
照、壽衣、棺木等。可是最重要的問題遲遲無法解決：誰來參加葬禮？菲力克
斯宣布只要花五塊美金，買一張葬禮派對入場券就有機會參加摸彩，被抽中的
幸運兒，就能獲得他所有的遺產，包括占地遼闊的森林農場。

　　這麼一來，認識的、不認識的，寄錢來報名參加葬禮派對的信件如雪片
般飛來，一切事情都像火車開動了一般，飛快前進，無法再回頭。菲力克斯也
與往日戀人馬蒂重逢。所有事情似乎水到渠成，葬禮派對當天果然萬頭鑽動、
人潮洶湧，菲力克斯卻突然拒絕出席自己精心籌劃、期待已久的葬禮派對，弄

得所有人都一頭霧水。

　　到底菲力克斯在逃避什麼？他想在葬禮上說出的話又是什麼？是什麼樣的回憶，逼得他封閉自己四十年？眾人引頸企盼的答案就在葬禮派對的最後。

◎啟示

　　在電影《非誠勿擾II》中有一段場景是為事業有成卻在中年罹患絕症的人辦告別喪禮，其中有許多發人深省的對話。在韓國著作《五十歲應該做的五十件事》中認為必須做的一件事是「辦理自己的喪禮」。在面對死亡的考驗中，怎樣的一場喪禮是許多人都考慮過的難題。如同本部電影的英文名字*Get Low*，人們常需要從比較低的角度去看待很多現象。

　　本片將「生前告別」定位為「死前告解」，原來老頭在年輕時曾意外害死自己的戀人，他想在生前告別式上，邀請一群陌生人聽他告解這個祕密。如果將「告解」看成是一種贖罪，選擇的對象是一群陌生人，在現實社會中，不少人可能這樣做。選擇在生前告別式自白，也特別帶有宗教意義。當我們面對死亡，可以謙卑到什麼程度呢？當我們告解了，想換來的是自己心安、還是神的原諒？每個人在闔上眼前，其實最無法隱瞞的是自己對自己的註解，當在心裡寫下了墓誌銘，上面會是什麼？身為人，不管擁有的是良心、黑心，終究騙不過自己最後一刻的心跳。

◎討論題綱

1.假如你有一場生前告別式，你想說些什麼？

2.菲力克斯封閉自己，成為離群索居的怪人；不與人來往造成鎮上的人對他有負面的刻板印象。請問社會中銀髮長輩容易給人的刻板印象為何？

3.沒有任何親友的菲力克斯，其社會關係如何？年老長輩如何拓展自己的社會關係？

4.菲力克斯的遺憾是什麼？年長者在生命過程中應如何面對人生的遺憾？

資料來源：圖片檢索自Mtime・時光網（2012）。電影・社區・你和我，http://
　　　　　movie.mtime.com/108629/posters_and_images/1156615/，檢索日期：
　　　　　2012年12月11日。

名詞索引（依中文筆畫序）

298

參考書目

一、中文及日文書籍期刊論文

下仲順子編（1997）。《老年心理學》（日文書）。東京：培風館。

井上勝也，木村周（1993）。《新版老年心理學》。東京：長倉。

王正一（1999）。《健康快樂100歲》。台北：天下。

王克先（1996）。《學習心理學》。台北：桂冠。

王春展等（2004）。《心理學》。高雄：麗文。

王純娟等（2011）。《精神科護理概論》。台北：華杏。

朱岑樓（2004）。《黎牧文集》。台北：合益。

朱芬郁（2011）。《高齡教育》。台北：五南。

朱迺欣（2004）。《巴金森病：認識與面對》。台北：健康世界。

吳東權（1998）。《越老活得越好》。台北：希代。

吳家慧（2012）。〈透過實踐被看見～台北市中正國宅七十歲以上老人人力資源開發歷程研究〉。台中：東海大學社會工作系博士班專題討論報告。

吳靜美（2002）。《銀髮心——日常生活的心理問題》。台北：聯經。

李宗派（2011）。《現代老人學》。台北：洪葉。

李明濱（1999）。《實用精神醫學》。台北：臺大醫學院。

李美枝（1982）。《社會心理學》。台北：大洋。

李美枝（1987）。《社會心理學》。台北：大洋。

李瑞金（2010）。〈活力老化：銀髮族的社會參與〉。《社區發展季刊》，第132期，頁123-132。

杉山弘道（2011）。《認識失智症的六大關鍵字》（日文書）。台北：新銳文創（秀威代理）。

沙依仁（1996）。《高齡學》。台北：五南。

沈楚文等（1989）。《新編精神醫學》。台北：永大。

沈慶鴻、郭豐榮（2005）。〈強制戒癮家暴加害人飲酒經驗、戒癮態度及暴力行為之研究〉。《中華心理衛生學刊》，第18卷，第4期，頁31-53。

周勳男編著（1979）。《老人心理學概要》。台北：老古。

林仁和（2000）。《與情緒共舞——掌握與開發你的情緒潛力》。台北：新視野。

林仁和、黃永明（2009）。《情緒管理》。台北：心理。

林天送（2000）。《自由基大革命——生老病死的祕密》。台北：健康世界。

林天送（2003）。《活用你的腦力》。台北：健康世界。

林天送（2010）。《延年益壽的奧秘》。台北：宏欣。

林正祥、林惠生（2006）。〈台灣地區高齡人口存活之相關因素探討〉。《台灣衛生雜誌》，第25卷，第5期，頁351-362。

林如萍（2008）。〈高齡社會中的家庭教育——談祖孫代間方案之發展與推動〉。高齡社會中的家庭——代間關係研討會。台北：台灣家庭生活教育專業人員協會。

林如萍、蘇美鳳（2004）。〈青少年的祖孫關係與其對老人態度之研究〉。《中華家政學刊》，第35期，頁75-90。

林信男、林憲（1987）。《老人精神醫學》。台北：聯經。

林美珍（1993）。〈大學生對老人態度之研究〉。《教育與心理研究》，第16期，頁349-383。

林清山（1995）。《心理與教育統計學》。台北：東華。

林新發（2001）。〈老人犯罪影響因素之研究〉。桃園：中央警察大學犯罪防治研究所碩士論文。

林麗嬋、蔡娟秀、薛桂香等（2010）。《老年護理學》。台北：華杏。

長紀一（2000）。《老人心理學》。東京：建帛社。

侯慧明（2004）。〈長期照護機構老人憂鬱狀態、社會支持與孤寂感相關性之探討〉。台中：中國醫藥大學護理研究所碩士論文。

姜德珍（1998）。《老年心理與自我調適》。合肥：安徽科學技術出版社。

柯永河（1990）。《心理衛生學》。台北：大洋。

柯永河（1993）。《臨床心理學——心理診斷》。台北：大洋。

柯永河（1996）。〈談習慣測量的需要與方法〉。《中國測驗學會測驗年刊》，第43期，頁17-32。

柯永河（2001a）。《習慣心理學》（辨識篇—上）。台北：張老師。

柯永河（2001b）。《習慣心理學》（辨識篇—下）。台北：張老師。

柯永河（2004）。《習慣心理學》（應用篇—習慣改變）。台北：張老師。

洪蘭（2008）。《大腦的主張》。台北：天下。

胡海國、林信男（1995）。《生物精神醫學》。台北：健康世界。

孫安迪（2006）。《免疫處方——十大老化警訊》。台北：時報。

秦秀蘭（2012）。《認知老化的理論與實務》。台北：揚智。

徐麗君、蔡文輝（1985）。《老年社會學》。台北：巨流。

康健雜誌（2007）。《找對醫生看對科》。台北：康健。

張文華（2007）。《健康老人——銀髮族生理・心理・疾病》。台北：華成。

張明麗（1999）。〈花蓮地區幼兒對老人態度之研究〉。《花蓮師範學報》，第9
　　期，頁121-137。

張春興（1989a）。《張氏心理學辭典》。台北：東華。

張春興（1989b）。《心理學概要》。台北：東華。

張春興（1995）。《教育心理學》。台北：東華。

張春興（2003）。《心理學原理》。台北：東華。

張慧伶（2007）。〈台灣地區65歲以上老人憂鬱的危險因子探討〉。台中：亞洲
　　大學健康管理研究所碩士論文。

張鐘汝、范明林（1997）。《老年社會心理》。台北：水牛。

梅可望（1997）。《不老的秘訣》。台中：中華民國幸福家庭促進協會。

梅陳玉嬋、齊銥、徐玲（2006）。《老人學》。台北：五南。

陳仲庚、張雨新（1990）。《人格心理學》。台北：五南。

陳昌義、鍾玉英、奉春梅、周瑾、顏炯（2004）。《社會心理學》。台北：新文
　　京。

陳明莉（2009）。〈老年、性別與敘事〉。《應用心理研究》，第44期，頁147-
　　188。

陳亮恭（2011）。《成功老化》。台北：大塊。

陳烜之（2007）。《認知心理學》。台北：五南。

陳皎眉、王叢桂、孫倩如等編（2003）。《社會心理學》。台北：空中大學。

陳皎眉等（2009）。《心理學》。台北：雙葉。

陳肇男（1999）。《老年三寶：老本、老伴與老友》。台北：中央研究院經濟研
　　究所。

陳寶美（1995）。〈高齡婦女老年態度之研究——一個長青班的訪談分析〉。台
　　北：臺灣師範大學社會教育學研究所碩士論文。

彭駕騂（1997a）。《心理學Q&A》。台北：風雲論壇。

彭駕騂（1997b）。《輔導與諮商Q&A》。台北：風雲論壇。

310

彭駕騂（1999）。《老人學》。台北：揚智。

彭駕騂（2006）。《老人心理學》。台北：揚智。

彭駕騂、彭懷真（2012）。《老年學概論》。台北：揚智。

彭懷真（1987）。《選擇你的婚姻方式》。台北：洞察。

彭懷真（2009）。《婚姻與家庭》。台北：巨流。

彭懷真（2012a）。《社會學》。台北：洪葉。

彭懷真（2012b）。《工作與組織行為》。台北：巨流。

曾文星（2004）。《老人心理》。香港：香港中文大學。

曾文星、徐靜（1981）。《心理治療──原則與方法》。台北：水牛。

曾文星、徐靜（1985）。《精神醫學》。台北：水牛。

游伯龍（1993）。《智慧乾坤袋》。台北：書評書目社。

馮觀富（2005）。《情緒心理學》。台北：心理。

馮觀富（2009）。《睡眠問題：心理治療DIY》。高雄：復文。

黃美娜（2005）。〈台灣老人長期照護服務政策〉。《社區發展季刊》，第110
　　期，頁29-32。

黃堅厚（1999）。《人格心理學》。台北：心理。

黃富順（2002）。《老化與健康》。台北：師大書苑。

黃富順（2006）。《各國高齡教育》。台北：五南。

黃富順（2008a）。《高齡教育學》。台北：五南。

黃富順（2008b）。《高齡學習》。台北：五南。

黃富順、楊國德（2010）。《高齡學》。台北：五南。

黃惠璣編（2011）。《老人服務與照護》。台北：威仕曼。

戚樹誠（2010）。《組織行為：台灣經驗與全球觀點》。台北：雙葉。

楊延光、黃介良（2010）。《克服你的焦慮》。台北：健康。

楊美珍（2008）。〈中部某醫學中心酒精依賴患者自覺壓力與因應之相關研
　　究〉。台中：東海大學社工系碩士論文。

葉怡寧等（2012）。《老人心理學》。台北：華都。

路珈‧蘇絲曼編（2011）。《心理學名詞彙編》。台北：波斯納。

劉秀枝（2003）。《多動腦 不會老》。台北：天下。

樓迎統等（2011）。《老人生理學》。台北：華杏。

鄭昭明（2010）。《認知心理學》。台北：學富。

鄭麗玉等（2009）。《認知心理學》。台北：五南。

鍾春櫻（1997）。〈護專學生對老人態度、行 意向和影響因素之研究〉。《大仁學報》，第15期，頁75-92。

藍采風（2003）。《全方位壓力管理》。台北：幼獅。

魏錫鈴（2009）。《騎上峰頂：捷安特與劉金標傳奇》。台北：聯經。

蕭淑貞等（2011）。《精神科護理概論》。台北：華杏。

蘇建文等（1998）。《發展心理學》。台北：心理。

蘭震輝、林怜利、黃恆祥（2011）。〈老人休閒運動動機之研究──以基隆市中山區為例〉。《經國學報》，第29期，頁29-39。

二、中文翻譯書目

孔繁鐘編譯（2005），美國精神醫學會著。《DSM-IV精神疾病的診斷與統計》。台北：合記。

王仁潔、李湘雄譯（2001），Michael A. Smyer 及 Sarah H. Qualls 著。《老化與心理健康》。台北：弘智。

王文科等譯（1989），B. R. Hergenhahn著。《學習心理學》。台北：五南。

王晶譯（2000），Peter G. Peterson著。《老年潮》。台北：遠流。

王慶福、洪光遠、程淑華、王郁茗譯（2006），Sharon S. Brehm、Saul Kassin及Steven Fein著。《社會心理學》。台北：雙葉。

危芷芬譯（2011），Elliot Aronson著。《社會心理學概論》。台北：雙葉。

朱侃如譯（2004），R. May著。《焦慮的意義》。台北：立緒。

何長珠、何真譯（1990），A. Ellis及R. A. Harper著。《你不快樂──合理情緒治療法》。台北：大洋。

何瑞麟、葉翠蘋編譯（1987），美國精神醫學會著。《精神疾病診斷與統計手冊》。台北：合記。

余伯泉、李茂興譯（2003），E. W. Aronson等著。《社會心理學》。台北：弘智。

余德慧譯（1999），Joanne Wieland-Burston 著。《孤獨世紀末》。台北：立緒。

呂美女譯（2010），白擇卓二著。《長壽DNA》。台北：天下。

呂麗蓉譯（1995），Deepak Chopra著。《不老的身心》。台北：遠流。

李玉琇、蔣文祁譯（2010），Robert J. Sternberg著。《認知心理學》。台北：雙葉。

李立維等譯（2008），Martin M. Antony、David H. Barlow等著。《心理疾患衡鑑與治療計畫手冊》。台北：心理。

李茂政譯（1980），P. G. Zimbardo等著。《影響態度與改變行為》。台北：黎明。

李淑珺譯（2007），Gene D. Cohen著。《熟年大腦的無限潛能》。台北：張老師。

周中興等譯（2006），Mayo Clinic著。《心臟小百科》。台北：天下。

周怜利譯（2000），Erik H. Erikson、Joan M. Erikson及Helen O. Kivnick著。《Erikson老年研究報告》。台北：張老師。

易之新譯（2004），Michael Castleman等著。《阿茲海默診療室》。台北：天下。

林宗鴻譯（2003），Jerry M. Burger著。《人格心理學》。台北：揚智。

林苑珊譯（2006），Bill O'hanlon著。《情緒是一張藏寶圖》。台北：四方。

邱紫穎譯（1996），Saul W. Gellerman著。《激勵——突破逆境之利器》。台北：洪建全。

洪光遠、鄭慧玲譯（1995），Lawrence A. Pervin著。《人格心理學》。台北：桂冠。

洪貴真譯（2003），Vimala Pillari著。《人類行為與社會環境》。台北：洪葉。

洪蘭譯（2002），Rita Carter著。《大腦的秘密檔案》。台北：遠流。

洪蘭譯（2010），Miriam Boleyn-Fitzgerald著。《心智拼圖：從神經造影看大腦的成長、學習與改變》。台北：遠流。

胡海國、林信男譯（1996），世界衛生組織著。《ICD-10精神與行為障礙之分類：臨床描述與診斷指引》。台北：中華民國精神醫學會。

徐學庸譯（2008），Marcus Tullius Cicero著。《論老年》（Cato Maior de Senectute）。台北：聯經。

張本聖、洪志美譯（2011），Gary Groth-Marnat 著。《心理衡鑑大全》。台北：雙葉。

張美惠譯（1995），G. Goleman 著。《EQ》。台北：時報。

張隆順編譯（1985），Richard A. Kalish著。《老人心理學》。台北：桂冠。

張滿玲譯（2006），S. E. Taylor、L. A. Peplau及D. O. Sears著。《社會心理學》。台北：雙葉。

梁家瑜譯（2009），Robert A. Baron及Donn Byrne Nyla R. Branscombe著。《社會心理學》。台北：心理。

莊安祺譯（1999），Paul G. Stoltz著。《AQ——逆境商數》。台北：天下。

莊耀嘉、王重鳴譯（2001），E. R. Smith及D. M. Mackie著。《社會心理學》。台

單身熟齡

照護工作

論》。台

日月。

台北：日

，台北：稻

天恩。

、Edward E.

世紀偉大的心

：美商麥格羅

的主人》。台

Little及Adina

生命老去美麗故

nd Home Helps

06.

著。《記憶的照護者：阿茲海默症的侵略軌跡與

Elizabeth Robbins及Eshelman Matthew McKay
哈佛企管。

崇修譯（2007），John D. DeLamater及Daniel
北：心理。

. Kleinke著。《健康心理管理》。台北：揚

Baron及Donn Byrne著。《社會心理學》。

rber及Kathleen S. Verderber著。《人際關係

、Rita Wicks-Nelsons及Robert V. Kail著。

grave著。《換我照顧你》。台北：宇宙

an L. Freedman及Letitia Anne Pepau著。

涯定位》。台北：天下。（1992？）

理學》。台北：心理。

《精神醫學是什麼？：對自己行為的瞭

當世界又老又窮：全球人口老化大衝

》。台北：時報。

r等著。《真的不會老：抗老醫學最

、Phillip R. Shaver及Lawrence S.
》。台北：遠流。

《一個人的老後：自在快活，做個

楊明綺譯（2009），上野千鶴子著。《一個人的老後：隨心所欲，享受生活》。台北：時報。

萬育維譯（2004），Mike Nolan、Sue Davies及Gordon Grant著。《老人——護理與社工的專業合作》。台北：洪葉。

葉在庭、鍾聖校譯（2008），Ian Stuart-Hamilton著。《老人心理學導論》。台北：五南。

葉紋芳、蔡如婷譯（2006），齊滕正彥著。《當父母老年失智》。台北：

葉紋芳譯（2008），西田小夜子著。《退休老公為什麼這麼礙眼？》月。

趙居蓮譯（1995），Ann L. Weber著。《社會心理學》。台北：桂冠。

趙順文譯（1990），林宗義著。《精神醫學之路：橫跨東西文化》鄉。

蔡承志譯（2005a），Cecil Murphey著。《老，是一種態度》。台北：

蔡承志譯（2005b），Gary Small著。《讓大腦變年輕》。台北：商周

蔡承志譯（2008），Cecil Murphey著。《老的漂亮》。台北：天恩。

鄭伯壎、洪光遠編譯（1991），Rita L. Atkinson、Richard C. Atkinson、Smith及Ernest R. Hilgard著。《心理學概論》。台北：桂冠。

鄭雅方譯（2009），Lauren Slater著。《打開史金納的盒子——二十理學實驗》。台北：張老師。

鄧伯宸譯（2005），Anthony Stor著。《邱吉爾的黑狗》。台北：立緒

黎士鳴編譯（2011），Benjamin B. Lahey著。《心理學概要》。台北希爾。

賴惠欣譯（1996），Gary D. Mckay及Don Dinkmeyer著。《做情緒北：雅音。

謝菊英、蔡春美、管少彬等譯（2007），Patt Denning、Jeannie Glickman著。《挑戰成癮觀點：減害治療模式》。台北：張老師

蘇瑩文譯（2006），Bette Ann Moskowitz著。《我認識你嗎？一個事》。台北：臉譜。

三、英文部分

Abbot, P. (1994). Conflict Over the Grey Areas: District Nurses Providing Community Care. *Journal of Gender Studies*, 3(3), 299-

Anastasi, A. (1976). *Psychological Testing*. New York: Macmillan Publishing Company.

Arber, S. & Ginn, J. (1994). Women and Aging. *Review in Clinical Gerontology*, 4, 349-358.

Aronson, R. E., Wilson, T. D., & Akert, R. M. (2003). *Social Psychology*. New York: Addison-Wesley.

Aronson, R. E. & Carter, I. (1978). *Human Behavior in the Social Environment*. Chicago: Aldine Publishing Company.

Ashford, J., LeCroy, Craig W., & Lortie, K. L. (1999). *Human Behavior in the Social Environment: A Multidimensional Perspective*. California: Brooks / Cole Publishing Company.

Aspinwall, L. G. & Staudinge, Ursula M. edited (2003). *A Psychology of Human Strengths :Fundamental Questions and Future Directions for a Positive Psychology*. Washington, DC : APA Books.

Baltes, P. B. & Staudnger, U. M. (1993). The Search for a Psychology of Wisdom Current Directions. *Psychologial Science*, 2, 75-80.

Barash, D. P. (1983). *Aging: An Exploration*. University of Washington Press.

Baumeister, R. F. & Kathleen, D. V. (2007). Self-Regulation, Ego Depletion and Motivation. *Social and Personality Psychology Compass*, Vol. 1, issue 1, 115-128.

Belsky, J. K. (1994).*The Psychology of Aging*. Brooks / Cole Publishing Co.

Belsky, R. (1989). *Psychology*. Harper Publishing Co.

Benjamin, H. (1997). *Marriage and Family*. Springer Publishing Co.

Bettelheim, A. (2001). *Aging in America: A to Z* . Washington, DC: CQ Press.

Binstock, R. H. & George, L. K. edited (1995). *Handbook of Aging and the Social Sciences*. London: Academic Press.

Bion, Wilfred R. (2001). *Attention and Interpretation*. London: Routledge.

Birren, J. E. (1991). *The Psychology of Aging*. New York: Prentice-Hall Inc.

Boyd, D. & Bee, H. (2006). *Life Span Development*. Pearson Education, Inc.

Brehm, S. S., Kassin, S., & Fein, S. (2005). *Social Psychology*. Boston: Houghton Mifflin.

Bromley, D. B. (1974). *The Psychology of Human Aging*. Penguin Books.

Butler, E. W. (1979). *Traditional Marriage and Emerging Alternatives*. Harper and Row Publishers.

Cameron, P. (1975). *Psychology*. New York: McGraw-Hill Co.

Cameron, P., Stewart. L., & Biber, H. (1975). *The Psychology of Aging*. Harper Publishing Co.

Carter, B. & McGoldrick, M. (1988). *Overview: The Changing Family Life Cycle-A Framework for Family Therapy*. New York: Allyn and Bacon, Inc.

Catherwood, D. & Gellibrand, R. (2004). *Developmental Psychology*. Crucial, a division of Learning Matters Ltd.

Cattell, T. D. (1971). *Intelligence*. New York: McGraw-Hill Co.

Coe, W. C. (1972). *Challenges of Personal Adjustment*. California: Rinehart Press.

Cohen, G. (1987). *Social Change and the Life Course*. Tavistock Publications.

Cohen, G. D. (2000). *The Creative Age*. New York: HarperCollins Publishers.

Cole, L. E. (1970). *Understanding Abnormal Behavior*. Pennsylvania: Chandler Publishing Company.

Conn, P. M. edited (2006). *Handbook of Models for Human Aging*. [electronic resource] Boston: Elsevier Academic Press.

Cornaro, L. (2005). *The Art of Living Long*. New York: Springer Publishing Co.

Cowgill, D. O. (1986). *Aging Around the World*. Wadsworth Publishing Company.

Cox, C. B. (2007). *Dementia and Social Work Practice*. New York: Springer Publishing.

Cross, J. A. & Markus, B. (1991). *Social Psychology*. Books / Cole Publishing Co.

Davenport, G. M. (1999). *Working with Toxic Older Adults*. Springer Publishing Co.

Ebrahim, S. & Kalache, A. edited (1995). *Epidemiology in Old Age*. London: Crimmins EM.

Eckenwiler, L. (2007). *Caring about Long-Term Care: An Ethical Framework for Caregiving*. American: Center for American Progress.

Eitzen, D. S. & Zinn, M. B. (2000). *Social Problems*. Boston: Allyn & Bacon.

Elison, J. (2003). *Liberating Losses: When Death Brings Relief*. Perseus Publishing.

Erber, J. T. (2005). *Aging and Older Adulthood*. California :Thomson / Wadsworth.

Erikson, E. H. (1976). Reflections on Dr. Borg's Life Cycle. *Daedalus*, 105(2), 1-28.

Erikson, E. H., Erikson, J. M., & Kivnick, H. Q. (1986). *Vital Involvement in Old Age*. New York / London: W. W. Norton & Co., Inc.

Ester, E. H., et al. (1988). *Sociology and Daily Life*. New Jersey: Prentice-Hill Inc.

Feldman, Robert S. (1999). *Social Psychology*. Taipei Publications Trading Company.

Fried, Bruce J. & Johnson, James (2001). *Human Resources in Healthcare: Managing for Success*. Washington DC: AUPHA Press.

Garrett, William R. (1982). *Seasons of Marriage and Family Life*. CBS College Publishing.

Garver, C. S. & Scheier, M. F. (1996). *Perspectives on Personality*. Boston: Allyn & Bacon.

Giles, B. (2002). *Developmental Psychology*. The Brown Reference Group.

Giles, B. (2005a). *Thinking and Knowing*. The Brown Reference Group.

Giles, B. (2005b). *Developmental Psychology*. London: Grange Books.

Goldberg, E. (2005). *The Wisdom Paradox*. Cotham Books.

Goldenberg, I. & Goldenberg, H. (1991). *Family Therapy: An Overview*. Brooks / Cole Publishing Company.

Guttmann, D. (1977). *A Study of Legal Drug Abuse by Old American*. U. S. Department of Hleath and Human Resources.

Harlen, W. H. (2001). *Marriage and Family*. New York: John Wiley Co.

Hart, A. D. (1990). *Healing Life's Hidden Addictions*. England: Crossway Books.

Harwood, J. (2007). U*nderstanding Communication and Aging*. Sage Publication Inc.

Hayflick, B. (2002). *The Old People*. Harper Publishing Co.

Hilgard, A., Rita, L. A. & Carlson, J. G. (1996). *Introduction to Psychology*. Harper Publishing Co.

Hochschild, A. (2003). *The Managed Heart*. California: University of California Press.

Hodgson, R. & Miller, P. (1982). *Self Watching*. Book Club Associates.

Holmes, T. H. & Rahe, R. H. (1967). Holmes and Rahe' Stress Scale. *Journal*, 11(2), 213-218.

Hummert, M. & Shanner, J. (1994). *Cognitive Functions of Old Age*. New York: McGraw-Hill Co.

Jeffers, F. C. & Verwoerdt, A. (1987). *Aged and Aging*. Harper Publishing Co.

Kalish, R. A. & Reynolds, D. K. (1976). *The Developing Age*. New York: John Wiley Co.

Kalish, R. A. (1973). *The Psychology of Human Behavior*. California: Brooks / Cole Publishing Company.

Kbler-Ross, E. (1969). *On Death and Dying*. New York: Macmillan Publishing Company.

Kohlberg, L. (1984). *The Psychology of Moral Development*. San Francisco: Harper & Row Publishers.

Krohn, B., & Bergman-Evans, B. (2000). An Exploration of Emotional Health in Nursing Home Residents: Making the Pieces Fit. *Applied Nursing Research*, 13(4), 214-217.

Kropf, N. P. (1992). Home Health and Community Services. In R.L. Schneider & N.P. Kropf (eds.), *Gerontological Social Work Knowledge, Service Settings and Special Populations* (pp.173-210). Chicago: Nelson-Hall.

Kupersmidt, J. B. & Bengston, P. C. (1983). *The New World*. New York: Prentice-Hill Inc.

Kurstak, E. (1991). *Psychiatry and Biological Factors*. New York: Plenum Medical Book Co.

Langer, E. & Rodin, J. (1976). The Effects of Choice and Enhanced Personal Responsibility for the Aged: A Field Experiment in an Institutional Setting. *JPSP*, 191-198.

Lazarus, R. S. (1976). *Patterns of Adjustments*. New York: Oxford University Press.

Levingstones, D. J. & Hopkins, C. A. (1990). *Developmental Psychology*. Books / Cole Publishing Co.

Levinson, D. J. (1990). A Theory of Life Structure Development in Adulthood, In C. N. Alexander & E. J. Langer (eds.), *Higher Stages of Human Development* (pp.35-54). New York: Oxford University Press.

Lin, Phylis Lan, Ko-wang Mei, & Huai-chen Peng (eds.) (1994). *Marriage and the Family in Chinese Societies*. IN: University of Indianapolis Press.

Loehr, Jim & Schwartz, Tony (2003). *The Power of Full Engagement*. New York: Barnes & Noble.

Macionis, J. J. (2008). *Sociology*. New Jersey: Prentice Hall.

Macionis, J. J. (2010). *Social Problems*. New York: Prentice Hall.

Malan, D. H. (2001). *A Study of Brief Psychotherapy*. London: Routledge.

Malcolm, L. J. (eds.)(2005). *The Cambridge Handbook of Age and Ageing*. U.K.: Cambridge University Press.

Margolis, R. J. (1990). *Risking Old Age in America*. Westview Press.

Marshall, V. W. (eds.) (1986). *Later Life: The Social Psychology of Aging*. Sage Publications, Inc.

Martin, B. (1977). *Abnormal Psychology*. New York: Holt, Rinehart and Winston.

Maslow, H. A. (1970). *Motivation and Personality*. New York: Harper & Row.

McCubbin, H. (eds.) (1983). *Stress and the Family*. New York: Brunner / Mazel Publishers.

McFadden, S. H. & Atchley, R. C. (eds.) (2001). *Aging and the Meaning of Time*. Springer Publishing Company.

Meeks-Mitchell, L. (1987). *Health: A Wellness Approach*. Merrill Publishing Co.

Molarius, A. & Janson, S. (2002). Self-Rated, Chronic Disease, and Symptoms among Middle-aged and Elderly Men and Women. *Journal of Clinical Epidemiology*, 55, 364-370.

Moody, H. R. (2010). Aging: *Concepts and Controversies*. Los Angeles: Pine Forge Press.

Mooney, L. A., Knox, D. & Schacht, C. (2007). *Understanding Social Problems*. United States: Thomson.

Morley, P. (1999). *Second Wind for the Second Half*. Zondervan Publishing House.

Mosher-Ashley, P. M. & Lemay, E. P. (2000). Improving Resident's Life Satisfaction. *Journal of Long-term Care*, 19, 50-54.

Mussen, P. & Rosenzweig, M. R. (eds.) (1973). *Introduction to Psychology*. 台北：雙葉代理。

National Association for Home Care (2001). *Basic Statistics about Home Care*. http://www.nabc.org.uk.

National Association for Home Care (2001). *How To Choose a Home Care Provider*. http://www.nabc.org.uk.

Neugarten, B. L. (eds.) (1968). *Middle Age and Aging*. Chicago: University of Chicago Press.

O'Connell, A. & O'Connell, V. (2001). *Choice and Change: The Psychology of Personal Growth and Interpersonal Relationships*. New Jersey: Prentice Hall.

O'Neill, Nean & George O'Neill (1973). *Open Marriage*. New York: Avon Books.

Papalia, D. E., Olds, S. W., & Feldman, R. D. (2008). *Human Development*. New York: New York: McGraw-Hill Co.

Parkes, C. (1972). *The Widows*. New York: McGraw-Hill Co.

Peck, R. F. (1960). Personality Factors in Adjustment to Aging. *Geriatrics*, 15, 124.

Perlmutter, M. & Hall, E. (1992). *Adult Development and Aging*. New York: John Wiley & Sons, Inc.

Prager, E. (2001). *Nutrition and Exercise*. New York: John Wiley & Sons, Inc.

Riley, M. W., Beth B. H., & Bond, K. (1983). *Aging in Society*. New Jersey: Lawrence Erlbaum Publishers.

Robbins, S. P. (2009). *Organizational Behavior*. New York: Pearson Education International.

Rodin, J. & Langer, E. (1977). Long-Term Effects of a Control-Relevant Intervention with the Institutional Aged. *Journal of Personality and Social Psychology*, 35 (12) 897-902.

Rosenberg, M. & R. H. Turner (1980). *Social Psychology*. New York: Basic Books, Inc.

Rown, J. (1990). *Gerontology*. New York: G. P. Putnam's Son.

Ryff, C. D. & Singer, B. H. (2006). Knowing Thyself and Become What You Are. *Journal of Happiness Studies*, 9, 13-39.

Santrock, J. W. (2008). *Life-Span Development*. New York: McGraw-Hill Co.

Schaefer, R. T. & Lamm, R. P. (2001). *Sociology*. New York: McGraw-Hill Co.

Schaie, K. W. & Carstensen, L. L. (eds.) (2006). *Social Structures, Aging, and Self-Regulation in the Elderly*. Springer Publishing Co.

Schaie, K. W. & Haffler, S. (2001). *The Agers*. G. P. Putnam's Son.

Schell, R. E. (1975). *Developmental Psychology*. CRM: Random House.

Schiffman, H. R. (1990). *Sensation and Perception*. John Wiley & Sons.

Seley, H. (1956). *The Stress of Life*. London: Longmans.

Shaffer, D. R. (1996). *Developmental Psychology*. CA: Brooks / Cole.

Shankle, W. R. & Amen, D. G. (2004). *Preventing Alzheimer's*. G. P. Putman's Sons.

Shaw, M. E. & Costanzo, P. R. (1970). *Theories of Social Psychology*. New York: McGraw-Hill.

Sigelman, C. K. (1991). *Life-Span Human Development*. Books / Cole Publishing Co.

Silvia, P. J. (2006). *Exploring the Psychology of Interest*. Oxford: Oxford University Press.

Smith, M. D. (1975). *Educational Psychology*. Allyn and Bacon, Inc.

Solomon, B. & Garaner, H. (1999). *Educational Psychology*. Scott Foresman Co.

Solomon, P. & Patch, D. (eds.) (1978). *Handbook of Psychiatry*. 台北：環球。

Spranger, E. (1914). *Lebensformen*. Halle: Niemeyer.

Stito, A. (2006). *Mental Health*. Harper Publishing Co.

Straussner, L. A. & Zelvin, E. (ed.) (1997). *Gender and Addictions: Men and Woman in Treatment*. New Jersey: Jason Aronson Inc.

Terman, J. (1972). *Psychology and Daily Life*. Books / Cole Publishing Co.

Unruh, D. R. (1983). *Invisible Lives: Social Worlds of the Aged*. Beverly Hills: Sage Publications.

Vierck, E. & K. Hodges (2005). *Aging, Lifestyles, Work, and Money*. Westport, Conn: Greenwood Press.

Wagner, E. H. (1999) "Care of Older People With Chronic Illness" in Calkins, E., et al. (eds.) *New Ways to Care for Older People: Building Systems Based on Evidence*. New York: Springer Publishing Co.

Wang, J. J. (2001). Prevalence and Correlates of Depressive Symptoms in the Elderly of Rural Communities in Southern Taiwan. *Journal of Nursing Research*, 9 (3), 1-11.

Webster, A (2007). *Health, Techology and Society*. London: Palgave.

Weisstub, D. N., et al. (eds.) (2001). *Aging Caring for Our Elders*. Boston: Kluwer Academic Publishers.

Wiggins, J. S., et al. (1971). *The Psychology of Personality*. London: Addison-Wesley Publishing.

Woolfolk, A. (2001). *Educational Psychology*. Boston: Allyn and Bacon.

Yi, Chin-Chun & Lin, Ju-Ping (2009). Types of Relations between Adult Children and Elderly Parents in Taiwan: Mechanisms Accounting for Various Relational Types. *Journal of Comparative Family Studies*, 40, 2, 305-324.

Zelinski, P. T. (2004). *The Psychology of Aging*. Cohan Publishing Co.

四、官書部分

內政部統計處（2009）。98年老人狀況調查結果。

內政部統計處（2011a）。100年第十一週內政統計通報（98年老人狀況調查結果）。

內政部統計處（2011b）。100年第四十三週內政統計通報（99年平均餘命統計結果）。

內政部統計處（2012）。101年第二週內政統計通報（100年底人口結構分析）。

台灣失智症協會（2008）。《失智症完全手冊》。台北：健康世界。

法務部（2010）。《98年少年兒童犯罪概況及其分析》。

法務部（2012）。《犯罪狀況及其分析》。

行政院衛生署（2004）。台灣地區老人營養健康狀況調查1999-2000調查結果。

行政院衛生署（2010）。99年死因統計結果分析。

行政院衛生署（2012a）。自殺防治中心網頁。

行政院衛生署（2012b）。藥物資訊網。

行政院衛生署國民健康局（2003）。台灣老人十年間居住、工作與健康狀況的改變。

行政院經濟建設委員會（2004）。中華民國台灣民國93年至140年人口推計。

交通部（2012）。交通安全入口網。

世界衛生組織（2001）。ICF指導手冊。

五、期刊部分

《老年醫學學報》（*Journal of Gerontology*）

《內科醫學文獻期刊》（*Archives of Internal Medicine*）。

《美國醫學會期刊》

《天下雜誌》

《常春月刊》

《大家健康》

《健康世界》

《商業周刊》

《張老師月刊》

六、網站部分

1.樂齡網

2.銀髮網

3.中國網

心理學叢書

老人心理學

著　　者／彭懷真・彭駕騂
出 版 者／揚智文化事業股份有限公司
發 行 人／葉忠賢
總 編 輯／馬琦涵
主　　編／范湘渝
特約編輯／詹宜蓁
地　　址／222　新北市深坑區北深路三段 260 號 8 樓
電　　話／(02)8662-6826　(02)8662-6810
傳　　真／(02)2664-7633
網　　址／http://www.ycrc.com.tw
 E-mail　／service@ycrc.com.tw
印　　刷／鼎易印刷事業股份有限公司
 I S B N　／978-986-298-071-2
初版一刷／2013 年 2 月
定　　價／新臺幣 400 元

國家圖書館出版品預行編目資料

老人心理學 / 彭懷真，彭駕騂著. -- 初版. --
新北市：揚智文化，2013. 02
面 ； 公分. --（心理學叢書）
ISBN 978-986-298-071-2（平裝）

1. 老年心理學

173.5   101025574